राजस्थान नगरपालिका अधिनियम

EXECUTIVE OFFICER REVENUE OFFICER EXAM BOOK

ओमप्रकाश स्वामी

क्रम-सूची

आमुख

परीक्षार्थियों के ध्यानार्थ एवं लाभार्थ

प्रबुद्ध पाठकों,

राजस्थान लोक सेवा आयोग , अजमेर द्वारा वर्ष 2022 में आयोजित की जाने वाली अधिशाषी अधिकारी एवं राजस्व अधिकारी भर्ती परीक्षा का नवीनतम पाठ्यक्रम जारी करने के बाद भाग ब- (राजस्थान नगरपालिका अधिनियम व नियम एवं योजनाएँ)हेतु इस पुस्तक का प्रकाशन किया गया है ।

पुस्तक को मुद्रित करते समय सामग्री के सम्बंध में यथासंभव सावधानी बरती गई है।फिर भी कुछ त्रुटियाँ रह गयीं हो तो सुधार हेतु सुझाव ईमेल : oskelaniya@gmail.com पर भेज सकते है

लेखक- ओमप्रकाश स्वामी
सहयोगकर्ता -धर्मपाल स्वामी
(Assistant professor)
मार्गदर्शक - भानीराम
(NET,JRF geography)
सम्पादक - महेन्द्र कुमार

Special thanks-Staff,GUPS
BINJHASAR

1

राजस्थान नगर पालिका अधिनियम 2009

<u>प्रारंभिक</u>

(1) इस अधिनियम को "राजस्थान नगर पालिका अधिनियम, 2009" कहा जा सकता है।

(2) यह छावनी क्षेत्रों को छोड़कर, पूरे राजस्थान राज्य में फैला हुआ है।

(3) यह उस [तारीख] को लागू होगा जो राज्य सरकार, राजपत्र में अधिसूचना द्वारा, नियत करे।

2. <u>परिभाषाएँ</u> -इस अधिनियम में, जब तक कि संदर्भ से अन्यथा अपेक्षित न हो, -

(i) "लेखा परीक्षक" का अर्थ है राजस्थान स्थानीय निधि लेखा परीक्षा अधिनियम, 1954 (1954 का अधिनियम संख्या 28) में परिभाषित लेखापरीक्षक;

(ii) "पिछड़ा वर्ग" का अर्थ अनुसूचित जातियों और अनुसूचित जनजातियों के अलावा नागरिकों के ऐसे पिछड़े वर्ग हैं, जिन्हें राज्य सरकार द्वारा समय-समय पर अधिसूचित किया जा सकता है;

(iii) "बैलेंस शीट" का अर्थ है धारा 92 के तहत तैयार किया गया बैलेंस शीट;

(iv) "जैव-चिकित्सा अपशिष्ट" का अर्थ है कोई भी अपशिष्ट जो मानव या जानवरों के निदान, उपचार या टीकाकरण के दौरान, या उससे संबंधित अनुसंधान गतिविधियों में, या जैविक सामग्री के उत्पादन या परीक्षण में उत्पन्न होता है और इसमें शामिल हैं:

(ए) मानव शारीरिक अपशिष्ट;

(बी) पशु अपशिष्ट;

(सी) सूक्ष्मजीवविज्ञानी और जैव प्रौद्योगिकी अपशिष्ट;

(डी) अपशिष्ट तेज;

(ई) छोड़ी गई दवाएं और साइटोटोक्सिक दवाएं;

(च) ठोस अपशिष्ट;

(छ) तरल अपशिष्ट;

(ज) भस्मीकरण राख; तथा

(i) रासायनिक अपशिष्ट।

(v) "पुल" में एक पुलिया शामिल है;

(vi) "बजट अनुमान" का अर्थ धारा 87 के तहत तैयार किया गया बजट अनुमान है;

(vii) "बजट अनुदान" का अर्थ है बजट अनुमान के व्यय पक्ष में एक प्रमुख शीर्ष के तहत दर्ज की गई और नगरपालिका द्वारा अपनाई गई कुल राशि, और इसमें कोई भी राशि शामिल है जिसके द्वारा इस तरह के बजट अनुदान को अन्य शीर्षों से या अन्य शीर्षों में स्थानांतरण द्वारा बढ़ाया या घटाया जाता है इस अधिनियम के प्रावधानों और इसके तहत बनाए गए नियमों और उप-नियमों के अनुसार;

(viii) "बिल्डर" या "डेवलपर" का अर्थ है एक एजेंसी या व्यक्ति जिसने एक समझौते के तहत अपनी भूमि पर या अन्य भूमि पर एक परिसर का निर्माण किया है;

(ix) "भवन" का अर्थ किसी भी उद्देश्य और किसी भी सामग्री के लिए निर्मित संरचना है, और इसमें नींव, प्लिंथ, दीवारें, फर्श, छत, चिमनी, स्थिर प्लेटफार्म, बरामदा, बालकनी, कॉर्निस या प्रोजेक्शन या भवन का हिस्सा या कुछ भी शामिल है। उस पर या कोई दीवार (तीन मीटर से कम ऊंचाई की चारदीवारी के अलावा) किसी भी भूमि, चिह्न या बाहरी प्रदर्शन संरचना को घेरने या घेरने का इरादा है, लेकिन इसमें एक तम्बू, शामियाना या तिरपाल आश्रय शामिल नहीं है;

(x) "भवन स्थल" का अर्थ भवन निर्माण के लिए रखी गई भूमि का एक हिस्सा है;

(xi) "उपनियम" का अर्थ इस अधिनियम के तहत बनाए गए उप-नियम हैं;

(xii) "अध्यक्ष" का अर्थ है,

(ए) अध्यक्ष, एक नगर बोर्ड के मामले में;

(बी) अध्यक्ष, नगर परिषद के मामले में; तथा

(सी) मेयर, नगर निगम के मामले में;

(xiii) "मुख्य नगरपालिका अधिकारी" का अर्थ है, -

[(ए) आयुक्त, नगर निगम के मामले में;]

(बी) आयुक्त, नगर परिषद के मामले में; तथा

(सी) एक नगर बोर्ड के मामले में कार्यकारी अधिकारी;

(xiv) इस अधिनियम के किसी भी प्रावधान के तहत नोटिस की अवधि के संदर्भ में उपयोग किए जाने वाले "स्पष्ट दिन" में रविवार और अन्य अवकाश शामिल हैं, लेकिन इसमें उस व्यक्ति द्वारा इस तरह की नोटिस प्राप्त करने की तारीख शामिल नहीं है जिसे यह संबोधित किया गया है या तारीख शामिल नहीं है नोटिस में निर्दिष्ट;

(xv) "जटिल" का अर्थ व्यावसायिक उपयोग के मामले में पच्चीस या अधिक इकाइयों वाला भवन है; और आवासीय उपयोग के मामले में दस या अधिक इकाइयां;

(xvi) "नगरपालिका" का अर्थ नगर निगम का सदस्य है;

(xvii) "काउंसिलर" का अर्थ है नगर परिषद का सदस्य;

(xviii) "डेयरी" में कोई भी फार्म, पशुशाला, गाय-घर, दूध-भंडार, दूध-दुकान या अन्य स्थान शामिल हैं।

(ए) जिससे दूध की आपूर्ति की जाती है, या बिक्री के लिए, या

(बी) जिसमें दूध बिक्री के लिए रखा जाता है या जिसका उपयोग निर्माण या बिक्री के लिए तैयार करने के लिए किया जाता है: -

(i) मक्खन, या

(ii) घी, या

(iii) पनीर, या

(iv) दही, या

(v) सूखा, निष्फल, गाढ़ा या टोंड दूध; लेकिन इसमें शामिल नहीं है:-

(i) एक दुकान या अन्य स्थान जिसमें दूध केवल उसके परिसर में उपभोग के लिए बेचा जाता है, या

(ii) एक दुकान या अन्य स्थान जहां से दूध की बिक्री या आपूर्ति भली भांति बंद और खुले बर्तनों में उसी मूल स्थिति में की जाती है जिसमें वह पहली बार ऐसी दुकान या अन्य स्थान पर प्राप्त हुई थी;

(xix) "खतरनाक रोग" का अर्थ है

(ए) हैजा, प्लेग, चेचक, सेरेब्रोस्पाइनल मेनिन्जाइटिस, डिप्थीरिया, तपेदिक, कुष्ठ रोग, इन्फ्लूएंजा, एन्सेफलाइटिस, पोलियोमाइलाइटिस या सिफलिस; या

(बी) कोई अन्य महामारी, स्थानिक या संक्रामक रोग, जिसे राज्य सरकार, अधिसूचना द्वारा, इस अधिनियम के प्रयोजनों के लिए एक खतरनाक बीमारी घोषित कर सकती है;

(xx) "पार्किंग स्थान में कमी" का अर्थ है परिसरों और संस्थागत भवनों सहित किसी भी गैर-आवासीय भवनों में विभिन्न प्रकार के वाहनों के लिए इस संबंध में बनाए गए उप-नियमों के तहत आवश्यक पार्किंग रिक्त स्थान के प्रावधान में कमी, चाहे वह अनधिकृत या द्वारा निर्मित हो भूमि उपयोग में परिवर्तन;

(xxi) "स्थानीय निकायों के निदेशक" का अर्थ है राज्य सरकार द्वारा नियुक्त अधिकारी, या राज्य सरकार का कोई अन्य अधिकारी, जिसे आयुक्त या किसी अन्य पदनाम के रूप में नामित किया गया हो, जो स्थानीय निकायों के निदेशक के कार्यों को करने के लिए अधिकृत हो। इस अधिनियम के तहत;

(xxii) "निपटान" का अर्थ है भूजल, सतही जल और परिवेशी वायु गुणवत्ता के संदूषण को रोकने के लिए निर्दिष्ट उपायों के अनुसार नगरपालिका ठोस अपशिष्ट का अंतिम निपटान;

(xxiii) "जिला मजिस्ट्रेट" का अर्थ है दंड प्रक्रिया संहिता, 1973 (1974 का केंद्रीय अधिनियम संख्या 2) की धारा 20 के तहत जिला मजिस्ट्रेट के रूप में नियुक्त व्यक्ति;

(xxiv) "नाली" में एक सीवर, पाइप, खाई, चैनल या छलकाव, सीवेज और प्रदूषित पानी,

वर्षा जल या उप-मिट्टी के पानी के साथ-साथ पेल डिपो, ट्रैप, सिंक, सिस्टर्न, फ्लश टैंक, और अन्य उपकरण शामिल हैं। उससे संबंधित फिटिंग;

(xxv) "कार्यकारी समिति" का अर्थ है धारा 55 में निर्दिष्ट कार्यकारी समिति;

(xxvi) "वित्त आयोग" का अर्थ भारत के संविधान के अनुच्छेद 243-I के तहत गठित वित्त आयोग है;

(xxvii) "वित्तीय विवरण" का अर्थ धारा 92 के तहत तैयार किया गया वित्तीय विवरण है;

(xxviii) "अग्निशमन" का अर्थ नगरपालिका द्वारा धारा 256 के तहत स्थापित और अनुरक्षित अग्निशमन बल है;

(xxix) "अग्निशमन संपत्ति" में शामिल हैं

(ए) आग स्टेशनों के रूप में उपयोग की जाने वाली भूमि और भवन,

(बी) दमकल, उपकरण, उपकरण, हाइड्रेटर, उपकरण और चीजें जो भी अग्निशमन के लिए उपयोग की जाती हैं,

(सी) मोटर वाहन और अग्निशमन के संबंध में उपयोग किए जाने वाले परिवहन के अन्य साधन,

(डी) वर्दी और रैंक के बैज;

(xxx) "फायर स्टेशन" का अर्थ है राज्य सरकार द्वारा आम तौर पर या विशेष रूप से फायर स्टेशन घोषित कोई भी पोस्ट या स्थान;

(xxxi) "खतरनाक अपशिष्ट" का अर्थ है पर्यावरण (संरक्षण) अधिनियम, 1986 (1986 का केंद्रीय अधिनियम संख्या 29) में निर्दिष्ट कचरे की श्रेणियां;

(xxxii) स्थानीय क्षेत्र के संदर्भ में प्रयुक्त "निवासी" का अर्थ है कोई भी व्यक्ति जो सामान्य रूप से निवास करता है या व्यवसाय करता है या उसमें अचल संपत्ति का मालिक है या कब्जा करता है;

(xxxiii) "भूमि" में भूमि शामिल है, जो पानी पर बनी या ढकी हुई है;

(xxxiv) "नवीनतम जनगणना के आंकड़े" का अर्थ पिछली पिछली जनगणना में सुनिश्चित किए गए आंकड़े हैं जिनके प्रासंगिक आंकड़े प्रकाशित किए गए हैं;

(xxxv) "आवास गृह" में तीर्थयात्रियों और यात्रियों के आवास के लिए उपयोग किए जाने वाले भवनों, या भवन, या भवन के भाग का संग्रह शामिल है;

(xxxvi) "सदस्य" का अर्थ है कोई भी व्यक्ति जो कानूनी रूप से एक नगर पालिका का सदस्य है और इसमें नगर निगम के मामले में एक नगरसेवक, एक नगर परिषद के मामले में एक पार्षद और एक नगर बोर्ड के मामले में एक सदस्य शामिल है;

(xxxvii) "दूध" में क्रीम, स्किम्ड दूध, अलग किया गया दूध और संघनित, निष्फल, सूखा या टोंड दूध शामिल है;

(xxxviii) "नगरपालिका लेखा नियमावली" का अर्थ है धारा 91 के तहत तैयार और अनुरक्षित नगरपालिका लेखा नियमावली;

(xxxix) "नगरपालिका क्षेत्र" का अर्थ राज्य सरकार द्वारा समय-समय पर अधिसूचित नगरपालिका के क्षेत्रीय क्षेत्र से है;

(xl) "नगरपालिका निधि" का अर्थ है धारा 79 में निर्दिष्ट नगरपालिका निधि;

(xli) "नगरपालिका ठोस अपशिष्ट" में औद्योगिक खतरनाक अपशिष्ट को छोड़कर, लेकिन उपचारित जैव चिकित्सा अपशिष्ट सहित, किसी नगरपालिका क्षेत्र में या तो ठोस या अर्ध-ठोस रूप में उत्पन्न वाणिज्यिक और आवासीय अपशिष्ट शामिल हैं;

(xlii) "नगर पालिका" का अर्थ है एक नगर निगम, नगर परिषद, और एक नगर बोर्ड जो प्रारंभ के समय अस्तित्व में है, या इस अधिनियम के प्रावधानों के अनुसार गठित किया गया है;

(xiii) "अनापत्ति प्रमाण पत्र" का अर्थ है इस अधिनियम या इसके तहत बनाए गए नियमों द्वारा ऐसा करने के लिए अधिकृत प्राधिकारी द्वारा जारी दस्तावेज और इसमें एक अनंतिम अनापत्ति प्रमाण पत्र शामिल होगा;

(xliv) "उपद्रव" में कोई भी कार्य, चूक, स्थान या चीज शामिल है जो दृष्टि, गंध या सुनने की भावना के लिए चोट, खतरा, झुंझलाहट या अपराध का कारण बनता है, या होने की संभावना है, या जो खतरनाक है या हो सकता है जीवन या स्वास्थ्य या संपत्ति के लिए हानिकारक;

(xlv) "कब्जेदार" में कोई भी व्यक्ति शामिल है, जो उस समय के लिए भुगतान करने के लिए उत्तरदायी है, या भुगतान करने के लिए उत्तरदायी है, उस भूमि या भवन के किराए या किराए के किसी भी हिस्से का भुगतान करने के लिए, जिसके संबंध में शब्द का उपयोग किया गया है या नुकसान के लिए ऐसी भूमि या भवन के कब्जे में, और इसमें एक किराया मुक्त किरायेदार भी शामिल है:

बशर्ते कि अपनी भूमि या भवन में रहने वाला या अन्यथा उपयोग करने वाला स्वामी उसका अधिभोगी समझा जाएगा;

(xlvi) "आक्रामक पदार्थ" का अर्थ है रसोई का कचरा, स्थिर कचरा, गोबर, गंदगी, सड़ा हुआ या सड़ने वाला पदार्थ, या किसी भी प्रकार की गंदगी, जो सीवेज में शामिल नहीं है;

(xlvii) "नगरपालिका के अधिकारी" का अर्थ उस व्यक्ति से है जो इस अधिनियम के तहत या उसके तहत कुछ समय के लिए एक कार्यालय बनाया या जारी रखा गया है, लेकिन इसमें नगर पालिका या समिति का सदस्य शामिल नहीं होगा;

(xlviii) "अन्य एजेंसी" का अर्थ है एक कंपनी, फर्म, सोसायटी, या निजी क्षेत्र में निगमित निकाय, या कोई संस्था, या सरकारी एजेंसी, या कोई संयुक्त क्षेत्र एजेंसी, या किसी अन्य कानून के तहत किसी भी एजेंसी जो कि समय के लिए लागू है ;

(xlix) "स्वामी" में वह व्यक्ति शामिल है जो किसी भूमि या भवन या किसी भूमि या भवन के किसी भाग का किराया, चाहे वह स्वयं के खाते में या एजेंट या ट्रस्टी के रूप में किसी व्यक्ति या समाज के लिए या किसी के लिए प्राप्त कर रहा हो। धार्मिक या धर्मार्थ उद्देश्य या एक रिसीवर के रूप में जो ऐसा किराया प्राप्त करेगा यदि भूमि या भवन या भूमि या

भवन के किसी हिस्से को किरायेदार को दिया गया था;

(ठ) किसी स्थानीय क्षेत्र के संदर्भ में प्रयुक्त "जनसंख्या" का अर्थ वह जनसंख्या है जो पिछली पिछली जनगणना में सुनिश्चित की गई थी, जिसके प्रासंगिक आंकड़े प्रकाशित किए गए हैं;

() "निर्धारित" का अर्थ इस अधिनियम द्वारा या इसके तहत बनाए गए नियमों, आदेशों या उप-नियमों द्वारा निर्धारित है;

(ii) "सार्वजनिक स्थान" का अर्थ है एक ऐसा स्थान, जो निजी संपत्ति नहीं है, जो जनता के उपयोग या आनंद के लिए खुला है, चाहे ऐसा स्थान नगर पालिका में निहित हो या नहीं;

(iii) "सार्वजनिक प्रतिभूतियों" का अर्थ है

(ए) राजस्थान सरकार या भारत में केंद्र या किसी राज्य सरकार की प्रतिभूतियां; तथा

(बी) इस संबंध में राज्य सरकार द्वारा किए गए किसी भी आदेश द्वारा स्पष्ट रूप से अधिकृत एक सुरक्षा;

(|iv) "सार्वजनिक सड़क" का अर्थ है कोई भी सड़क

(ए) जिस पर जनता का अधिकार है, या

(बी) जो अब तक नगरपालिका निधि, राज्य सरकार निधि, केंद्र सरकार निधि या अन्य सार्वजनिक निधि से समतल, पक्का, धातु के नेतृत्व वाली, चैनल, सीवर या मरम्मत की गई है, या

(सी) जो, इस अधिनियम के किसी भी प्रावधान के तहत, एक सार्वजनिक सड़क बन जाती है;

(|v) "कचरा" का अर्थ है धूल, राख, टूटी ईंटें, मोर्टार, टूटा हुआ कांच और किसी भी प्रकार का कचरा जो आपत्तिजनक मामला नहीं है;

(|vi) "नियम" का अर्थ है इस अधिनियम द्वारा प्रदत्त शक्ति के प्रयोग में बनाया गया नियम;

(lvii) "अनुसूचित जाति" का अर्थ संविधान (अनुसूचित जाति) आदेश, 1950 में निर्दिष्ट किसी भी जाति से है;

(lviii) "अनुसूचित जनजाति" का अर्थ संविधान (अनुसूचित जनजाति) आदेश, 1950 में निर्दिष्ट कोई भी जनजाति है;

(|ix) "सीवेज" का अर्थ है रात की मिट्टी और प्रिवीज़, यूरिनल, सेसपूल या नालियों की अन्य सामग्री, और इसमें व्यापारिक अपशिष्ट और सभी प्रकार के कारख़ाना से निर्वहन शामिल हैं;

(|x) "राज्य" का अर्थ है राज्य पुनर्गठन अधिनियम, 1956 (1956 का केंद्रीय अधिनियम संख्या 37) की धारा 10 द्वारा गठित राजस्थान राज्य;

(lxi) "राज्य वित्त आयोग" का अर्थ है राजस्थान राज्य वित्त आयोग, जैसा कि राजस्थान के राज्यपाल ने भारत के संविधान के अनुच्छेद 243-I के साथ पठित अनुच्छेद 243-I द्वारा

उन्हें प्रदत्त शक्तियों का प्रयोग करते हुए गठित किया है;

(lxii) "सड़क" का अर्थ है कोई भी सड़क, पुल, पैदल मार्ग, लेन, चौक, कोर्ट, गली या मार्ग, जो जनता के लिए स्थायी रूप से या अस्थायी रूप से सुलभ हो, चाहे वह मार्ग हो या नहीं, और इसमें दोनों ओर शामिल हैं -

(ए) नाली या नाले और परिभाषित सीमा तक की भूमि, किसी भी बरामदे या अन्य सुपर-स्ट्रक्चर की ऐसी भूमि पर प्रक्षेपण के बावजूद;

(बी) प्रत्येक स्थान, भले ही यह निजी संपत्ति हो या किसी गेट, पोस्ट, चेन या अन्य बाधा से आंशिक रूप से या पूरी तरह से बाधित हो, यदि इसका उपयोग किसी भी व्यक्ति द्वारा किया जाता है, चाहे वह किसी भी संपत्ति पर कब्जा कर रहा हो या नहीं, पहुंच के साधन के रूप में किसी सार्वजनिक स्थान या मार्ग से या उसके पास से;

(lxiii) "उप-विभाजन" का अर्थ है किसी पार्सल या भूमि के टुकड़े को दो या अधिक भागों में विभाजित करना;

(lxiv) "कर" में इस अधिनियम के तहत लगाया जाने वाला कोई भी टोल, दर, उपकर, शुल्क या अन्य शुल्क शामिल है;

(lxv) "एक संक्रमणकालीन क्षेत्र", "एक छोटा शहरी क्षेत्र" या "एक बड़ा शहरी क्षेत्र" का अर्थ भारत के संविधान के अनुच्छेद 243Q के तहत निर्दिष्ट क्षेत्र है;

(lxvi) "शहरी भूमि" का अर्थ शहरी विकास के प्रयोजन के लिए उस समय लागू किसी कानून के तहत किसी स्थानीय प्राधिकरण में निहित या उसके निपटान में रखी गई कोई भी भूमि है;

(lxvii) "वाहन" में एक साइकिल, एक तिपहिया साइकिल, एक ऑटो-मोटर कार और प्रत्येक पहिया वाहन शामिल है, जो सार्वजनिक सड़क पर उपयोग किया जाता है या उपयोग करने में सक्षम है;

(lxviii) "उपाध्यक्ष" का अर्थ है

(ए) उपाध्यक्ष, नगरपालिका बोर्ड के मामले में,

(बी) उपाध्यक्ष, एक नगर परिषद के मामले में, और

(सी) उप महापौर, नगर निगम के मामले में;

(lxix) "गांव" का अर्थ भारत के संविधान के अनुच्छेद 243 के खंड (जी) के तहत निर्दिष्ट गांव है;

(lxx) "वार्ड" का अर्थ है धारा 9 के तहत गठित वार्ड;

(lxxi) "वार्ड समिति" का अर्थ है धारा 54 में निर्दिष्ट वार्ड समिति;

(lxxii) "अपशिष्ट प्रबंधन" में नगरपालिका ठोस कचरे का संग्रह, पृथक्करण, भंडारण, परिवहन, प्रसंस्करण और निपटान शामिल है; तथा

(lxxiii) "पूर्ण संख्या" या "कुल संख्या" जब किसी नगर पालिका के सदस्यों के संदर्भ में उपयोग किया जाता है, तो इसका मतलब उप-धारा के खंड (ए) के उप-खंड (ii) के तहत

नामित सदस्यों को छोड़कर सदस्यों की कुल संख्या है। (1) धारा 6 की, उस समय पद धारण करना।

अध्याय ।।

नगर पालिकाओं का संविधान और सरकार

3. नगर पालिकाओं का परिसीमन। -

(1) राज्य सरकार, राजपत्र में प्रकाशित अधिसूचना द्वारा, किसी भी स्थानीय क्षेत्र को नगरपालिका घोषित कर सकती है, जो नगरपालिका की सीमा के भीतर शामिल नहीं है, या नगरपालिका में ऐसे किसी क्षेत्र को शामिल कर सकती है, या किसी स्थानीय क्षेत्र को एक से बाहर कर सकती है। नगर पालिका, या अन्यथा किसी नगर पालिका की सीमाओं में परिवर्तन और जब

(ए) किसी भी स्थानीय क्षेत्र को नगर पालिका के रूप में घोषित या शामिल किया गया है, या

(बी) किसी भी स्थानीय क्षेत्र को नगर पालिका से बाहर रखा गया है, या

(सी) एक नगर पालिका के दूसरे में समामेलन द्वारा या दो या अधिक नगर पालिकाओं में एक नगर पालिका को विभाजित करके एक नगर पालिका की सीमाओं को अन्यथा बदल दिया जाता है, या

(घ) कोई स्थानीय क्षेत्र नगरपालिका नहीं रह जाता है, राज्य सरकार, इस अधिनियम या तत्समय प्रवृत्त किसी अन्य कानून में किसी बात के होते हुए भी, राजपत्र में प्रकाशित आदेश द्वारा, प्रदान कर सकती है, -

(i) खंड (ए) के तहत आने वाले मामले में, क्षेत्र या अतिरिक्त क्षेत्र के लिए सदस्यों का चुनाव नियत दिन से छह महीने की अवधि के भीतर किया जाएगा;

(ii) खंड (बी) के तहत आने वाले मामले में, जो सदस्य राज्य सरकार की राय में नगर पालिका से बाहर किए गए क्षेत्र का प्रतिनिधित्व करते हैं, उन्हें हटा दिया जाएगा;

(iii) खंड (सी) के तहत आने वाले मामले में, जब तक उस नगर पालिका की अवधि समाप्त नहीं हो जाती है जिसमें एक और नगर पालिका इस अधिनियम के तहत समाप्त हो जाती है, ऐसी अन्य नगरपालिका के अध्यक्ष, उपाध्यक्ष और सदस्यों को सदस्य माना जाएगा उस नगर पालिका का जिसमें ऐसी दूसरी नगर पालिका का समामेलन किया गया है और जहां एक नगर पालिका दो या दो से अधिक नगर पालिकाओं में विभाजित है, कि नवगठित नगर पालिका में शामिल क्षेत्र का प्रतिनिधित्व करने वाले सदस्यों को ऐसी नई नगर पालिका के सदस्य माना जाएगा और ऐसी नई नगर पालिका जारी रखें, जब तक कि जल्द ही भंग न हो जाए, जब तक कि मूल नगर पालिका जारी न हो;

(iv) खंड (डी) के तहत आने वाले मामले में, कि नगर पालिका को भंग कर दिया जाएगा।

व्याख्या। - इस उप-धारा में, "नियुक्त दिन" का अर्थ उस दिन से है जब से किसी भी खंड (ए) से (डी) में निर्दिष्ट परिवर्तन प्रभावी होता है।

(2) यह पहले से मौजूद प्रत्येक नगरपालिका और इस अधिनियम के तहत नव स्थापित प्रत्येक नगर पालिका का और प्रत्येक नगर पालिका का, जिसकी स्थानीय सीमाओं को पूर्वोक्त रूप में बदल दिया गया है, अपने स्वयं के खर्च पर, खड़ा या स्थापित करने का कर्तव्य होगा, और उसके बाद इस तरह के विवरण के पर्याप्त सीमा चिह्न और ऐसे पदों पर जो कलेक्टर या इस संबंध में उनके द्वारा अधिकृत किसी अधिकारी द्वारा अनुमोदित होंगे, नगरपालिका की सीमाओं या परिवर्तित सीमाओं को परिभाषित करते हुए, अपने अधिकार के अधीन, जैसा कि अधिसूचना में निर्धारित किया गया है।

(3) जब कोई स्थानीय क्षेत्र नगर पालिका नहीं रह जाता है, तो उसमें स्थापित नगर पालिका का अस्तित्व समाप्त हो जाएगा, और नगरपालिका निधि और ऐसी नगरपालिका में निहित अन्य संपत्ति और अधिकारों का शेष, उसे प्रभावित करने वाले सभी आरोपों और देनदारियों के अधीन होगा, राज्य सरकार में निहित है और उसकी आय, यदि कोई हो, राज्य सरकार के आदेशों के तहत उस स्थानीय क्षेत्र के लाभ के लिए खर्च की जाएगी जिसमें ऐसी नगर पालिका का अधिकार क्षेत्र था।

(4) उप-धारा (3) में किसी भी बात के होते हुए भी, जब कोई स्थानीय क्षेत्र नगरपालिका नहीं रह जाता है और किसी अन्य स्थानीय प्राधिकरण के अधिकार क्षेत्र की स्थानीय सीमाओं के भीतर शामिल हो जाता है, तो नगरपालिका निधि और अन्य संपत्ति और अधिकार निहित होते हैं नगर पालिका ऐसे अन्य स्थानीय प्राधिकरण में निहित होगी और नगरपालिका के दायित्व ऐसे अन्य स्थानीय प्राधिकरण के दायित्व होंगे।

(5) जब किसी स्थानीय क्षेत्र को नगर पालिका से बाहर रखा जाता है और किसी अन्य नगर पालिका में शामिल किया जाता है, तो नगरपालिका निधि का ऐसा हिस्सा और पहले उल्लेखित नगर पालिका में निहित अन्य संपत्ति निहित होगी, और उसके दायित्वों का ऐसा हिस्सा होगा, अन्य नगर पालिका, जैसा कि राज्य सरकार, दोनों नगर पालिकाओं से परामर्श करने के बाद, आधिकारिक राजपत्र में अधिसूचना द्वारा घोषित कर सकती है:

बशर्ते कि इस उप-धारा के प्रावधान किसी भी मामले में लागू नहीं होंगे, जहां परिस्थितियां, राज्य सरकार की राय में, नगरपालिका निधि और संपत्ति या देनदारियों के किसी भी हिस्से के हस्तांतरण को अवांछनीय बनाती हैं।

(6) जब कोई आवास गृह, कारख़ाना, गोदाम, या उद्योग या व्यवसाय का स्थान दो या दो से अधिक निकटवर्ती नगरपालिका क्षेत्रों की सीमा के भीतर स्थित हो, तो राज्य सरकार, इस अधिनियम में कहीं और निहित होने के बावजूद, आधिकारिक राजपत्र में अधिसूचना द्वारा , नगरपालिका क्षेत्र की घोषणा करें जिसके भीतर ऐसे आवास गृह, कारख़ाना, गोदाम, या उद्योग या व्यवसाय का स्थान इस अधिनियम के प्रयोजनों के लिए शामिल माना जाएगा।

(7) जब किसी स्थानीय क्षेत्र को नगरपालिका में शामिल किया जाता है, तो उस समय जब उक्त क्षेत्र को शामिल किया जाता है, सभी नियम और उप-कानून, आदेश, निर्देश, अधिसूचनाएं और जारी नोटिस और ऐसी नगरपालिका में प्रदत्त और लागू शक्तियां, उस पर

लागू होगा, जब तक कि राज्य सरकार अन्यथा निर्देश न दे, इस तरह के समावेश की तारीख से।

(8) जब किसी गांव में शामिल क्षेत्र को निर्दिष्ट किया जाता है, या जब किसी क्षेत्र को गांव से बाहर रखा जाता है और नगरपालिका क्षेत्र में शामिल किया जाता है, तो उस तारीख से प्रभावी होता है जिस पर ऐसा क्षेत्र निर्दिष्ट किया जाता है या इसमें शामिल किया जाता है, निम्नलिखित परिणाम होंगे, अर्थात्: -

(ए) ऐसा क्षेत्र एक गांव नहीं रह जाएगा;

(बी) जिस नगर पालिका में ऐसा क्षेत्र शामिल है या ऐसे क्षेत्र के लिए घोषित नगर पालिका ऐसे क्षेत्र पर अधिकार क्षेत्र का प्रयोग करेगी और ऐसे क्षेत्र के लिए स्थापित पंचायत वहां कार्य करना बंद कर देगी;

(सी) जब तक उप-धारा (1) के तहत चुनाव नहीं होते हैं या नगर पालिका की अवधि इस अधिनियम के तहत समाप्त हो जाती है, जो भी पहले हो, गांव के क्षेत्र का प्रतिनिधित्व करने वाले सरपंच, उप-सरपंच और पंच या पंच इस प्रकार शामिल हैं, या नगर पालिका के रूप में घोषित नगर पालिका का अतिरिक्त सदस्य माना जाएगा जिसमें गांव का ऐसा क्षेत्र शामिल है या ऐसे क्षेत्र के लिए घोषित नगरपालिका के क्रमशः अध्यक्ष, उपाध्यक्ष और सदस्य, जैसा भी मामला हो;

(डी) पंचायत में निहित पूरी संपत्ति और उसके खिलाफ अस्तित्व में आने वाली देनदारियों को नगरपालिका घोषित किया गया है या मामले में जहां एक गांव का केवल एक हिस्सा या पूरा नगर पालिका में शामिल है, उक्त का ऐसा हिस्सा संपत्ति और देनदारियां, जैसा कि राज्य सरकार निर्देशित कर सकती है, ऐसे क्षेत्र के लिए घोषित नगरपालिका या उस नगर पालिका पर न्यागत होगी जिसमें गांव का ऐसा क्षेत्र शामिल है;

(e) किसी गांव के किसी क्षेत्र को शामिल करके या किसी गांव को नगर पालिका घोषित करके इस प्रकार स्थापित की गई नगर पालिका, इस अधिनियम के तहत कानूनी रूप से लगाए गए करों को वसूल करेगी या लगाना जारी रखेगी;

(च) ऐसा कोई भी क्षेत्र राजस्थान पंचायती राज अधिनियम, 1994 (1994 का अधिनियम संख्या 13) के तहत बनाए गए सभी नियमों, अधिसूचनाओं, आदेशों और उपनियमों के अधीन नहीं रहेगा।

(9) किसी गांव के किसी क्षेत्र को नगर पालिका में शामिल करने या नगर पालिका के रूप में किसी ऐसे क्षेत्र की घोषणा की सुविधा के लिए, राज्य सरकार, लिखित आदेश द्वारा, ऐसे निर्देश दे सकती है जो उसे प्रतीत हो आवश्यक होना।

(10) इस धारा में अन्यथा प्रदान किए जाने के अलावा, इसके प्रावधान इस अधिनियम या राजस्थान पंचायती राज अधिनियम, 1994 (1994 का अधिनियम संख्या 13) या कुछ समय के लिए लागू किसी अन्य कानून में निहित किसी भी चीज के होते हुए भी प्रभावी होंगे।

4. नगरपालिका बोर्ड को उसके अनुपयुक्त अधिनियम के किसी भी प्रावधान के संचालन से

<u>छूट देने की शक्ति। -</u>

(I) राज्य सरकार, अधिसूचना द्वारा, और लिखित रूप में दर्ज किए जाने वाले कारणों के लिए, किसी भी नगरपालिका बोर्ड को इस अधिनियम के किसी भी प्रावधान के अनुपयुक्त समझे जाने से छूट दे सकती है, और उसके बाद, उक्त प्रावधान लागू नहीं होंगे। इस तरह के प्रावधानों को अधिसूचना द्वारा लागू किए जाने तक ऐसे नगर बोर्ड को।

(2) उप-धारा (1) के तहत एक अधिसूचना लागू होने पर, राज्य सरकार ऐसे प्रावधानों के दायरे में किसी भी मामले के संबंध में इस अधिनियम के प्रावधानों के अनुरूप नियम बना सकती है, जिसके संचालन से नगर बोर्ड को छूट दी गई है .

<u>5. नगर पालिका की स्थापना और निगमन। -</u>

(1) प्रत्येक संक्रमणकालीन क्षेत्र में, एक नगर बोर्ड की स्थापना की जाएगी और ऐसा प्रत्येक नगर बोर्ड उस स्थान के नगर निगम बोर्ड के नाम से एक निगमित निकाय होगा, जिसके बारे में नगर पालिका को जाना जाता है और उसका सतत उत्तराधिकार होगा और एक सामान्य मुहर और इसके कॉर्पोरेट नाम पर मुकदमा चलाया जा सकता है या मुकदमा चलाया जा सकता है।

(2) प्रत्येक छोटे शहरी क्षेत्र में, एक नगर परिषद की स्थापना की जाएगी और ऐसी प्रत्येक नगर परिषद शहर की नगर परिषद के नाम से एक निगमित निकाय होगी, जिसके संदर्भ में नगरपालिका को जाना जाता है और उसका सतत उत्तराधिकार होगा और एक सामान्य मुहर और उसके कॉर्पोरेट नाम से मुकदमा चलाया जा सकता है और उस पर मुकदमा चलाया जा सकता है।

(3) प्रत्येक बड़े शहरी क्षेत्र में, एक नगर निगम की स्थापना की जाएगी और ऐसा प्रत्येक नगर निगम शहर के नगर निगम के नाम से एक निगमित निकाय होगा, जिसके संदर्भ में नगर पालिका को जाना जाता है और इसका सतत उत्तराधिकार होगा और एक सामान्य मुहर और इसके कॉर्पोरेट नाम पर मुकदमा चलाया जा सकता है और मुकदमा चलाया जा सकता है:

बशर्ते कि इस धारा के तहत एक नगर पालिका का गठन ऐसे शहरी क्षेत्र या उसके हिस्से में नहीं किया जा सकता है, जैसा कि राज्यपाल उस क्षेत्र के आकार और उस क्षेत्र में एक औद्योगिक प्रतिष्ठान द्वारा प्रदान की जाने वाली या प्रदान की जाने वाली नगरपालिका सेवाओं को ध्यान में रखते हुए कर सकता है और ऐसे अन्य कारक जिन्हें वह उचित समझे, अधिसूचना द्वारा, एक औद्योगिक टाउनशिप के रूप में निर्दिष्ट करें:

परन्तु यह और कि किसी शहरी क्षेत्र के सांस्कृतिक, ऐतिहासिक, पर्यटन या अन्य समान महत्व को ध्यान में रखते हुए, राज्य सरकार, राजपत्र में अधिसूचना द्वारा, ऐसे क्षेत्र को नगर पालिका से बाहर कर सकती है और ऐसे क्षेत्र को नगर पालिका से बाहर कर सकती है या बाहर कर सकती है। नगर पालिका के अलावा, उक्त क्षेत्र में ऐसी शक्तियों का प्रयोग करने और ऐसे कार्यों का निर्वहन करने के लिए एक विकास प्राधिकरण का गठन किया जा

सकता है, जैसा कि निर्धारित किया जा सकता है और इस अधिनियम में कहीं और कुछ भी होते हुए, ऐसे क्षेत्र के संबंध में, आधिकारिक राजपत्र में अधिसूचना द्वारा प्रत्यायोजित कर सकता है। उक्त प्राधिकरण को ऐसी नगरपालिका शक्तियाँ, कार्य और कर्तव्य जो वह ऐसे क्षेत्र के समुचित, तीव्र और नियोजित विकास के लिए उपयुक्त समझे।

6. नगर पालिका की संरचना। -

(1) उत्तरवर्ती उप-अनुभागों में निहित प्रावधानों के अधीन, लेकिन इस उप-धारा के निम्नलिखित प्रावधानों में प्रदान किए गए को छोड़कर, एक नगर पालिका में सभी सीटों को क्षेत्रीय निर्वाचन क्षेत्रों से सीधे चुनाव द्वारा चुने गए व्यक्तियों द्वारा भरा जाएगा, जिन्हें जाना जाता है वार्ड, ऐसे स्थानों की संख्या, जो तेरह से कम न हों, राज्य सरकार द्वारा समय-समय पर राजपत्र में अधिसूचना द्वारा नियत की जा रही हैं:

(2) नगर पालिका की स्थापना के बाद प्रत्येक जनगणना के पूरा होने पर, सीटों की संख्या राज्य सरकार द्वारा आधिकारिक राजपत्र में अधिसूचना द्वारा नगरपालिका क्षेत्र की आबादी के आधार पर निर्धारित की जाएगी, जैसा कि नवीनतम जनगणना में
पता लगाया गया है। बशर्ते कि पूर्वोक्त रूप में सीटों का निर्धारण नगरपालिका की मौजूदा संरचना को उसके कार्यकाल की समाप्ति तक प्रभावित नहीं करेगा।

(3) किसी नगर पालिका के लिए सीटों की कुल संख्या तय करने में, राज्य सरकार क्रमशः सामान्य सीटों की संख्या और महिलाओं के लिए और अनुसूचित जातियों के सदस्यों के लिए या अनुसूचित जनजातियों के सदस्यों के लिए या दोनों या दोनों के लिए आरक्षित सीटों की संख्या निर्दिष्ट करेगी। पिछड़े वर्गों से संबंधित व्यक्ति जैसा कि प्रत्येक मामले में निर्धारित किया जा सकता है।

(4) अनुसूचित जातियों या अनुसूचित जनजातियों के सदस्यों के लिए आरक्षित सीटों की संख्या, नगर पालिका के लिए निर्धारित सीटों की कुल संख्या के संबंध में, अनुसूचित जातियों या अनुसूचित जनजातियों की जनसंख्या के अनुपात के बराबर होगी। नगरपालिका क्षेत्र में जनजातियाँ उसकी कुल जनसंख्या का वहन करती हैं।

(5) पिछड़े वर्गों के लिए आरक्षित सीटों का प्रतिशत ऐसा होगा जैसे कि नगरपालिका क्षेत्र में कुल जनसंख्या के संबंध में अनुसूचित जाति और अनुसूचित जनजाति की संयुक्त जनसंख्या का प्रतिशत पचास से कम हो:

परंतु पिछड़े वर्गों के लिए इस प्रकार आरक्षित सीटों का प्रतिशत इक्कीस से अधिक नहीं होगा:

परन्तु यह और कि प्रत्येक नगर पालिका में पिछड़े वर्गों के लिए कम से कम एक सीट आरक्षित की जाएगी जहां नगरपालिका क्षेत्र में कुल जनसंख्या के संबंध में अनुसूचित जातियों और अनुसूचित जनजातियों की संयुक्त जनसंख्या का प्रतिशत सत्तर से अधिक नहीं है।

(6) अनुसूचित जातियों या अनुसूचित जनजातियों या पिछड़े वर्गों के लिए आरक्षित सीटों

में से आधी सीटें ऐसी जातियों, जनजातियों या, जैसी भी स्थिति हो, वर्गों की महिलाओं के लिए आरक्षित होंगी।

(7) उप-धारा (6) के तहत आरक्षित सीटों की संख्या सहित कुल सीटों की संख्या का आधा महिलाओं के लिए आरक्षित होगा।

(8) उप-धारा (3), (5) और (6) के तहत अनुसूचित जातियों और अनुसूचित जनजातियों और पिछड़े वर्गों के लिए सीटों का आरक्षण संविधान के अनुच्छेद 334 में निर्दिष्ट अवधि की समाप्ति पर प्रभावी नहीं होगा। भारत की।

(9) नगर पालिका के लिए निर्धारित सभी सीटें, सामान्य और साथ ही आरक्षित, नगरपालिका क्षेत्र के वार्डों से सीधे चुनाव से भरी जाएंगी और ऐसा चुनाव निर्धारित तरीके से होगा।

व्याख्या। - यदि कोई अंश इस धारा के तहत गणना की गई सीटों की संख्या का हिस्सा बनता है, तो सीटों की संख्या को अगली उच्च संख्या तक बढ़ाया जाएगा, यदि अंश में सीट का आधा या अधिक हिस्सा होता है और इसमें शामिल होने की स्थिति में अंश को नजरअंदाज कर दिया जाएगा। आधे से भी कम सीट से।

<u>7. पद की अवधि। -</u>

(1) प्रत्येक नगर पालिका जब तक कि इस अधिनियम के प्रावधानों के तहत जल्द ही भंग न हो जाए, अपनी पहली बैठक के लिए नियत तारीख से पांच साल तक जारी रहेगी

(2) किसी नगर पालिका की अवधि की समाप्ति से पहले उसके विघटन पर गठित नगरपालिका केवल उस शेष अवधि के लिए जारी रहेगी, जिसके लिए उप-धारा (1) के तहत भंग नगर पालिका जारी रहती।

व्याख्या। - इस धारा के प्रयोजनों के लिए, अभिव्यक्ति "पहली बैठक" का अर्थ है आम चुनाव के तुरंत बाद नगर पालिका के निर्वाचित सदस्यों की बैठक।

8. नगरपालिका सरकार का नगर पालिका में निहित होना। -

इस अधिनियम में अन्यथा स्पष्ट रूप से प्रदान किए गए को छोड़कर, एक नगर पालिका की नगरपालिका सरकार अपने अध्यक्षों के माध्यम से नगर निगम बोर्ड, नगर परिषद, या नगर निगम में निहित होगी, जो इसे पूरा करने के कर्तव्य के लिए जिम्मेदार होगी। इस अधिनियम के प्रावधानों में निर्दिष्ट सीमाओं और प्रतिबंधों के अधीन।

<u>9. वार्डों में विभाजन</u>

(1) चुनाव के उद्देश्य के लिए, एक नगर पालिका को वार्डों की संख्या में विभाजित किया जाएगा, जो धारा 6 की उप-धारा (1) के तहत नगरपालिका के लिए निर्धारित सीटों की कुल संख्या के बराबर है।

(2) प्रत्येक वार्ड का प्रतिनिधित्व उस वार्ड की आबादी के आधार पर होगा और जहां तक संभव हो, उसी अनुपात में होगा, जो नगर पालिका के लिए सीटों की कुल संख्या उसकी आबादी के लिए है।

10. वार्डों का निर्धारण -

(1) राज्य सरकार आदेश द्वारा अवधारित करेगी,

(ए) प्रत्येक नगर पालिका को अपने चुनाव के उद्देश्य से जिन वार्डों में विभाजित किया जाएगा;

(बी) प्रत्येक वार्ड की सीमा;

(ग) अनुसूचित जाति या अनुसूचित जनजाति के सदस्यों के लिए आरक्षित सीटों की संख्या, यदि कोई हो, और ऐसी जातियों और जनजातियों की महिला सदस्यों के लिए और पिछड़े वर्गों के सदस्यों और उनकी महिला सदस्यों के लिए; तथा

(डी) महिला उम्मीदवारों के लिए वार्डों की संख्या।

(2) अनुसूचित जातियों या अनुसूचित जनजातियों और पिछड़े वर्गों के लिए और महिलाओं के लिए यथास्थिति, आरक्षित सीटों को अलग-अलग वार्डों में रोटेशन द्वारा इस तरह से आवंटित किया जा सकता है जैसा कि निर्धारित किया जा सकता है।

(3) राज्य सरकार वार्डों की सीमाओं का निर्धारण और अनुसूचित जातियों, अनुसूचित जनजातियों, पिछड़े वर्गों और वार्डों में महिलाओं के पक्ष में आरक्षित सीटों के आवंटन को धारा 6 के प्रावधानों को ध्यान में रखते हुए करेगी और साथ ही निम्नलिखित प्रावधानों के लिए, अर्थात्:

(ए) सभी वार्ड, जहां तक संभव हो, भौगोलिक दृष्टि से सघन क्षेत्र होंगे;

(बी) अनुसूचित जातियों या अनुसूचित जनजातियों के लिए आरक्षित वार्डों को नगरपालिका क्षेत्रों के विभिन्न हिस्सों में वितरित किया जाएगा जहां ऐसी जातियों या जनजातियों की जनसंख्या का अनुपात, जैसा भी मामला हो, तुलनात्मक रूप से बड़ा है; तथा

(ग) वार्डों की संख्या नगर पालिका के स्थानीय क्षेत्र के उत्तर-पश्चिम कोने से शुरू होगी।

(4) उप-धारा (1) के तहत आदेश का प्रारूप आपत्ति दर्ज करने के लिए कम से कम सात दिनों की अवधि के भीतर प्रकाशित किया जाएगा और इसकी एक प्रति टिप्पणियों के लिए संबंधित नगर पालिका को भेजी जाएगी।

(5) राज्य सरकार उप-धारा (4) के तहत प्राप्त किसी भी आपत्ति और टिप्पणियों पर विचार करेगी और प्रारूप आदेश, यदि आवश्यक हो, तदनुसार संशोधित, परिवर्तित या संशोधित किया जाएगा, और उसके बाद यह अंतिम होगा।

11. नगर पालिका के लिए चुनाव -

(1) नगर पालिका के समस्त निर्वाचनों के लिए निर्वाचक नामावलियां तैयार करने और उनके संचालन का अधीक्षण, निर्देशन और नियंत्रण राज्य निर्वाचन आयोग में निहित होगा।

(2) नगर पालिका के गठन के लिए एक चुनाव पूरा किया जाएगा

(i) धारा 7 में निर्दिष्ट इसकी अवधि की समाप्ति से पहले;

(ii) इसके विघटन की तारीख से छह महीने की अवधि की समाप्ति से पहले:

परन्तु जहां शेष अवधि जिसके लिए भंग की गई नगरपालिका बनी रहती, छह माह से कम

हो, ऐसी अवधि के लिए नगर पालिका के गठन के लिए इस खंड के तहत कोई चुनाव कराना आवश्यक नहीं होगा।

(3) पूर्वोक्त उद्देश्य के लिए राज्य सरकार राज्य चुनाव आयोग की सिफारिश पर सभी वार्डों को इस अधिनियम के प्रावधानों और इसके तहत बनाए गए नियमों और आदेशों के अनुसार, ऐसी तारीख या तारीखों के अनुसार सदस्यों का चुनाव करने के लिए बुलाएगी। अधिसूचना में निर्दिष्ट किया जा सकता है।

(4) जब एक नई नगर पालिका की स्थापना की जाती है, तो उसका गठन, जहाँ तक हो सकता है, इस अधिनियम के प्रावधानों के अनुसार एक नगर पालिका के आम चुनाव से संबंधित होगा।

(5) राज्य सरकार, राज्य चुनाव आयोग द्वारा अनुरोध किए जाने पर, आयोग को ऐसे कर्मचारी उपलब्ध कराएगी जो उप-धारा (1) द्वारा राज्य चुनाव आयोग को सौंपे गए कार्यों के निर्वहन के लिए आवश्यक हो।

<u>**12. राज्य निर्वाचन आयोग के कार्यों का प्रत्यायोजन**</u> - इस अधिनियम के अधीन राज्य निर्वाचन आयोग का कार्य या उसके अधीन बनाए गए नियम या आदेश, ऐसे सामान्य या विशेष निर्देशों, यदि कोई हों, के अधीन रहते हुए, जो राज्य निर्वाचन आयोग द्वारा इस संबंध में दिए जाएं, द्वारा भी किया जा सकता है। एक उप चुनाव आयुक्त, यदि कोई हो, या राज्य चुनाव आयोग के सचिव द्वारा।

<u>**13. प्रत्येक वार्ड के लिए मतदाता सूची -**</u>

(1) प्रत्येक वार्ड के लिए एक निर्वाचक रजिस्ट्रीकरण अधिकारी द्वारा निर्धारित तरीके से तैयार, संशोधित, संशोधित, अद्यतन और प्रकाशित निर्वाचक नामावली होगी, जो राज्य सरकार या स्थानीय प्राधिकरण का ऐसा अधिकारी होगा जिसे राज्य निर्वाचन आयोग , राज्य सरकार के परामर्श से, इस संबंध में नामित या नामांकित करें।

(2) निर्वाचक रजिस्ट्रीकरण अधिकारी, किन्हीं निर्धारित प्रतिबंधों के अधीन, ऐसे व्यक्तियों को नियुक्त कर सकता है, जिन्हें वह प्रत्येक वार्ड के लिए निर्वाचक नामावली की तैयारी और पुनरीक्षण के लिए उपयुक्त समझता है।

(3) राज्य निर्वाचन आयोग किसी निर्वाचक रजिस्ट्रीकरण अधिकारी को उसके कार्यों के निष्पादन में सहायता करने के लिए एक या अधिक व्यक्तियों को सहायक निर्वाचक रजिस्ट्रीकरण अधिकारी के रूप में नियुक्त कर सकता है।

(4) प्रत्येक सहायक निर्वाचक रजिस्ट्रीकरण अधिकारी, निर्वाचक रजिस्ट्रीकरण अधिकारी के नियंत्रण के अधीन, निर्वाचक रजिस्ट्रीकरण अधिकारी के सभी या किन्हीं कार्यों को करने के लिए सक्षम होगा।

(5) धारा 14 के प्रावधानों के अधीन, प्रत्येक व्यक्ति जो

(ए) योग्यता तिथि पर अठारह वर्ष से कम उम्र का नहीं है, और

(बी) नगर पालिका के एक वार्ड में सामान्य रूप से निवासी है, उस वार्ड के लिए मतदाता

सूची में पंजीकृत होने का हकदार होगा।

व्याख्या। - (i) किसी व्यक्ति को केवल इस आधार पर वार्ड में सामान्य रूप से निवासी नहीं माना जाएगा कि उसके पास एक आवास गृह है या उसके कब्जे में है।

(ii) अपने सामान्य निवास स्थान से अस्थायी रूप से अनुपस्थित रहने वाला व्यक्ति, उसके कारण, वहां का सामान्य निवासी नहीं रहेगा।

(iii) संसद या राज्य विधानमंडल का कोई सदस्य, अपने पद की अवधि के दौरान, उस सदस्य के रूप में अपने निर्वाचन के समय निर्वाचक के रूप में पंजीकृत निर्वाचक नामावली के वार्ड में सामान्य रूप से निवासी नहीं रहेगा। सदस्य के रूप में अपने कर्तव्यों के संबंध में उस वार्ड से उनकी अनुपस्थिति के कारण।

(iv) इस खंड के प्रयोजन के लिए "अर्हता तिथि" का अर्थ उस वर्ष की जनवरी का पहला दिन है जिसमें निर्वाचक नामावली इस प्रकार तैयार या संशोधित की जाती है।

(v) कोई भी व्यक्ति एक से अधिक वार्डों के लिए मतदाता सूची में पंजीकृत होने का हकदार नहीं होगा।

(vi) कोई भी व्यक्ति निर्वाचक नामावली में एक से अधिक बार पंजीकृत होने का हकदार नहीं होगा।

14. मतदाता सूची में पंजीकरण के लिए निरर्हताएं

(1) कोई व्यक्ति वार्ड के लिए मतदाता सूची में पंजीकरण के लिए अयोग्य हो जाएगा यदि वह

(ए) भारत का नागरिक नहीं है; या

(बी) विकृत दिमाग का है और सक्षम न्यायालय द्वारा ऐसा घोषित किया गया है; या

(सी) चुनाव के संबंध में भ्रष्ट आचरण और अन्य अपराधों से संबंधित किसी भी कानून के प्रावधानों के तहत मतदान से अयोग्य है।

(2) किसी भी व्यक्ति का नाम, जो पंजीकरण के बाद इस प्रकार अयोग्य हो जाता है, इस अधिनियम के तहत तैयार की गई मतदाता सूची से तुरंत हटा दिया जाएगा:

बशर्ते कि उप-धारा (1) के खंड (सी) के तहत अयोग्यता के कारण किसी वार्ड की मतदाता सूची से किसी व्यक्ति का नाम तुरंत उस नामावली में फिर से दर्ज किया जाएगा, यदि ऐसी अयोग्यता अवधि के दौरान है ऐसी सूची प्रवृत्त है, ऐसे निष्कासन को प्राधिकृत करने वाले किसी भी कानून के तहत हटा दी जाती है।

15. झूठी घोषणा करना -

यदि कोई व्यक्ति इसके संबंध में बनाता है-

(ए) मतदाता सूची की तैयारी, संशोधन या सुधार, या

(बी) मतदाता सूची में या उसमें से किसी भी प्रविष्टि को शामिल करना या बहिष्कृत करना, एक बयान या लिखित में घोषणा जो झूठी है और जिसे वह जानता है या झूठा मानता है या सच नहीं मानता है, वह दोषी होने पर दंडनीय होगा कारावास से, जिसकी अवधि एक वर्ष

तक की हो सकेगी, या जुर्माने से, जो दो हजार रुपए से कम नहीं होगा, लेकिन जो पांच हजार रुपए तक हो सकता है, या दोनों से।

16. मुख्य निर्वाचन अधिकारी -

(1) एक मुख्य निर्वाचन अधिकारी होगा जो राज्य सरकार का ऐसा अधिकारी होगा, जिसे राज्य चुनाव आयोग, राज्य सरकार के परामर्श से, इस संबंध में नामित या नामित कर सकता है।

(2) राज्य चुनाव आयोग के अधीक्षण, निर्देशन और नियंत्रण के अधीन रहते हुए

(ए) मुख्य निर्वाचन अधिकारी इस अधिनियम के तहत राज्य में सभी मतदाता सूची की तैयारी, संशोधन और सुधार का पर्यवेक्षण करेगा;

(बी) इस अधिनियम के तहत राज्य में सभी चुनावों के संचालन की निगरानी करेगा; तथा

(सी) राज्य चुनाव आयोग द्वारा निर्देशित ऐसी अन्य शक्तियों और कार्यों का प्रयोग करेगा।

17.जिला निर्वाचन अधिकारी -

(1) राज्य के प्रत्येक जिले के लिए, राज्य चुनाव आयोग, राज्य सरकार के परामर्श से, एक जिला चुनाव अधिकारी को नामित या नामित करेगा जो राज्य सरकार का एक अधिकारी होगा:

बशर्ते कि राज्य चुनाव आयोग एक जिले के लिए ऐसे एक से अधिक अधिकारियों को नामित या नामित कर सकता है यदि राज्य चुनाव आयोग संतुष्ट है कि कार्यालय के कार्यों को एक अधिकारी द्वारा संतोषजनक ढंग से नहीं किया जा सकता है।

(2) जहां उप-धारा (1) के परंतुक के तहत एक जिले के लिए एक से अधिक जिला चुनाव अधिकारियों को नामित या नामित किया जाता है, राज्य चुनाव आयोग जिला चुनाव अधिकारियों को नामित या नामित करने के क्रम में क्षेत्र को भी निर्दिष्ट करेगा। जो ऐसा प्रत्येक अधिकारी अधिकारिता का प्रयोग करेगा।

(3) मुख्य निर्वाचन अधिकारी के अधीक्षण, निर्देशन और नियंत्रण के अधीन रहते हुए, जिला निर्वाचन अधिकारी अपने अधिकार क्षेत्र के भीतर जिले की नगर पालिकाओं में चुनाव के संचालन के संबंध में सभी कार्यों का समन्वय और पर्यवेक्षण करेगा।

(4) जिला निर्वाचन अधिकारी ऐसे अन्य कार्य भी करेगा जो उसे राज्य निर्वाचन आयोग और मुख्य निर्वाचन अधिकारी द्वारा सौंपे जाएं।

18. स्थानीय प्राधिकारियों आदि का स्टाफ उपलब्ध कराया जाना -

(1) राज्य में प्रत्येक स्थानीय प्राधिकारी, जब मुख्य निर्वाचन अधिकारी द्वारा ऐसा अपेक्षित हो, किसी निर्वाचक रजिस्ट्रीकरण अधिकारी को ऐसे कर्मचारी उपलब्ध कराएगा जो निर्वाचक नामावलियों की तैयारी और पुनरीक्षण के संबंध में किन्हीं कर्तव्यों के पालन के लिए आवश्यक हों। .

(2) उप-धारा (3) में निर्दिष्ट प्राधिकारी, जब मुख्य निर्वाचन अधिकारी द्वारा आवश्यक हो, किसी भी रिटर्निंग अधिकारी को ऐसे कर्मचारी उपलब्ध कराएंगे जो चुनाव के संबंध में

किसी भी कर्तव्यों के प्रदर्शन के लिए आवश्यक हो।

(3) उप-धारा (2) के प्रयोजनों के लिए निम्नलिखित प्राधिकारी होंगे, अर्थात्: -

(i) प्रत्येक स्थानीय प्राधिकरण;

(ii) कोई अन्य संस्था, संस्था या उपक्रम जो किसी राज्य अधिनियम द्वारा या उसके अधीन स्थापित हो या जो राज्य सरकार द्वारा प्रत्यक्ष या अप्रत्यक्ष रूप से प्रदान की गई निधियों द्वारा पूर्णतः या पर्याप्त रूप से नियंत्रित या वित्तपोषित हो।

19. राज्य निर्वाचन आयोग में प्रतिनियुक्ति पर समझे जाने वाले अधिकारी और कर्मचारी -
इस अधिनियम के अंतर्गत निर्वाचक नामावलियों की तैयारी, पुनरीक्षण एवं शुद्धि तथा समस्त निर्वाचनों के संचालन के संबंध में तैनात अधिकारियों एवं कर्मचारियों को उस अवधि के लिए राज्य निर्वाचन आयोग में प्रतिनियुक्ति पर माना जाएगा, जिस अवधि के दौरान उन्हें इस प्रकार तैनात किया गया है। और ऐसे अधिकारी और कर्मचारी, उस अवधि के दौरान, राज्य चुनाव आयोग के नियंत्रण और अधीक्षण के अधीन होंगे।

20. मतदाता सूची तैयार करने आदि के संबंध में आधिकारिक कर्तव्य का उल्लंघन -

(1) यदि किसी निर्वाचक रजिस्ट्रीकरण अधिकारी या अन्य व्यक्ति से इस अधिनियम द्वारा या इसके अधीन किसी मतदाता सूची को तैयार करने, पुनरीक्षण या सुधार करने या उस नामावली में या उसमें से किसी प्रविष्टि को शामिल करने या हटाने के संबंध में कोई आधिकारिक कर्तव्य निभाने की अपेक्षा की जाती है, ऐसे आधिकारिक कर्तव्य के उल्लंघन में किसी भी कार्य या चूक के लिए उचित कारण के बिना दोषी है, वह दोषसिद्धि पर कारावास से दंडनीय होगा जो तीन महीने से कम नहीं होगा, लेकिन जो दो साल तक हो सकता है या जुर्माना के साथ 'जो नहीं होगा एक हजार रुपये से कम लेकिन जो दो हजार रुपये तक या दोनों के साथ हो सकता है।

(2) पूर्वोक्त ऐसे किसी कार्य या चूक के संबंध में नुकसान के लिए ऐसे किसी अधिकारी या अन्य व्यक्ति के खिलाफ कोई मुकदमा या अन्य कानूनी कार्यवाही नहीं होगी।

(3) कोई भी न्यायालय उप-धारा (1) के तहत दंडनीय किसी भी अपराध का संज्ञान नहीं लेगा, जब तक कि राज्य चुनाव आयोग या मुख्य निर्वाचन अधिकारी या संबंधित जिला चुनाव अधिकारी के आदेश से या उसके अधिकार के तहत शिकायत नहीं की जाती है।

21. सदस्य बनने के लिए योग्य व्यक्ति -

21ए कुछ सीटों पर चुनाव के लिए विशेष योग्यता -

इस अधिनियम या तत्समय प्रवृत्त किसी अन्य कानून के किसी प्रावधान में निहित किसी भी विपरीत बात के होते हुए भी, कोई व्यक्ति नगर पालिका में ऐसी सीटों पर चुनाव के लिए पात्र नहीं होगा, जैसा कि राज्य सरकार द्वारा निर्धारित में निर्धारित किया जा सकता है। तरीके से, जब तक कि वह इक्कीस वर्ष से पैंतीस वर्ष के आयु वर्ग के भीतर न हो और अन्यथा ऐसी सीटों पर चुनाव के लिए पात्र न हो

बशर्ते कि-

(i) नगर पालिका में अनुसूचित जातियों, अनुसूचित जनजातियों के पिछड़े वर्गों या महिलाओं के लिए आरक्षित सीटों में से प्रत्येक में दो से अधिक सीटें इस धारा के तहत निर्धारित नहीं की जाएंगी;

<u>22. एक से अधिक वार्डों के लिए चुनाव लड़ने पर प्रतिबंध -</u>

धारा 21 में किसी बात के होते हुए भी, कोई भी व्यक्ति उन मामलों में जहां एक सीट का चुनाव लड़ा जाता है, एक से अधिक वार्डों के लिए ऐसा चुनाव लड़ने का हकदार नहीं होगा, और प्रत्येक व्यक्ति जिसने नगर पालिका में सीटों के लिए अपना नामांकन पत्र दाखिल किया हो सकता है एक से अधिक वार्ड अपनी उम्मीदवारी को सभी सीटों में से एक को छोड़कर एक लिखित नोटिस द्वारा वापस ले लेंगे, जिसमें ऐसे विवरण होंगे जो निर्धारित किए जा सकते हैं और वापसी के लिए निर्धारित अंतिम तिथि को अपराह्न 3 बजे से पहले वितरित करेंगे:

बशर्ते कि यदि कोई व्यक्ति ऊपर निर्दिष्ट तरीके से एक सीट को छोड़कर सभी से अपनी उम्मीदवारी वापस लेने में विफल रहता है, तो यह समझा जाएगा कि उसने सभी सीटों से अपनी उम्मीदवारी वापस ले ली है।

<u>23. वाहनों, लाउड-स्पीकरों आदि के उपयोग पर प्रतिबंध -</u>

(1) राज्य चुनाव आयोग किसी भी उम्मीदवार या उसके द्वारा विधिवत रूप से वाहनों या लाउडस्पीकरों के उपयोग या कट आउट, होर्डिंग, पोस्टर और बैनर प्रदर्शित करने पर उचित प्रतिबंध लगा सकता है। प्राधिकृत निर्वाचन अभिकर्ता निर्वाचन की अवधि के दौरान नगर पालिका के निर्वाचन हेतु अधिसूचना के प्रकाशन की तिथि से प्रारंभ होकर निर्वाचन की समस्त प्रक्रिया पूर्ण होने की तिथि को समाप्त होता है।

(2) यदि कोई उम्मीदवार या उसका विधिवत अधिकृत चुनाव एजेंट उप-धारा (1) के तहत राज्य चुनाव आयोग द्वारा लगाए गए किसी भी प्रतिबंध का उल्लंघन करता है, तो उसे दोषी ठहराए जाने पर दो हजार रुपये तक के जुर्माने से दंडित किया जा सकता है।

(3) उप-धारा (2) के तहत दंडित प्रत्येक व्यक्ति, राज्य चुनाव आयोग के एक आदेश द्वारा, किसी भी नगरपालिका के सदस्य के रूप में चुने जाने या छह साल तक की अवधि के लिए सदस्य होने के लिए अयोग्य होने के लिए उत्तरदायी होगा। ऐसे आदेश की तिथि से:

बशर्ते कि राज्य चुनाव आयोग बाद के आदेश द्वारा, दर्ज किए जाने वाले कारणों के लिए, इस धारा के तहत किसी भी अयोग्यता को हटा सकता है या ऐसी किसी भी अयोग्यता की अवधि को कम कर सकता है।

(4) राज्य चुनाव आयोग के किसी सामान्य या विशेष आदेश द्वारा इस संबंध में अधिकृत अधिकारी द्वारा की गई शिकायत के अलावा कोई भी न्यायालय उप-धारा (2) में निर्दिष्ट अपराध का संज्ञान नहीं लेगा।

<u>24. सदस्यों के लिए सामान्य निरर्हताएं</u> -

एक व्यक्ति, इस बात के होते हुए भी कि वह अन्यथा योग्य है, नगर पालिका के सदस्य के

रूप में चुने जाने या होने के लिए अयोग्य घोषित किया जाएगा।

(i) यदि उसे किसी सक्षम न्यायालय द्वारा नैतिक अधमता या किसी अन्य अपराध से जुड़े अपराध के लिए दोषी ठहराया गया है और छह महीने या उससे अधिक के कारावास की सजा सुनाई गई है, या

(ii) यदि उसे इस अधिनियम की धारा 245 के तहत अपराध का दोषी ठहराया गया है, या

(iii) यदि वह सक्षम न्यायालय में विचारण के अधीन है जिसने अपराध का संज्ञान लिया है और उसके खिलाफ पांच साल या उससे अधिक के कारावास से दंडनीय किसी अपराध के आरोप तय किए हैं, या

(iv) यदि उसे खाद्य अपमिश्रण निवारण अधिनियम, 1954 (1954 का केंद्रीय अधिनियम संख्या 37) के तहत किसी अपराध का दोषी ठहराया गया है।

25. मतदान का अधिकार -

(1) इस अधिनियम द्वारा स्पष्ट रूप से प्रदान किए गए को छोड़कर, प्रत्येक व्यक्ति जो इस समय किसी भी वार्ड की मतदाता सूची में पंजीकृत है, उस वार्ड में वोट देने का हकदार होगा।

(2) कोई भी व्यक्ति किसी भी वार्ड में चुनाव में मतदान नहीं करेगा, यदि वह धारा 14 में निर्दिष्ट किसी भी अयोग्यता के अधीन है।

(3) कोई भी व्यक्ति किसी भी चुनाव में एक से अधिक वार्डों में मतदान नहीं करेगा और यदि कोई व्यक्ति एक से अधिक वार्डों में मतदान करता है तो सभी वार्डों में उसका वोट शून्य हो जाएगा।

(4) कोई भी व्यक्ति किसी भी चुनाव में एक ही वार्ड में एक से अधिक बार मतदान नहीं करेगा, भले ही उसका नाम मतदाता सूची में एक से अधिक बार दर्ज किया गया हो, और यदि वह ऐसा करता है, तो उसके सभी वोट शून्य हो जाएंगे।

(5) कोई भी व्यक्ति इस अधिनियम के तहत किसी भी चुनाव में मतदान नहीं करेगा, यदि वह जेल में बंद है, चाहे सजा के तहत या अन्यथा या पुलिस की कानूनी हिरासत में है:

बशर्ते कि इस उप-धारा में कुछ भी उस व्यक्ति पर लागू नहीं होगा जो किसी भी कानून के तहत निवारक निरोध के अधीन है।

26. चुनाव में मतदान का तरीका -

(1) प्रत्येक चुनाव में, जहां मतदान किया जाता है, मत मतपत्र द्वारा ऐसी रीति से दिया जाएगा जो विहित की जाए और कोई मत प्रॉक्सी द्वारा प्राप्त नहीं किया जाएगा।

(2) प्रत्येक निर्वाचक का एक मत होगा। यदि कोई मतदाता एक से अधिक उम्मीदवारों को वोट देता है, तो मतगणना के समय उसके द्वारा दिए गए सभी मतों को अमान्य माना जाएगा।

(3) इस अधिनियम या उसके अधीन बनाए गए नियमों में किसी बात के होते हुए भी, वोटिंग मशीनों द्वारा वोटों को देना और रिकॉर्ड करना, ऐसी रीति से, जैसा कि निर्धारित किया जा

सकता है, किसी भी नगर पालिका के ऐसे वार्ड या वार्ड में अपनाया जा सकता है जैसा कि राज्य चुनाव आयोग द्वारा किया जा सकता है। प्रत्येक मामले की परिस्थितियों को ध्यान में रखते हुए विनिर्दिष्ट करें।

व्याख्या। - उप-धारा (3) के प्रयोजन के लिए, 'मतदान मशीन' का अर्थ है कोई भी मशीन या उपकरण, चाहे वह इलेक्ट्रॉनिक रूप से संचालित हो या अन्यथा वोट देने या रिकॉर्ड करने के लिए उपयोग किया जाता है और इस अधिनियम या बनाए गए नियमों में मतपेटी या मतपत्र के संदर्भ में। इसके तहत, जैसा कि अन्यथा प्रदान किया गया है, को छोड़कर, ऐसी वोटिंग मशीन के संदर्भ को शामिल करने के रूप में माना जाएगा जहां कहीं भी ऐसी वोटिंग मशीन का उपयोग किसी भी चुनाव में किया जाता है।

27. आकस्मिक रिक्ति कैसे भरी जाए -

(1) किसी सदस्य के कार्यालय में समय के प्रवाह से अन्यथा होने वाली आकस्मिक रिक्ति, उप-धारा (4) के प्रावधानों के अधीन, एक उप-निर्वाचन में, जो जल्द से जल्द होने के लिए निर्धारित किया जाएगा, भरा जाएगा। जैसा कि आम चुनाव के लिए निर्धारित तरीके से हो सकता है;

(2) उप-निर्वाचन में निर्वाचित सदस्य केवल तब तक पद धारण करेगा जब तक कि जिस सदस्य के स्थान पर वह निर्वाचित होता है, वह पद धारण करने का हकदार होता, यदि रिक्ति नहीं होती।

(3) जब किसी निर्वाचित सदस्य की मृत्यु, त्यागपत्र या हटाने के कारण कोई रिक्ति होती है, -

(ए) अनुसूचित जाति या अनुसूचित जनजाति या पिछड़े वर्ग के सदस्य के लिए किसी भी वार्ड में आरक्षित सीट के खिलाफ, ऐसी रिक्ति ऐसी जाति या जनजाति या वर्गों के सदस्य द्वारा भरी जाएगी; तथा

(बी) किसी महिला के लिए किसी वार्ड में आरक्षित सीट के खिलाफ, ऐसी रिक्ति एक महिला द्वारा भरी जाएगी।

(4) जहां एक निर्वाचित सदस्य की मृत्यु, इस्तीफे, हटाने या चुनाव से बचने के कारण कोई रिक्ति होती है और उस सदस्य के पद की अवधि, घटनाओं के सामान्य क्रम में, घटना के छह महीने के भीतर निर्धारित की जाएगी रिक्ति, राज्य सरकार निर्देश दे सकती है कि अगले आम चुनाव तक रिक्ति को खाली छोड़ दिया जाए।

28. चुनावी अपराध -

जनप्रतिनिधित्व अधिनियम, 1951 (केंद्रीय अधिनियम संख्या (1951 का 43) इस प्रकार प्रभावी होगा मानो -

(ए) इसमें एक चुनाव के संदर्भ इस अधिनियम के तहत एक चुनाव के संदर्भ थे,

(बी) उसमें एक निर्वाचन क्षेत्र के संदर्भ एक वार्ड के संदर्भ थे,

(सी) धारा 125 और 127 में, "इस अधिनियम के तहत" अभिव्यक्ति के लिए , अभिव्यक्ति

"राजस्थान नगर पालिका अधिनियम, 2009 के तहत" और धारा 134 और 136 में, "इस अधिनियम के तहत या इसके तहत" अभिव्यक्ति के लिए अभिव्यक्ति " द्वारा या राजस्थान नगर पालिका अधिनियम, 2009 के तहत" प्रतिस्थापित किए गए थे, और

(डी) धारा 135बी की उप-धारा (1) में "लोगों के सदन या किसी राज्य की विधान सभा" शब्दों के स्थान पर, शब्द "नगर पालिका के वार्ड" को प्रतिस्थापित किया गया था।

<u>29. भ्रष्ट आचरण-</u>

<u>30. चुनावी मामलों में दीवानी न्यायालयों का क्षेत्राधिकार -</u>

(1) वार्डों के परिसीमन, ऐसे वार्डों को सीटों के आवंटन, मतदाता सूची तैयार करने या चुनाव के संचालन से संबंधित किसी भी प्रश्न पर विचार करने या निर्णय लेने का अधिकार किसी भी सिविल कोर्ट के पास नहीं होगा।

(2) इस अधिनियम के प्रावधानों के अनुसार प्रस्तुत चुनाव याचिका के अलावा किसी भी नगर पालिका के चुनाव पर कोई सवाल नहीं उठाया जाएगा।

<u>31. चुनाव याचिका</u> -

(1) नगर पालिका के सदस्य के रूप में किसी भी व्यक्ति के चुनाव पर चुनाव की तारीख से एक महीने के भीतर नगरपालिका क्षेत्र पर क्षेत्रीय अधिकार क्षेत्र वाले जिला न्यायाधीश के समक्ष निम्नलिखित में से एक या अधिक आधारों पर दायर एक चुनाव याचिका पर सवाल उठाया जा सकता है। , अर्थात्:

(ए) कि चुनाव की तारीख पर एक लौटा हुआ उम्मीदवार इस अधिनियम के तहत सीट भरने के लिए योग्य नहीं था, या अयोग्य था, या

(बी) कि धारा 29 में निर्दिष्ट कोई भी भ्रष्ट आचरण एक लौटे हुए उम्मीदवार या उसके चुनाव एजेंट या किसी अन्य व्यक्ति द्वारा, किसी लौटे उम्मीदवार या उसके चुनाव एजेंट की सहमति से किया गया है।

(सी) कि, लेकिन निर्वाचित उम्मीदवार द्वारा भ्रष्ट चालों से प्राप्त मतों के लिए, याचिकाकर्ता या किसी अन्य उम्मीदवार को वैध मतों का बहुमत प्राप्त होता।

(2) निर्वाचन याचिका की सुनवाई में, जिला न्यायाधीश ऐसी प्रक्रिया का पालन करेगा और ऐसी शक्तियों का प्रयोग करेगा जो विहित की जाएं।

<u>32. जिला न्यायाधीश के आदेश से अपील</u> -

(1) धारा 31 के तहत प्रस्तुत याचिका पर जिला न्यायाधीश द्वारा दिए गए प्रत्येक आदेश के खिलाफ उच्च न्यायालय में अपील की जाएगी।

(2) उच्च न्यायालय, इस अधिनियम के प्रावधानों और उसके तहत बनाए गए नियमों के अधीन, समान शक्तियां, अधिकार क्षेत्र और अधिकार होंगे, और इस धारा के तहत अपील के संबंध में उसी प्रक्रिया का पालन करेंगे जैसे कि अपील एक थी अपने नागरिक अपीलीय क्षेत्राधिकार की स्थानीय सीमाओं के भीतर स्थित एक दीवानी न्यायालय द्वारा पारित एक मूल डिक्री से अपील।

(3) इस धारा के तहत प्रत्येक अपील को आदेश की तारीख से तीस दिनों की अवधि के भीतर अपील की जाएगी:

बशर्ते कि उच्च न्यायालय तीस दिनों की उक्त अवधि की समाप्ति के बाद एक अपील पर विचार कर सकता है, यदि उसका समाधान हो जाता है कि अपीलकर्ता के पास ऐसी अवधि के भीतर अपील न करने का पर्याप्त कारण था।

(4) जहां सभी या किसी भी लौटे उम्मीदवारों के चुनाव को शून्य घोषित करने वाले आदेश के खिलाफ अपील की गई है, उच्च न्यायालय, पर्याप्त कारण दिखाए जाने पर, अपील किए गए आदेश के संचालन पर रोक लगा सकता है और ऐसे मामले में आदेश को प्रभावी नहीं माना जाएगा।

(5) प्रत्येक अपील का निर्णय यथासंभव शीघ्रता से किया जाएगा और उच्च न्यायालय में अपील का ज्ञापन प्रस्तुत करने की तारीख से तीन महीने के भीतर इसे अंतिम रूप से निर्धारित करने का प्रयास किया जाएगा।

<u>33. प्रक्रिया जहां सभी उम्मीदवारों का चुनाव अपास्त किया जाता है</u> -

जब भी किसी नगर पालिका के सभी सदस्यों या सदस्यों की कुल संख्या के दो-तिहाई से अधिक के चुनाव को धारा 31 के तहत या धारा 32 के तहत अपील पर शून्य घोषित किया जाता है, तो राज्य सरकार नगरपालिका को भंग कर देगी, जिसके उपबंध धारा 322, उसकी उप-धारा (1) के प्रावधानों को छोड़कर, लागू होगी।

<u>34. आदेशों और निर्णय की अंतिमता</u> -

धारा 32 के तहत अपील पर उच्च न्यायालय का निर्णय, और, केवल ऐसे निर्णय के अधीन, धारा 31 के तहत जिला न्यायाधीश का आदेश अंतिम और निर्णायक होगा।

<u>35. निरर्हताएं</u> -

(1) निम्नलिखित में से किसी नगरपालिका की सदस्यता के लिए निरर्हताएं होंगी, अर्थात्:-

(एस) धारा 28 में निर्दिष्ट चुनावी अपराध,

(टी) धारा 29 में निर्दिष्ट भ्रष्ट आचरण।

(2) ऐसी निरर्हता की अवधि जिला न्यायाधीश के ऐसे भ्रष्ट आचरण के बारे में निष्कर्ष निकालने की तारीख से या ऐसे अपराध के लिए दोषसिद्धि की तारीख से, जैसी भी स्थिति हो, छह वर्ष होगी।

<u>36. अयोग्यता की अवधि को हटाना या घटाना -</u>

राज्य चुनाव आयोग, लिखित रूप में दर्ज किए जाने वाले कारणों से, धारा 35 की उप-धारा (1) के खंड (ए) के तहत किसी भी अयोग्यता को हटा सकता है या ऐसी किसी भी अयोग्यता की अवधि को कम कर सकता है।

<u>37. पद की शपथ -</u>

(1) प्रत्येक [अध्यक्ष और] सदस्य, इस रूप में अपने कर्तव्यों को निभाने से पहले, [राज्य सरकार द्वारा एक सामान्य या विशेष आदेश द्वारा अधिकृत अधिकारी] के समक्ष

निर्धारित प्रपत्र में एक शपथ या प्रतिज्ञान करेगा और सदस्यता लेगा। .

(2) कोई सदस्य जो उप-धारा (1) के प्रावधानों का पालन करने में विफल रहता है, नगर पालिका की पहली बैठक की तारीख से एक महीने की अवधि के भीतर या उप-निर्वाचन में निर्वाचित सदस्य या मनोनीत सदस्य के मामले में सदस्य, उसके चुनाव की तारीख से या, जैसा भी मामला हो, उसका नामांकन, अपनी सीट खाली कर दिया माना जाएगा:

बशर्ते कि जिस अवधि के दौरान ऐसा सदस्य विचाराधीन कैदी के रूप में या बंदी के रूप में या राजनीतिक कैदी के रूप में जेल में था, उस पर विचार नहीं किया जाएगा।

<u>38. इस्तीफा -</u>

कोई सदस्य इस आशय की लिखित सूचना देकर अपनी सदस्यता से त्यागपत्र दे सकता है जो अध्यक्ष को कार्यपालक मजिस्ट्रेट द्वारा विधिवत अनुप्रमाणित किया गया हो और ऐसा त्यागपत्र नोटिस की तारीख से पन्द्रह दिनों की समाप्ति के बाद या उसकी स्वीकृति की तारीख से प्रभावी होगा। अध्यक्ष द्वारा त्यागपत्र, जो भी पहले हो।

<u>39. सदस्य को हटाना -</u>

<u>40. पद की अवधि समाप्त होने के बाद कुछ आरोपों की जांच-</u>

(1) किसी भी सदस्य या नगरपालिका के अध्यक्ष या उपाध्यक्ष के खिलाफ धारा 39 की उप-धारा (1) के खंड (डी) में निर्दिष्ट प्रकृति के किसी भी आरोप के संबंध में, परंतुक में निर्दिष्ट जांच उक्त उप-धारा, और उस धारा की उप-धारा (3) और (4) में ऐसे सदस्य, अध्यक्ष या उपाध्यक्ष के खिलाफ उस नगर पालिका के पद की अवधि समाप्त होने के बाद भी या उसके समाप्त होने के बाद भी शुरू किया जा सकता है। ऐसे सदस्य या अध्यक्ष या उपाध्यक्ष बनने के लिए या, यदि ऐसी समाप्ति से पहले पहले ही शुरू कर दिया गया है तो उसके बाद जारी रखा जा सकता है और ऐसे प्रत्येक मामले में उप-धारा (3) के तहत आने वाले मामलों को छोड़कर, राज्य सरकार लिखित आदेश द्वारा, केवल अपने निष्कर्षों को धारा 39 की उप-धारा (4) के तहत दर्ज न्यायिक अधिकारी के अनुरूप दर्ज करें।

(2) धारा 39 की उप-धारा (6) के प्रावधान इस प्रकार दर्ज राज्य सरकार के निष्कर्षों पर लागू होंगे।

(3) एक सदस्य, अध्यक्ष या उपाध्यक्ष के मामले में, जो नगर पालिका के नए कार्यकाल के लिए फिर से चुना जाता है और जिसके खिलाफ उप-धारा (1) में निर्दिष्ट कोई जांच शुरू की जाती है या, यदि यह पहले ही शुरू हो चुकी है, जारी है, नगर पालिका में उनके पिछले कार्यकाल के संबंध में, धारा 39 के प्रावधान यथावश्यक परिवर्तनों सहित लागू होंगे।

<u>41. धारा 39 के तहत हटाए गए सदस्यों की विकलांगता -</u>

एक सदस्य जिसे धारा 39 की उप-धारा (1) के खंड (डी) के तहत हटा दिया गया है या जिसके खिलाफ धारा 40 के तहत प्रतिकूल निष्कर्ष दर्ज किया गया है, वह फिर से पात्र नहीं होगा- उसे हटाने या प्रतिकूल निष्कर्षों को दर्ज करने, जैसा भी मामला हो, के आदेश की तारीख से छह साल की अवधि के लिए चुनाव।

<u>42. नगरपालिका में किसी सदस्य का एक साथ पद धारण करने और संसद या राज्य विधान सभा या पंचायती राज संस्था की सदस्यता पर प्रतिबंध -</u>

कोई भी व्यक्ति किसी नगरपालिका का निर्वाचित या मनोनीत सदस्य और संसद या राज्य विधान सभा या पंचायती राज संस्था का सदस्य नहीं रहेगा और यदि कोई व्यक्ति जो पहले से ही संसद या राज्य विधान सभा या पंचायती राज संस्था का सदस्य है, निर्वाचित होता है। किसी नगर पालिका के सदस्य के रूप में, उसके चुने जाने या ऐसे सदस्य के रूप में मनोनीत होने की तारीख से चौदह दिनों की समाप्ति पर, वह ऐसे सदस्य के रूप में समाप्त हो जाएगा जब तक कि उसने पहले संसद या राज्य विधान सभा में अपनी सीट से इस्तीफा नहीं दे दिया हो। या पंचायती राज संस्था, जैसा भी मामला हो:

परन्तु यदि कोई व्यक्ति, जो पहले से ही किसी नगरपालिका का निर्वाचित या मनोनीत सदस्य है, संसद या राज्य विधान सभा या पंचायती राज संस्था के सदस्य के रूप में निर्वाचित होता है, तो उसके होने की तारीख से चौदह दिन की समाप्ति पर संसद या राज्य विधान सभा या पंचायत राज संस्था, जैसा भी मामला हो, के सदस्य के रूप में निर्वाचित, वह ऐसे सदस्य के रूप में समाप्त हो जाएगा जब तक कि उसने पहले संसद या राज्य विधान सभा या पंचायती राज में अपनी सीट से इस्तीफा नहीं दे दिया हो। संस्था, जैसा भी मामला हो।

<u>43. प्रत्येक नगर पालिका में एक अध्यक्ष और एक उपाध्यक्ष होगा -</u>

(I) प्रत्येक नगर निगम के लिए एक मेयर, प्रत्येक नगर परिषद के लिए एक अध्यक्ष और प्रत्येक नगर बोर्ड के लिए एक अध्यक्ष होगा, जो निर्धारित तरीके से चुने जाएंगे।

(2) प्रत्येक नगर निगम के लिए एक उप महापौर, एक नगर परिषद के लिए एक उपाध्यक्ष और प्रत्येक नगर बोर्ड के लिए एक उपाध्यक्ष होगा जो निर्धारित तरीके से निर्वाचित किया जाएगा।

(3) नगर पालिकाओं के अध्यक्षों के पद अनुसूचित जातियों, अनुसूचित जनजातियों और पिछड़े वर्गों के लिए और महिलाओं के लिए भी ऐसी रीति से आरक्षित होंगे जो विहित की जाए।

(4) राज्य सरकार उप-धारा (3) के तहत आरक्षित अध्यक्षों के पदों को राज्य में विभिन्न नगर पालिकाओं को आवंटित करेगी और ऐसे कार्यालयों को आवंटित करने में निम्नलिखित प्रावधानों को ध्यान में रखा जाएगा, अर्थात्: -

(i) जिन नगरपालिकाओं में कार्यालय अनुसूचित जातियों या अनुसूचित जनजातियों के लिए आरक्षित हैं, उन्हें पूरे राज्य में वितरित किया जाएगा और जहां तक संभव हो उन क्षेत्रों में स्थित किया जाएगा जहां कुल जनसंख्या में उनकी जनसंख्या का अनुपात तुलनात्मक रूप से बड़ा है;

(ii) जिन नगर पालिकाओं में कार्यालय महिलाओं के लिए आरक्षित है, उन्हें पूरे राज्य में वितरित किया जाएगा।

(5) इस धारा के तहत अनुसूचित जातियों या अनुसूचित जनजातियों या पिछड़े वर्गों के सदस्यों के लिए अध्यक्षों के पद का आरक्षण भारत के संविधान के अनुच्छेद 334 में निर्दिष्ट अवधि की समाप्ति पर प्रभावी नहीं होगा।

(6) प्रत्येक अध्यक्ष या उपाध्यक्ष, जो एक महीने से अधिक की अवधि के लिए नगर पालिका से अनुपस्थित रहता है, ताकि अध्यक्ष या उपाध्यक्ष के रूप में अपने कर्तव्यों का पालन करने में असमर्थ हो, अध्यक्ष या उपाध्यक्ष नहीं रह जाएगा जब तक कि छुट्टी न हो इसलिए नगर पालिका द्वारा अनुपस्थित रहने की अनुमति दी गई है।

(7) उप-धारा (6) के तहत छह महीने से अधिक की अवधि के लिए छुट्टी नहीं दी जाएगी। जब कभी किसी अध्यक्ष को अवकाश स्वीकृत किया जाता है और उपाध्यक्ष का पद रिक्त होता है तो रिक्ति को सदस्यों के बीच से ऐसी अवधि के भीतर और ऐसी रीति से, जो विहित की जाए, निर्वाचन द्वारा भरा जाएगा। जब किसी उपाध्यक्ष को छुट्टी दी जाती है या जब उपाध्यक्ष अध्यक्ष के लिए कार्य कर रहा होता है, तो उपाध्यक्ष के पद की रिक्ति को किसी अन्य सदस्य के चुनाव से भरा जा सकता है।

(8) यदि किसी नगर पालिका के उपाध्यक्ष को नगर पालिका के अध्यक्ष के रूप में चुना जाता है, तो यह समझा जाएगा कि उसने उपाध्यक्ष के रूप में अपना पद खाली कर दिया है।

(9) किसी नगर पालिका के प्रत्येक अध्यक्ष और प्रत्येक उपाध्यक्ष को तुरंत अपना पद खाली माना जाएगा, यदि उसमें विश्वास की कमी व्यक्त करने वाला प्रस्ताव निर्धारित प्रक्रिया के अनुसार पारित किया जाता है।

(10) प्रत्येक अध्यक्ष और प्रत्येक उपाध्यक्ष को धारा 39 की उप-धारा (1) के खंड (डी) में निर्दिष्ट किसी भी आधार पर ऐसे अध्यक्ष और उपाध्यक्ष के रूप में अपने पद से हटाया जा सकता है, और उप के प्रावधान -उस धारा की धारा (2) से (6) लागू होगी।

(11) प्रत्येक अध्यक्ष और प्रत्येक उपाध्यक्ष की पदावधि, इस अधिनियम में अन्यथा उपबंधित के सिवाय, नगर पालिका की अवधि के अनुरूप होगी।

(12) उपाध्यक्ष, अध्यक्ष को लिखित में नोटिस देकर अपने पद से त्यागपत्र दे सकता है, और एक अध्यक्ष ऐसे अधिकारी को व्यक्तिगत रूप से नोटिस देकर इस्तीफा दे सकता है जो इस संबंध में राज्य सरकार द्वारा नियुक्त या अधिकृत किया जा सकता है। ऐसा प्रत्येक त्यागपत्र उसकी स्वीकृति पर या जैसा भी मामला हो, अध्यक्ष या ऐसे अधिकारी, जैसा भी मामला हो, को नोटिस दिए जाने के तीस दिनों की समाप्ति, जो भी पहले हो, की समाप्ति पर प्रभावी होगा।

(13) (i) समय के प्रवाह से अन्यथा होने वाली अध्यक्ष के कार्यालय में एक रिक्ति ऐसी रिक्ति की घटना से छह महीने की अवधि के भीतर भरी जाएगी और रिक्ति को भरने के लिए चुने गए व्यक्ति को अवशेष के लिए पद धारण करना होगा उस पद के लिए जिसके लिए अध्यक्ष जिसके स्थान पर वह इस प्रकार निर्वाचित हुआ होता, यदि रिक्ति नहीं होती तो:

बशर्ते कि अपरिहार्य परिस्थितियों में राज्य सरकार ऐसे चुनाव की तिथि को उपरोक्त अवधि से अधिक से अधिक तीन महीने की अवधि तक बढ़ा सकती है।

(ii) समय के प्रवाह के अलावा अन्यथा होने वाले उपाध्यक्ष के कार्यालय में एक रिक्ति पूर्वगामी उप-अनुभागों के प्रावधानों के अनुसार भरी जाएगी और रिक्ति को भरने के लिए चुने गए व्यक्ति शेष के लिए पद धारण करेंगे वह पद जिसके लिए उपाध्यक्ष, जिसके स्थान पर वह इस प्रकार निर्वाचित हुआ है, पद धारण करता, यदि रिक्ति नहीं होती।

(14) इस धारा के उपबंधों के अनुसार निर्वाचित अध्यक्ष और उपाध्यक्ष के नाम, यथाशीघ्र, राजपत्र में प्रकाशित किए जाएंगे।

(15) नगरपालिका का अध्यक्ष नगरपालिका निधि से ऐसे मासिक भत्ते और सुविधाएं प्राप्त कर सकता है जो विहित की जाएं।

<u>44. अध्यक्ष या उपाध्यक्ष के चुनाव की वैधता का निर्धारण -</u>

(1) धारा 43 के तहत एक अध्यक्ष या उपाध्यक्ष का चुनाव, नगरपालिका क्षेत्र पर क्षेत्रीय अधिकार क्षेत्र वाले जिला न्यायाधीश को प्रस्तुत एक चुनाव याचिका को छोड़कर, प्रश्न में नहीं कहा जाएगा:

बशर्ते कि जहां एक चुनाव याचिका जिला न्यायाधीश को पूर्वोक्त रूप में प्रस्तुत की जाती है, वह लिखित रूप में दर्ज किए जाने वाले कारणों के लिए, उसे अपने अधीनस्थ न्यायाधीश को सुनवाई और निपटान के लिए स्थानांतरित कर सकता है।

व्याख्या। - जिस जिला न्यायाधीश या किसी अन्य न्यायाधीश को चुनाव याचिका दायर की जाती है या स्थानांतरित की जाती है और जिसके द्वारा इस धारा के प्रावधानों के अनुसार सुनवाई की जाती है, उसे इसके बाद न्यायाधीश के रूप में संदर्भित किया जाता है।

(2) ऐसी याचिका एक ऐसे उम्मीदवार द्वारा प्रस्तुत की जा सकती है जो हार गया है या जिसका नामांकन इस तरह से, ऐसे आधार पर और ऐसी अवधि के भीतर जो निर्धारित किया जा सकता है, एक हजार रुपये की जमा राशि के साथ प्रस्तुत किया जा सकता है।

(3) याचिका की सुनवाई में, न्यायाधीश ऐसी प्रक्रिया का पालन करेगा और ऐसी शक्तियों का प्रयोग करेगा जो निर्धारित की जा सकती हैं।

(4) उप-धारा (3) में निहित प्रावधान की व्यापकता पर प्रतिकूल प्रभाव डाले बिना, न्यायाधीश, यदि याचिका को तुच्छ पाया जाता है, तो निर्देश दे सकता है कि उप-धारा (2) में उल्लिखित जमा राशि को जब्त कर लिया जाएगा। राज्य सरकार।

<u>45. कोर नगरपालिका कार्य</u> -

(1) प्रत्येक नगर पालिका का यह कर्तव्य होगा कि वह नगरपालिका क्षेत्र के भीतर निम्नलिखित मामलों के लिए उचित प्रावधान और उचित व्यवस्था करे, अर्थात्: -

(ए) सार्वजनिक स्वास्थ्य, स्वच्छता, संरक्षण, ठोस अपशिष्ट प्रबंधन, जल निकासी और सीवरेज, सार्वजनिक सड़कों, स्थानों और सीवरों की सफाई, और सभी स्थान, जो निजी संपत्ति नहीं हैं, जो जनता के आनंद के लिए खुले हैं, क्या ऐसे स्थान निहित हैं नगर पालिका

में या नहीं, हानिकारक वनस्पतियों को हटाना और सभी सार्वजनिक उपद्रवों को समाप्त करना;

(बी) किसी भवन या भवन में या उससे संबंधित इस तरह के मामले के लिए निजी, शौचालय, मूत्रालय, सेसपूल या अन्य सामान्य पात्रों से गंदगी, कचरा, रात की मिट्टी, गंध, या किसी अन्य हानिकारक या आक्रामक पदार्थ को हटाना;

(सी) सार्वजनिक सड़कों, स्थानों और इमारतों को रोशन करना;

(2) नगर पालिका, अपनी प्रबंधकीय, तकनीकी, वित्तीय और संगठनात्मक क्षमता और नगरपालिका क्षेत्र में प्राप्त होने वाली वास्तविक स्थितियों को ध्यान में रखते हुए, पूर्वोक्त कार्यों में से किसी के प्रदर्शन को न लेने या स्थगित करने का निर्णय ले सकती है।

(3) यदि नगर पालिका द्वारा ऐसा कार्य नहीं किया जाता है या स्थगित कर दिया जाता है, तो राज्य सरकार किसी नगरपालिका को पूर्वोक्त कार्यों में से कोई भी कार्य करने का निर्देश दे सकती है।

(4) नगर पालिका धारा 154 में निर्दिष्ट किसी समझौते के तहत या तो स्वयं या किसी एजेंसी द्वारा किसी भी प्रकार के कार्यों के निर्वहन के लिए आवश्यक बुनियादी ढांचे की योजना, निर्माण, संचालन, रखरखाव या प्रबंधन कर सकती है।

<u>46. अन्य नगरपालिका कार्य</u> -

एक नगर पालिका, अपने मूल कार्यों के संतोषजनक प्रदर्शन को ध्यान में रखते हुए, जो कि नगरपालिका निधि पर पहला प्रभार होगा, और इसकी प्रबंधकीय, तकनीकी और वित्तीय क्षमताओं के अधीन, इनमें से किसी के प्रदर्शन को शुरू या निष्पादित या बढ़ावा दे सकता है। निम्नलिखित कार्य, अर्थात्: -

(i) पर्यावरण के संरक्षण के क्षेत्र में

(ए) बंजर भूमि का सुधार, सामाजिक वानिकी को बढ़ावा देना और खुले स्थानों का रखरखाव;

(बी) पौधों, सब्जियों और पेड़ों के लिए नर्सरी की स्थापना और रखरखाव और सामूहिक भागीदारी के माध्यम से हरियाली को बढ़ावा देना;

(सी) फूल-शो का संगठन और एक नागरिक संस्कृति के रूप में फूल उगाने को बढ़ावा देना; तथा

(डी) प्रदूषण के सभी रूपों को कम करने के उपायों को बढ़ावा देना;

(ii) सार्वजनिक स्वास्थ्य और स्वच्छता के क्षेत्र में

<u>47. सरकार द्वारा सौंपे गए कार्य</u>-

राज्य सरकार, सामान्य या विशेष आदेश द्वारा, नगरपालिका से ऐसे अन्य नगरपालिका कार्यों को करने की अपेक्षा कर सकती है, जो राज्य सरकार, नगर पालिका की आवश्यकता और संसाधनों को ध्यान में रखते हुए, नगर पालिका द्वारा किए जाने के लिए उचित समझे।

<u>48. अध्यक्ष और उपाध्यक्ष के कार्य -</u>

(1) नगर पालिका के अध्यक्ष का यह कर्तव्य होगा -
(ए) धारा 58 में प्रदान किए गए अनुसार नगरपालिका की नियमित बैठकें आयोजित करना;
(बी) जब तक उचित कारण से रोका न जाए, नगरपालिका की सभी बैठकों में अध्यक्षता करना और धारा 337 की उप-धारा (2) के खंड (xiii) के तहत लागू नियमों के प्रावधानों के अधीन, विनियमित करने के लिए ऐसी बैठकों में व्यवसाय का संचालन।
(2) किसी नगरपालिका का उपाध्यक्ष अध्यक्ष की ऐसी शक्तियों का प्रयोग और ऐसे कर्तव्यों का पालन करेगा जो अध्यक्ष उसे समय-समय पर प्रत्यायोजित करता है। यह उपाध्यक्ष का भी कर्तव्य होगा
(ए) अध्यक्ष की अनुपस्थिति में और जब तक उचित कारण से रोका नहीं जाता है, नगर पालिका की बैठक की अध्यक्षता करने के लिए और जब अध्यक्षता में उसी अधिकार का प्रयोग करने के लिए जो उप के खंड (ए) और (बी) के तहत अध्यक्ष में निहित है - अनुभाग एक); तथा
(बी) अध्यक्ष की छुट्टी पर अनुपस्थिति के दौरान, अध्यक्ष की शक्तियों का प्रयोग और कर्तव्यों का पालन करने के लिए।

<u>49. अभिलेखों की अभिरक्षा सहित मुख्य नगरपालिका अधिकारी की शक्तियां और कर्तव्य -</u> (1) मुख्य नगरपालिका अधिकारी नगरपालिका के सभी अभिलेखों की अभिरक्षा और रख-रखाव के लिए उत्तरदायी होगा।
(2) जहां किसी नगरपालिका या उसकी किसी समिति की कोई कार्यवाही या संकल्प या अध्यक्ष का आदेश इस अधिनियम और तद्धीन बनाए गए नियमों के प्रावधानों से असंगत है, वहां मुख्य नगरपालिका अधिकारी का यह कर्तव्य होगा कि वह उन्हें सलाह दे नगर पालिका, या समिति या अध्यक्ष, इस अधिनियम के प्रावधानों या उसके तहत बनाए गए नियमों को लाने के लिए कानून के प्रासंगिक प्रावधानों का उल्लेख करते हुए और नगर पालिका या समिति की बैठक की कार्यवाही में या अध्यक्ष के आदेश पर इस तथ्य को दर्ज करते हैं कि वह ऐसी सलाह दी थी और उसके बाद ऐसी कार्यवाही, संकल्प, या जैसा भी मामला हो, आदेश पर असहमति का एक नोट रखा और सात दिनों के भीतर राज्य सरकार या इस संबंध में इसके द्वारा अधिकृत किसी भी अधिकारी को मामले की सूचना देना सुनिश्चित किया। ऐसा संकल्प या आदेश पारित करने के लिए,या जैसा भी मामला हो, ऐसी कार्यवाही करना।
(3) यदि मुख्य नगरपालिका अधिकारी जानबूझकर उप-धारा (2) के तहत अपने कर्तव्य की उपेक्षा करता है, तो वह व्यक्तिगत रूप से कार्यवाही, संकल्प या उस उप में निर्दिष्ट प्रकृति के आदेश के परिणामस्वरूप नगरपालिका द्वारा किए गए किसी भी नुकसान के लिए उत्तरदायी होगा। - धारा और इस तरह के नुकसान की वसूली उसी तरह से की जा सकती है जिस तरह से नगरपालिका बकाया की वसूली की जाती है।
(4) उप-धारा (2) के तहत रिपोर्ट किए गए असहमति के नोट की जांच करने के बाद, राज्य

सरकार या इस संबंध में उसके द्वारा अधिकृत अधिकारी, ऐसा अंतरिम या अंतिम आदेश दे सकता है, जो वह ठीक समझे, जो नगर पालिका पर बाध्यकारी होगा। :
बशर्ते कि यदि असहमति नोट की प्राप्ति की तारीख से तीस दिनों की अवधि के भीतर ऐसा कोई अंतरिम या अंतिम आदेश पारित नहीं किया जाता है, तो नगर पालिका कार्यवाही या संकल्प या, जैसा भी मामला हो, आदेश के साथ आगे बढ़ सकती है जैसे कि असहमति का नोट नहीं लगाया।
(5) मुख्य नगरपालिका अधिकारी या राज्य सरकार द्वारा इस संबंध में अधिकृत किसी अन्य अधिकारी को इस अधिनियम के प्रावधानों और इसके तहत बनाए गए नियमों के अधीन, अपने हस्ताक्षर के तहत सभी प्रस्तावों, सभी लाइसेंसों, अनुमतियों को प्रमाणित करने की शक्ति होगी। इस अधिनियम के तहत नगर पालिका, समिति या अध्यक्ष के आदेश द्वारा दी या दी जा सकती है और कोई भी लाइसेंस या अनुमति या आदेश तब तक कानूनी और वैध नहीं होगा जब तक कि इसे मुख्य नगरपालिका अधिकारी या ऐसे अन्य द्वारा प्रमाणित नहीं किया गया हो। अधिकारी।
(6) मुख्य नगरपालिका अधिकारी नगर पालिका की ऐसी अन्य शक्तियों का प्रयोग करेगा जो राज्य सरकार उसे सामान्य या विशेष आदेश द्वारा निर्दिष्ट प्रशासनिक आवश्यकता में सौंपे।
(7) नगरपालिका को संबोधित या उसके लिए किए गए सभी पत्राचार सामान्यतः मुख्य नगरपालिका अधिकारी के नाम से भेजे जाएंगे, लेकिन अध्यक्ष को भी भेजे जा सकते हैं और नगरपालिका की ओर से जारी या किए गए सभी पत्राचार आमतौर पर मुहर के तहत जारी किए जाएंगे। और मुख्य नगरपालिका अधिकारी के हस्ताक्षर और अध्यक्ष की मुहर और हस्ताक्षर के तहत भी जारी किए जा सकते हैं।
(8) मुख्य नगरपालिका अधिकारी, नगर पालिका या किसी समिति या अन्य दस्तावेज या चीज की कार्यवाही के कार्यवृत्त से कोई उद्धरण प्रस्तुत करेगा, जिसे इस संबंध में राज्य सरकार द्वारा नियुक्त या अधिकृत अधिकारी समय-समय पर मांगता है।
(9) मुख्य नगरपालिका अधिकारी, -
(i) नगरपालिका खातों की लेखापरीक्षा के दौरान या लेखापरीक्षा रिपोर्ट में इंगित किए गए किसी भी दोष या अनियमितता को दूर करने के लिए तत्काल कदम उठाएं;
(ii) नगर पालिका को धोखाधड़ी, गबन, चोरी या नगरपालिका धन या संपत्ति की हानि के सभी मामलों की रिपोर्ट करना;
(iii) अपने प्रभार में कोई विवरणी, विवरण, लेखा या रिपोर्ट या कोई अन्य दस्तावेज या नगर पालिका द्वारा मांगी गई उसकी एक प्रति की आपूर्ति करेगा;
(iv) किसी बैठक में चर्चा के तहत किसी विषय के संबंध में स्पष्टीकरण देना लेकिन उस पर वोट नहीं देना या कोई प्रस्ताव नहीं देना;
(v) नगरपालिका की नीतियों, निर्णयों और निर्देशों का पालन करना, यदि वह इस

अधिनियम और उसके अधीन बनाए गए नियमों के प्रावधानों से असंगत न हो, और नगर पालिका के सभी कार्यों और विकास योजनाओं के त्वरित निष्पादन के लिए आवश्यक उपाय करें;

(vi) ऐसे अन्य कर्तव्यों का निर्वहन करना जो उसे इस अधिनियम या उसके तहत बनाए गए नियमों और उप-नियमों के तहत सौंपे जा सकते हैं; तथा

[(vii) अध्यक्ष के सामान्य अधीक्षण और नियंत्रण और इस संबंध में राज्य सरकार के सामान्य या विशेष आदेशों के अधीन, अपने अधीनस्थ नगर पालिका के अधिकारियों और कर्मचारियों पर पर्यवेक्षण और नियंत्रण का प्रयोग करें।]

50. प्रभार सौंपना -

अध्याय ।।।

कार्य संचालन एवं वार्ड समिति

51. नगर पालिका की बैठकों के संबंध में प्रावधान -

(1) नगर पालिका की एक साधारण आम बैठक साठ दिनों के भीतर एक बार और एक कैलेंडर वर्ष में न्यूनतम छह बैठकें होंगी और बैठक का कार्य ऐसी प्रक्रिया के अनुसार संचालित किया जाएगा जैसा कि निर्धारित किया जा सकता है।

(2) अध्यक्ष लिखित रूप में अनुरोध प्राप्त होने की तारीख से सात दिनों से अधिक की तारीख के लिए एक विशेष बैठक बुलाएगा, जिस पर नगरपालिका के कम से कम एक तिहाई निर्वाचित सदस्यों द्वारा हस्ताक्षरित संकल्प को निर्दिष्ट किया जाएगा, जिसे प्रस्तावित किया जाना है। ले जाया गया।

(3) यदि अध्यक्ष उप-धारा (2) के तहत निर्दिष्ट समय के भीतर एक विशेष बैठक बुलाने में विफल रहता है, तो मुख्य नगरपालिका अधिकारी उस तारीख से दस दिनों के भीतर ऐसी बैठक बुलाएगा, जिस दिन उप धारा (2) में निर्दिष्ट समय है। समाप्त हो जाता है।

52. व्यक्तिगत सदस्यों के अधिकार और विशेषाधिकार -

(1) कोई भी सदस्य नगर निगम के कार्य के निष्पादन में किसी प्रकार की उपेक्षा, नगर निगम की संपत्ति के अपव्यय या किसी मोहल्ले की नागरिक समस्याओं की ओर समुचित प्राधिकारी का ध्यान आकर्षित कर सकता है और किसी भी सुधार का सुझाव दे सकता है जिसे वह वांछनीय समझता है।

(2) प्रत्येक सदस्य को निर्धारित नियमों के अधीन, अध्यक्ष से प्रश्न पूछने और नगर पालिका के प्रशासन से संबंधित मामलों पर संकल्प पेश करने का अधिकार होगा।

(3) प्रत्येक सदस्य को मुख्य नगरपालिका अधिकारी को सम्यक नोटिस देकर, बिना किसी शुल्क के, नगरपालिका कार्यालय में नगरपालिका के अभिलेखों का निरीक्षण करने का अधिकार होगा।

53. अध्यक्ष और उपाध्यक्ष के खिलाफ अविश्वास प्रस्ताव -

(1) अध्यक्ष या उपाध्यक्ष में अविश्वास व्यक्त करने वाला प्रस्ताव निर्धारित तरीके से

बनाया और विचार किया जाएगा।

(2) अध्यक्ष द्वारा पद ग्रहण करने के दो वर्ष के भीतर धारा के तहत प्रस्ताव की कोई सूचना नहीं दी जाएगी; या उप-चुनाव में निर्वाचित अध्यक्ष या उपाध्यक्ष के मामले में, जब तक कि कार्यकाल की आधी अवधि समाप्त नहीं हो जाती।

(3) यदि उप-धारा (1) के तहत कोई प्रस्ताव नहीं किया जाता है, तो उसी अध्यक्ष या उपाध्यक्ष पर अविश्वास व्यक्त करने वाले बाद के प्रस्ताव की कोई सूचना उस बैठक के दो साल की समाप्ति के बाद तक नहीं की जाएगी जिसमें बैठक उक्त प्रस्ताव पर विचार किया गया।]

<u>**54. वार्ड समिति का गठन -**</u>

(1) तीन लाख या अधिक जनसंख्या वाली नगर पालिकाओं के प्रादेशिक क्षेत्रों के भीतर एक या अधिक वार्डों से मिलकर वार्ड समितियों का गठन किया जाएगा।

(2) प्रत्येक वार्ड समिति में शामिल होंगे

(ए) वार्ड समिति के क्षेत्रीय क्षेत्रों के भीतर वार्डों का प्रतिनिधित्व करने वाले नगर पालिका के सदस्य; तथा

(बी) ऐसे अन्य सदस्य, जो पांच से अधिक न हों, जिनकी आयु 25 वर्ष से कम न हो और जिन्हें नगरपालिका प्रशासन में विशेष ज्ञान या अनुभव हो, जिन्हें नगर पालिका द्वारा नामित किया जाएगा:

बशर्ते कि कोई व्यक्ति नामांकित होने के लिए और वार्ड समिति का सदस्य होने के लिए अयोग्य घोषित किया जाएगा, यदि इस अधिनियम या किसी अन्य कानून के प्रावधान के तहत, वह निर्वाचित होने के लिए अयोग्य हो जाएगा, और होने के नाते, एक सदस्य।

(3) जहां एक वार्ड समिति में एक वार्ड होता है, नगरपालिका में उस वार्ड का प्रतिनिधित्व करने वाला सदस्य उस समिति का अध्यक्ष होगा।

(4) (ए) वार्ड समिति उप-धारा (1) के तहत अपने गठन के बाद अपनी पहली बैठक में और प्रत्येक आगामी वर्ष में उसी महीने में अपनी पहली बैठक में चुनाव करेगी जहां वार्ड समिति में दो या दो से अधिक वार्ड होंगे, नगर पालिका में ऐसे वार्डों का प्रतिनिधित्व करने वाले सदस्यों में से एक उस समिति का अध्यक्ष होगा।

(बी) अध्यक्ष तब तक पद पर रहेगा जब तक उसका उत्तराधिकारी निर्वाचित नहीं हो जाता है और वह फिर से चुनाव के लिए पात्र होगा।

(5) अध्यक्ष जैसे ही सदस्य नहीं रहता है, वह पद खाली कर देगा।

(6) अध्यक्ष का पद उसके कार्यकाल की समाप्ति से पहले रिक्त होने की स्थिति में, वार्ड समिति, रिक्ति होने के बाद, जितनी जल्दी हो सके, उप-धारा (4) के अनुसार नए अध्यक्ष का चुनाव करेगी।):

बशर्ते कि इस प्रकार निर्वाचित अध्यक्ष केवल तब तक पद धारण करेगा जब तक वह व्यक्ति जिसके स्थान पर वह निर्वाचित होता है, यदि ऐसी रिक्ति नहीं हुई होती तो वह इसे धारण

करता।

(7) वार्ड समिति की अवधि नगरपालिका की अवधि के साथ सह-विस्तृत होगी।

(8) नगरपालिका आदेश द्वारा वार्ड समिति के कार्यों और कर्तव्यों, ऐसी समिति के प्रादेशिक क्षेत्रों और ऐसी समिति द्वारा अपने व्यवसाय के संचालन के लिए अपनाई जाने वाली प्रक्रिया को परिभाषित करेगी।

(9) वार्ड समिति के अध्यक्ष सहित तीन सदस्य गणपूर्ति का गठन करेंगे और वार्ड समिति अपने व्यवसाय के संचालन में प्रक्रिया के ऐसे नियमों का पालन करेगी जो नगर पालिका द्वारा बनाए जा सकते हैं।

<u>55. समितियां -</u>

(1) प्रत्येक नगर पालिका में एक कार्यकारी समिति का गठन किया जाएगा और इसमें शामिल होंगे:

(i) नगर पालिका के अध्यक्ष;

(ii) नगर पालिका के उपाध्यक्ष;

(iii) विपक्ष के नेता;

(iv) नगर निगम या नगर परिषद के मामले में नगर निगम या नगर परिषद, जैसा भी मामला हो, द्वारा चुने गए सात सदस्य, जिसमें दो महिला सदस्य शामिल हैं;

(v) नगरपालिका बोर्ड के मामले में, पांच से अनधिक सदस्यों की संख्या, जैसा कि नगरपालिका बोर्ड द्वारा निर्धारित किया जा सकता है, नगरपालिका बोर्ड द्वारा निर्वाचित; तथा

(vi) उप-धारा (3) के तहत नगर पालिका द्वारा गठित समितियों के अध्यक्ष।

(2) नगर पालिका का मुख्य नगरपालिका अधिकारी कार्यकारिणी समिति का पदेन सचिव होगा।

(3) कार्यकारी समिति के अलावा, प्रत्येक नगर पालिका निम्नलिखित समितियों का भी गठन करेगी, जिनमें दस से अधिक सदस्य नहीं होंगे, अर्थात्: -

(i) एक वित्त समिति;

[(ii) एक या अधिक स्वास्थ्य और स्वच्छता समिति:

नगर पालिका के कार्यों को देखते हुए, वह ऐसी अन्य समितियां भी गठित कर सकता है, जो नगर निगम के मामले में आठ से अधिक नहीं, नगर परिषद के मामले में छह से अधिक नहीं, और नगर बोर्ड के मामले में चार से अधिक नहीं हो सकती हैं, जैसा कि यह हो सकता है आवश्यक समझे:

बशर्ते कि राज्य सरकार, नगर पालिका के कार्यों को देखते हुए, इस खंड में निर्दिष्ट समितियों की अधिकतम सीमा बढ़ा सकती है।

(4) उप-धारा (3) में उल्लिखित कार्यकारी समिति और समितियाँ ऐसी शक्तियों, कर्तव्यों और कार्यों का प्रयोग, पालन और निर्वहन कर सकती हैं जो निर्धारित किए जा सकते हैं।

(5) उपरोक्त निर्दिष्ट समितियाँ नगरपालिका के गठन के नब्बे दिनों के भीतर नगर पालिका द्वारा गठित की जाएंगी, ऐसा न करने पर राज्य सरकार ऐसी समितियों का गठन कर सकती है।

व्याख्या। - शंकाओं को दूर करने के लिए यह स्पष्ट किया जाता है कि इस धारा के तहत गठित समिति के सदस्य के रूप में नामित सदस्य को भी नियुक्त किया जा सकता है।

<u>56. जब सदस्यों के अलावा अन्य व्यक्ति समिति में सेवा कर सकते हैं -</u>

(1) इस अधिनियम में किसी बात के होते हुए भी, नगरपालिका के लिए, समय-समय पर, सदस्यों की कुल संख्या के कम से कम आधे सदस्यों द्वारा समर्थित संकल्प द्वारा, किसी समिति के सदस्यों के रूप में नियुक्त करना विधिपूर्ण होगा। धारा 55 के तहत, कार्यकारी समिति को छोड़कर, कोई भी व्यक्ति जो सदस्य नहीं हैं, लेकिन जो ऐसी नगर पालिका की राय में ऐसी समिति में सेवा करने के लिए विशेष योग्यता रखते हैं:

परन्तु किसी समिति में इस प्रकार नियुक्त व्यक्तियों की संख्या ऐसी समिति के सदस्यों की कुल संख्या के एक तिहाई से अधिक नहीं होगी।

(2) सदस्यों के कर्तव्यों, शक्तियों, दायित्वों, अयोग्यता और अक्षमताओं से संबंधित इस अधिनियम के सभी प्रावधान, जहां तक हो सके, ऐसे व्यक्तियों पर लागू होंगे।

<u>57. समिति के अध्यक्ष -</u>

(1) नगर पालिका का अध्यक्ष, यदि किसी समिति का सदस्य है, तो उसका पदेन अध्यक्ष होगा।

(2) नगरपालिका का उपाध्यक्ष, यदि किसी समिति के सदस्य के रूप में नियुक्त किया जाता है, जिसका अध्यक्ष सदस्य नहीं है, तो वह उसका पदेन अध्यक्ष होगा।

(3) नगर पालिका किसी सदस्य को किसी समिति के अध्यक्ष के रूप में नियुक्त कर सकती है, जिसका कोई पदेन अध्यक्ष नहीं है।

(4) प्रत्येक समिति, जिसका एक पदेन अध्यक्ष या नगरपालिका द्वारा नियुक्त एक अध्यक्ष होता है, प्रत्येक बैठक में, जिसमें ऐसा अध्यक्ष उपस्थित नहीं होता है, अपने सदस्यों में से ऐसी बैठक का अध्यक्ष नियुक्त करेगा।

(5) प्रत्येक समिति, जिसका कोई पदेन अध्यक्ष या नगर पालिका द्वारा नियुक्त अध्यक्ष नहीं है, समय-समय पर अपने स्वयं के सदस्यों में से अपना अध्यक्ष नियुक्त करेगी।

<u>58. बैठकों में प्रक्रिया -</u>

(1) नगरपालिका की समिति की साधारण बैठकें दो माह के भीतर ऐसी प्रक्रिया के अनुसार आयोजित की जाएंगी जो विहित की जाए।

(2) यदि किसी समिति का अध्यक्ष पन्द्रह दिनों से अधिक की अवधि के लिए नगरपालिका से अनुपस्थित रहता है, तो नगरपालिका का अध्यक्ष या उपाध्यक्ष उसकी अनुपस्थिति में उसकी बैठक बुला सकता है।

(3) समितियाँ बैठक कर सकती हैं और उन्हें स्थगित कर सकती हैं, लेकिन एक समिति का

अध्यक्ष, जब भी वह ठीक समझे, और नगरपालिका के अध्यक्ष या समिति के कम से कम दो सदस्यों के लिखित अनुरोध पर, और इस तरह के अनुरोध की प्रस्तुति के बाद दो दिनों से अधिक की तारीख के लिए, ऐसी समिति की एक विशेष बैठक बुलाओ।

(4) समिति की किसी भी बैठक में कोई भी कार्य तब तक नहीं किया जाएगा जब तक कि समिति के आधे सदस्य उसमें उपस्थित न हों।

<u>59. समितियों को नगरपालिका के निर्देशों के अधीन करना और नगर पालिका की मांगों का अनुपालन -</u>

(1) प्रत्येक समिति, जिसमें वार्ड समिति भी शामिल है, नगर पालिका द्वारा समय-समय पर दिए जाने वाले किसी भी निर्देश के अनुरूप होगी। कोई भी समिति नगरपालिका निधि से किसी योजना या व्यय का अनुमोदन तब तक नहीं कर सकती जब तक कि उसे नगर पालिका द्वारा पारित वार्षिक बजट या अनुपूरक बजट में पहले ही अनुमोदित न कर दिया गया हो। नगर पालिका, किसी भी समय, किसी भी समिति की किसी भी कार्यवाही से कोई उद्धरण मांग सकती है, और किसी भी रिटर्न, खातों का विवरण या किसी भी मामले से संबंधित या उससे संबंधित रिपोर्ट, जिसके साथ किसी भी समिति को अधिकृत या निपटने के लिए निर्देशित किया गया है, और ऐसी हर मांग बिना अनुचित विलंब के, तथाकथित समिति द्वारा अनुपालन किया जाएगा।

(2) धारा 54 और 55 के तहत नियुक्त समिति द्वारा पारित प्रत्येक संकल्प, नगरपालिका द्वारा इस संबंध में बनाए गए नियमों के अनुसार, संशोधन के अधीन होगा और अपील करने के लिए खुला होगा।

<u>60. वार्ड समिति के सामान्य कार्य -</u>

वार्ड समिति निम्नलिखित कार्यों का निर्वहन कर सकती है, अर्थात्: -

(ए) वार्ड में ठोस अपशिष्ट प्रबंधन में सहायता करना;

(बी) वार्ड में स्वच्छता कार्य के पर्यवेक्षण में सहायता करना;

(सी) वार्ड के लिए विकास योजना की तैयारी और प्रोत्साहन में सहायता करना;

(डी) वार्ड में लोगों के विभिन्न समूहों के बीच सद्भाव और एकता को प्रोत्साहित करना;

(ई) सामाजिक कल्याण कार्यक्रमों के लिए स्वैच्छिक श्रम और माल या धन के माध्यम से दान जुटाना;

(च) वार्ड से संबंधित विकास योजनाओं के कार्यान्वयन में सहायता करना;

<u>61. शक्तियां, कर्तव्य और कार्य जिन्हें प्रत्यायोजित किया जा सकता है -</u>

(1) कोई भी शक्ति, कर्तव्य या कार्यकारी कार्य जो नगरपालिका द्वारा या उसकी ओर से प्रयोग, निर्वहन या निष्पादित किया जा सकता है, इस तरह के प्रतिबंधों, सीमाओं और शर्तों के अधीन हो सकता है, जैसा कि निर्धारित किया जा सकता है, इस अधिनियम के तहत समितियों को प्रत्यायोजित किया जा सकता है, धारा 55, 157 या 158 के तहत निर्धारित शक्तियों, कर्तव्यों और कार्यों पर प्रतिकूल प्रभाव डाले बिना।

(2) जब अध्यक्ष का पद रिक्त हो जाता है और कार्यभार संभालने के लिए कोई उपाध्यक्ष नहीं होता है, तो नगर पालिका निर्धारित तरीके से बुलाई जाने वाली बैठक में अध्यक्ष की शक्तियों, कर्तव्यों और कार्यकारी कार्यों को ऐसे सदस्य को सौंपेगी। जब तक कि लागू नियमों के अनुसार अध्यक्ष का चुनाव नहीं हो जाता, तब तक उसके द्वारा नगरपालिका का प्रयोग करना उचित समझे:

परन्तु जब अनुसूचित जाति, अनुसूचित जनजाति, पिछड़ा वर्ग या महिलाओं के लिए आरक्षित अध्यक्ष का पद रिक्त हो जाता है तो अध्यक्ष की शक्तियां, कर्तव्य और कार्यकारी कार्य उक्त जाति, जनजाति, वर्ग या , जैसा भी मामला हो, एक महिला सदस्य और यदि उक्त जातियों, जनजातियों, वर्गों से संबंधित कोई सदस्य नहीं है या, जैसा भी मामला हो, महिला सदस्य ऐसे अन्य सदस्य के लिए जो वह उचित समझे।

62. नगर पालिका और समितियों के अधिनियम और कार्यवाहियां जो उसके सदस्यों की निरर्हता आदि से दूषित न हों -

(1) इस अधिनियम के तहत नियुक्त किसी सामान्य बैठक या समिति के सदस्य के रूप में या अध्यक्ष या पीठासीन प्राधिकारी के रूप में कार्य करने वाले किसी भी व्यक्ति की चुनाव, नामांकन या नियुक्ति में कोई अयोग्यता या दोष किसी भी कार्य या कार्यवाही को विकृत करने के लिए नहीं समझा जाएगा। नगरपालिका या ऐसी समिति, जैसा भी मामला हो, जिसमें ऐसे व्यक्ति ने भाग लिया हो।

(2) जहां किसी सदस्य या अध्यक्ष या उपाध्यक्ष को चुनाव याचिका के परिणाम के रूप में, विधिवत निर्वाचित नहीं घोषित किया जाता है, वह उस तारीख से उस रूप में कार्य करना बंद कर देगा, लेकिन उसके द्वारा तब तक किए गए कार्यों में ऐसी घोषणा के कारण उसके कार्यालय का निष्पादन अमान्य नहीं होगा।

(3) इस अधिनियम के तहत नियुक्त किसी नगरपालिका या किसी समिति का कोई भी संकल्प किसी सदस्य को नोटिस की तामील में किसी भी अनियमितता के कारण अमान्य नहीं माना जाएगा; बशर्ते कि ऐसी अनियमितता से नगर पालिका या समिति की कार्यवाही पर प्रतिकूल प्रभाव न पड़े।

(4) जब तक कि इसके विपरीत साबित न हो जाए, नगरपालिका की या इस अधिनियम के तहत नियुक्त समिति की कार्यवाही के संबंध में प्रत्येक बैठक जिसमें इस अधिनियम के अनुसार एक मिनट बनाया और हस्ताक्षरित किया गया है, को विधिवत बुलाई गई समझी जाएगी और आयोजित किया जाता है, और बैठक में सभी सदस्यों को विधिवत रूप से योग्य माना जाएगा, और, जहां कार्यवाही एक समिति की कार्यवाही है, ऐसी समिति को विधिवत गठित माना जाएगा और उसके पास से निपटने की शक्ति होगी। मिनट में संदर्भित मामले।

(5) किसी नगर पालिका या समिति में किसी भी रिक्ति के दौरान, जारी सदस्य ऐसा कार्य कर सकते हैं जैसे कि कोई रिक्ति नहीं हुई थी।

63. नगर पालिकाओं द्वारा किए गए सभी लागतों और खर्चों के लिए नगरपालिका निधि

<u>आमतौर पर उत्तरदायी होती है -</u>

(1) इसमें अन्यथा उपबंधित के अलावा, कोई भी अध्यक्ष या उपाध्यक्ष या सदस्य-किसी भी अनुबंध या समझौते के संबंध में या नगर पालिका द्वारा या उसकी ओर से किए गए किसी भी खर्च के लिए व्यक्तिगत रूप से उत्तरदायी नहीं होगा, और नगरपालिका निधि किसी भी ऐसे अनुबंध या समझौते और ऐसे सभी खर्चों के संबंध में सभी लागतों के लिए उत्तरदायी होंगे और उन पर शुल्क लगाया जाएगा।

(2) प्रत्येक अध्यक्ष, उपाध्यक्ष या सदस्य उस नगर पालिका, जिसमें वह एक पक्ष रहा है, के स्वामित्व या निहित किसी धन या अन्य संपत्ति के दुरूपयोग के लिए और ऐसे धन या संपत्ति के किसी भी नुकसान या बर्बादी के लिए उत्तरदायी होगा, जिसने उसके कदाचार के कारण हुआ या सुगम। अध्यक्ष, उपाध्यक्ष, सदस्य, मुख्य नगरपालिका अधिकारी या अन्य अधिकारी या व्यक्ति जिसे इस अधिनियम द्वारा या इसके तहत कार्यकारी शक्तियां प्रदान की जाती हैं, ऐसे नुकसान, बर्बादी या दुरूपयोग के लिए उत्तरदायी होंगे, यदि यह उनकी उपेक्षा का प्रत्यक्ष परिणाम है या उसके कदाचार के कारण हुआ है या सुगम बनाया गया है।

<u>64. नगर पालिका के अधिकारी का किसी ठेके में रुचि नहीं होना -</u>

कोई भी व्यक्ति जिसका प्रत्यक्ष या अप्रत्यक्ष रूप से, स्वयं या उसके साथी द्वारा, किसी नगर पालिका के साथ, उसके द्वारा या उसकी ओर से या किसी अन्य नगरपालिका के साथ, उसके अधीन, उसके द्वारा या उसकी ओर से किसी भी अनुबंध में कोई शेयर या हित है। एक नगरपालिका अधिकारी या सेवक के रूप में उपयुक्त नियमों के तहत अनुशासनात्मक कार्रवाई के लिए उत्तरदायी होगा।

<u>65. नगर पालिका के साथ अनुबंध आदि में रुचि रखने वाले सदस्य, अधिकारी या कर्मचारी के लिए दंड -</u>

(1) कोई भी सदस्य जो जानबूझकर, प्रत्यक्ष या अप्रत्यक्ष रूप से, किसी नगरपालिका के साथ, उसके तहत, उसके द्वारा, या उसकी ओर से किसी अनुबंध या रोजगार में कोई शेयर या हित अर्जित करता है, जिसका वह सदस्य है, जो शेयर या ब्याज नहीं है, जैसे कि धारा 24 के तहत, किसी व्यक्ति के लिए सदस्य होने के लिए अयोग्य घोषित किए बिना यह अनुमेय है, आपराधिक न्यायालय के समक्ष दोषसिद्धि पर, जुर्माना जो पांच हजार रुपये तक हो सकता है, के लिए उत्तरदायी होगा।

(2) कोई भी नगरपालिका अधिकारी या सेवक जो जानबूझकर, प्रत्यक्ष या अप्रत्यक्ष रूप से, किसी अनुबंध में कोई हिस्सा या हित अर्जित करता है या, जहां तक कि नगरपालिका अधिकारी या सेवक के रूप में अपने स्वयं के रोजगार से संबंधित है, किसी भी रोजगार में, के तहत, द्वारा या पर एक नगरपालिका की ओर से, जिसका वह एक अधिकारी या सेवक है, आपराधिक न्यायालय के समक्ष दोषसिद्धि पर पांच हजार रुपये तक के जुर्माने के लिए उत्तरदायी होगा और उस पर लागू नियमों के अनुसार अनुशासनात्मक कार्रवाई के लिए भी उत्तरदायी होगा।

66. सदस्यों आदि को लोक सेवक समझा जाना -

नगर पालिका का प्रत्येक सदस्य, अधिकारी, सेवक या नगरपालिका का कर्मचारी और किसी नगरपालिका कर के उद्ग्रहण के प्रत्येक पट्टेदार, और ऐसे किसी पट्टेदार के प्रत्येक सेवक या अन्य कर्मचारी को धारा 21 के अर्थ में लोक सेवक माना जाएगा। भारतीय दंड संहिता, 1860 (1860 का केंद्रीय अधिनियम संख्या 45)।

अध्याय IV

नगर संपत्ति

67. संपत्ति अर्जित करने और धारण करने की शक्ति

इस अधिनियम के प्रयोजनों के लिए, नगरपालिका को, उपहार, खरीद या अन्यथा, अर्जित करने की शक्ति होगी, और चल और अचल संपत्ति या उसमें कोई ब्याज, चाहे वह नगरपालिका क्षेत्र की सीमा के भीतर या बाहर हो।

68. संपत्ति का निहित होना

(1) इस धारा में इसके बाद निर्दिष्ट प्रकृति की सभी संपत्ति और राज्य सरकार द्वारा विशेष रूप से आरक्षित नहीं होने के कारण, किसी भी अन्य कानून के अधीन रहते हुए, नगरपालिका में निहित और संबंधित होगी, और सभी के साथ राज्य सरकार द्वारा विशेष रूप से आरक्षित नहीं होने वाली किसी भी प्रकृति या प्रकार की अन्य संपत्ति, जो नगर पालिका में निहित हो सकती है, उसके निर्देशन, प्रबंधन और नियंत्रण के अधीन होगी, और प्रावधानों के अधीन ट्रस्टी के रूप में उसके द्वारा आयोजित और लागू किया जाएगा इस अधिनियम का उद्देश्य, अर्थात्

(ए) सभी निहित सार्वजनिक भूमि;

(बी) सभी सार्वजनिक शहर या कस्बे की दीवारें, द्वार, बाजार, बूचड़खाने, खाद, रात-मिट्टी के डिपो, और हर प्रकार के सार्वजनिक भवन जो नगरपालिका निधि से बनाए गए हैं ।

(सी) ऐसी सरकारी भूमि, चाहे वह नगरपालिका क्षेत्र के भीतर या बाहर स्थित हो, जिसे राज्य सरकार सामान्य या विशेष आदेश द्वारा नगर पालिका में निहित करे;

(i) सभी सार्वजनिक लैंप, लैंप-पोस्ट और उससे जुड़े उपकरण, या उससे जुड़े;

(डी) सभी सरकारी भवन और सभी निजी भूमि और भवन उपहार में या अन्यथा इसे हस्तांतरित;

(ई) मृतकों के निपटान के लिए सभी सार्वजनिक स्थान, इस संबंध में किसी विशिष्ट कानून द्वारा शासित लोगों को छोड़कर;

(एफ) सार्वजनिक सड़क या सार्वजनिक स्थान पर एकत्रित सभी ठोस अपशिष्ट, जिनमें मृत पशु और पक्षी भी शामिल हैं; तथा

(जि) सभी आवारा जानवर जो किसी निजी व्यक्ति के नहीं हैं।

(2) उप-धारा (1) के खंड (एच) के तहत राज्य सरकार, समय-समय पर, सरकारी राजपत्र में अधिसूचना द्वारा, नगरपालिका में निहित किसी भी सरकारी भूमि को फिर से शुरू करने

के लिए सक्षम होगी, -
(i) यदि ऐसी नगर पालिका जांच में ऐसी भूमि का कुप्रबंधन करती हुई पाई जाती है, या
(ii) यदि राज्य सरकार द्वारा जनहित में ऐसी भूमि की अन्यथा आवश्यकता है, तो राज्य सरकार द्वारा निर्धारित शर्तों पर।

69. अनुबंध, विनिमय, पट्टा, अनुदान आदि द्वारा नगर पालिका द्वारा संपत्ति का अर्जन-

(1) नगर पालिका, ऐसे निबंधनों और शर्तों पर, जो उसके द्वारा अनुमोदित हों और राज्य सरकार के पूर्वानुमोदन से, -
(i) समझौते द्वारा अधिग्रहण
(ए) कोई अचल संपत्ति, और
(बी) अचल संपत्ति को प्रभावित करने वाला कोई सुखभोग;
(ii) विनिमय द्वारा कोई संपत्ति अर्जित करना; तथा
(iii) अचल संपत्ति किराए पर लेना या पट्टे पर लेना।
(2) नगर पालिका दाता द्वारा कोई अनुदान या समर्पण प्राप्त कर सकती है, चाहे वह किसी आय या किसी चल या अचल संपत्ति के रूप में हो, जिससे नगरपालिका अपने किसी भी कार्य के निर्वहन में लाभान्वित हो सके।
(3) धर्मार्थ और धार्मिक न्यास अधिनियम, 1920 (1920 का केंद्रीय अधिनियम संख्या 14), या भारतीय न्यास अधिनियम, 1882 (केंद्रीय अधिनियम संख्या 2) के तहत बनाए गए किसी भी ट्रस्ट का लाभार्थी होना

70. भूमि का अनिवार्य अधिग्रहण-

जब इस अधिनियम के प्रयोजनों के लिए नगर पालिका की सीमाओं के भीतर या बाहर भूमि में कोई भूमि या अधिकार आवश्यक है, तो राज्य सरकार, अनुरोध पर और नगर पालिका की ओर से, के प्रावधानों के तहत इसे हासिल करने के लिए आगे बढ़ सकती है। भूमि अधिग्रहण अधिनियम, 1894 (1894 का केंद्रीय अधिनियम संख्या 1) और नगर पालिका द्वारा राज्य सरकार को उसके तहत दिए गए मुआवजे और ऐसे अधिग्रहण के संबंध में राज्य सरकार द्वारा किए गए अन्य शुल्कों के भुगतान पर, भूमि या अधिकार, जैसा भी मामला हो, नगर पालिका में निहित होगा।

71. कुछ भूमि का आवंटन, नियमितीकरण आदि-

(1) राजस्थान भू-राजस्व अधिनियम, 1956 (15 का अधिनियम संख्या 15) की धारा 90-ए के तहत नगरपालिका के निपटान में रखी गई समझी गई कोई भी भूमि नगरपालिका द्वारा आवंटन या नियमितीकरण के लिए उपलब्ध होगी। व्यक्ति या व्यक्ति, जैसा भी मामला हो, उस खंड में निर्दिष्ट नियमों और शर्तों के अधीन, और उस धारा के तहत शहरी मूल्यांकन या प्रीमियम या दोनों वसूलनीय और वसूली योग्य के नगरपालिका को भुगतान पर।]
(2) उप-धारा (1) के तहत वसूल किए गए शुल्क को राज्य की संचित निधि और नगर

पालिका की निधि में जमा किया जाएगा जैसा कि राज्य सरकार द्वारा निर्धारित किया जा सकता है।

72. सरकार द्वारा नियुक्त अधिकारियों द्वारा नगर निगम के कार्यों के निष्पादन और ऐसे कार्यों के भुगतान के लिए ठेके -

धारा 82 में निहित किसी भी बात के होते हुए भी, राज्य सरकार द्वारा नगर पालिका की ओर से किसी भी कार्य को निष्पादन में करने के लिए नियुक्त कोई भी व्यक्ति, राज्य सरकार द्वारा निर्धारित नियंत्रण के अधीन, ऐसे अनुबंध कर सकता है जो कार्य करने के उद्देश्य के लिए आवश्यक हैं इस तरह के काम के लिए प्रदान की गई राशि की सीमा तक निष्पादन में ऐसे कार्य; और नगर पालिका इस प्रकार नियुक्त व्यक्ति को उक्त प्रयोजन के लिए आवश्यक राशि का भुगतान पूर्वोक्त सीमा तक करेगी।

73. संपत्ति और अनुबंधों के हस्तांतरण से संबंधित प्रावधान -

(1) प्रत्येक नगर पालिका अपनी किसी चल या अचल संपत्ति को, जिसमें नगरपालिका भूमि भी शामिल है, साथ ही कोई भी सरकारी भूमि और जहां तक है, पट्टे, बेचने, नियमित करने, आवंटित करने या अन्यथा हस्तांतरण करने के लिए निर्धारित प्रतिबंधों और शर्तों के अधीन सक्षम होगी। प्रावधानों और उद्देश्यों या इस अधिनियम और इसके तहत बनाए गए नियमों के साथ असंगत नहीं है, ऐसे सभी अनुबंधों में प्रवेश करने और निष्पादित करने के लिए जो उक्त प्रावधानों और उद्देश्यों को प्रभावी करने के लिए आवश्यक या समीचीन समझे:

73ए. ट्रांसफर फ्री होल्ड या लीज होल्ड के आधार पर होगा -

(1) धारा 71 या धारा 73 के तहत भूमि का प्रत्येक हस्तांतरण या तो फ्री होल्ड आधार पर या लीज होल्ड आधार पर होगा।

(2) लीज होल्ड के आधार पर बेची गई, आवंटित, नियमित या अन्यथा हस्तांतरित किसी भी भूमि को ऐसे नियमों और शर्तों के अधीन, और ऐसे रूपांतरण शुल्क के भुगतान पर, जैसा कि निर्धारित किया जा सकता है, फ्री होल्ड आधार में परिवर्तित किया जा सकता है।

व्याख्या। - इस धारा के प्रयोजन के लिए, 'फ्री होल्ड' का अर्थ है विरासत और अलगाव के अधिकार के साथ शाश्वत कार्यकाल।]

74. अचल नगरपालिका संपत्ति की सूची और नक्शा-

(1) नगर पालिका सभी अचल संपत्तियों की एक सूची और एक नक्शा बनाए रखेगी जो उसमें निहित है या उससे संबंधित है या उसके द्वारा अर्जित की गई है। अद्यतन सूची और मानचित्रों की प्रतियां इस अधिनियम के प्रारंभ से एक वर्ष के भीतर प्रत्येक नगर पालिका द्वारा स्थानीय निकाय निदेशक के कार्यालय में जमा की जाएंगी।

(2) मुख्य नगरपालिका अधिकारी किसी अचल संपत्ति की सूची के मामले में, उक्त सूची में परिवर्तन, यदि कोई हो, को दर्शाते हुए एक वार्षिक विवरण तैयार करेगा और उसे नगर पालिका के समक्ष रखेगा और उसकी एक प्रति निदेशक को भी भेजेगा। स्थानीय निकायों की।

75. शहरी भूमि और संपत्तियों के अभिलेखों का रखरखाव -

नगर पालिका, अन्य संबंधित विभागों या प्राधिकरण के परामर्श से, जैसा भी मामला हो, शहरी भूमि और नगरपालिका क्षेत्र के भीतर स्थित निजी संपत्तियों सहित सभी संपत्तियों का रिकॉर्ड तैयार, रखरखाव और नियमित रूप से अद्यतन कर सकता है, जैसे कि निर्धारित किया जा सकता है।

अध्याय V

नगर वित्त और नगर निधि

76. राज्य वित्त आयोग -

(1) राज्य वित्त आयोग नगर पालिकाओं की वित्तीय स्थिति की समीक्षा करेगा और राज्यपाल को सिफारिश करेगा ।

(2) राज्य वित्त आयोग द्वारा की गई प्रत्येक सिफारिश के साथ-साथ उस पर की गई कार्रवाई के बारे में एक व्याख्यात्मक ज्ञापन राज्य विधानमंडल के समक्ष रखा जाएगा।

77. राज्य वित्त आयोग की सिफारिशों का कार्यान्वयन -

राज्य वित्त आयोग की सिफारिशों पर विचार करने के बाद, राज्य सरकार निर्धारित करेगी:

(ए) नगर पालिकाओं को करों, शुल्कों, टोल और फीस की शुद्ध आय का हस्तांतरण,

(बी) नगर पालिकाओं को करों, कर्तव्यों, टोल और फीस का असाइनमेंट,

(सी) राज्य की संचित निधि से नगर पालिकाओं को सहायता अनुदान की मंजूरी, और

(डी) नगर पालिकाओं की वित्तीय स्थिति में सुधार के लिए आवश्यक अन्य उपाय।

78. राज्य सरकार से वित्तीय सहायता -

(1) राज्य सरकार, समय-समय पर, नगर पालिका को अनुदान या वित्तीय सहायता इस निर्देश के साथ या उसके बिना दे सकती है कि इस तरह के अनुदान या वित्तीय सहायता कैसे लागू की जाएगी।

(2) राज्य सरकार, ऐसे अनुदान या सहायता देने के लिए, एक योजना बना सकती है, जिसमें ऐसे अनुदान या सहायता जारी करने की शर्तें शामिल हो सकती हैं और उस उद्देश्य के लिए नगर पालिकाओं को विभिन्न वर्गों में विभाजित करने का प्रावधान कर सकती हैं।

(3) राज्य सरकार, नगर पालिका की वार्षिक विकास योजना में सम्मिलित किसी योजना के पूर्ण या अंशतः क्रियान्वयन के लिए नगर पालिका को अनुदान दे सकती है।

79. नगर निधि -

(1) नगरपालिका निधि के नाम से एक निधि होगी, जो इस अधिनियम के प्रयोजनों के लिए नगर पालिका द्वारा ट्रस्ट में रखी जाएगी, और इस अधिनियम के तहत प्राप्त या वसूली योग्य सभी धन और नगरपालिका द्वारा अन्यथा प्राप्त सभी धन उसका श्रेय दिया जाए।

(2) ऐसे निर्देशों के अधीन रहते हुए, जो राज्य सरकार इस निमित्त जारी करे, नगर पालिका की प्राप्तियों और व्ययों को ऐसे लेखा शीर्षों के अधीन रखा जाएगा, जिनमें जल निकासी

और सीवरेज, ठोस अपशिष्ट प्रबंधन, सड़क विकास और रखरखाव, मलिन बस्ती शामिल हैं। सेवाओं, वाणिज्यिक परियोजनाओं और अन्य खाता शीर्षों के रूप में निर्धारित किया जा सकता है और सामान्य खाता शीर्ष, इस तरह से और इस तरह के रूप में, जैसा कि निर्धारित किया जा सकता है, ताकि उपयोगकर्ता शुल्क लगाने और इस अधिनियम के तहत कोई सब्सिडी रिपोर्ट तैयार करने में सुविधा हो सके। .

व्याख्या। - इस खंड के प्रयोजनों के लिए "वाणिज्यिक परियोजनाओं" में नगरपालिका बाजार, बाजार विकास परियोजनाएं, संपत्ति विकास परियोजनाएं और वाणिज्यिक प्रकृति की ऐसी अन्य परियोजनाएं शामिल होंगी जो समय-समय पर नगर पालिका द्वारा निर्दिष्ट की जा सकती हैं।

(3) उप-धारा (2) के तहत निर्दिष्ट खाते के प्रत्येक शीर्ष को एक राजस्व खाते और एक पूंजी खाते में विभाजित किया जाएगा और प्राप्तियों और व्यय की सभी वस्तुओं को ऐसे राजस्व खाते या पूंजी खाते के तहत उचित रूप से रखा जाएगा, जैसा भी मामला हो होना।

<u>80. नगर निधि का अनुप्रयोग -</u>

समय-समय पर नगरपालिका निधि में जमा की गई धनराशि इस अधिनियम और इसके तहत बनाए गए नियमों और उप-नियमों के उद्देश्यों को पूरा करने के लिए आवश्यक सभी राशियों, शुल्कों और लागतों के भुगतान के लिए और सभी देय राशियों के भुगतान के लिए लागू की जाएगी। वर्तमान में लागू किसी अन्य कानून के तहत नगरपालिका निधि से बाहर।

<u>81. जब तक बजट अनुदान द्वारा कवर नहीं किया जाता है, तब तक नगरपालिका निधि से भुगतान नहीं किया जाएगा -</u>

नगरपालिका निधि में से किसी भी राशि का भुगतान तब तक नहीं किया जाएगा जब तक कि इस तरह के व्यय को वर्तमान बजट अनुदान द्वारा कवर नहीं किया जाता है और इस अधिनियम के प्रावधानों के तहत किसी भी कमी या हस्तांतरण के बावजूद इस तरह के बजट अनुदान का पर्याप्त शेष उपलब्ध नहीं है:

बशर्ते कि यह धारा निम्नलिखित मामलों में किसी भी भुगतान पर लागू नहीं होगी, अर्थात्:

(ए) इस अधिनियम द्वारा अधिकृत करों और अन्य धन की वापसी,

(बी) ठेकेदारों या अन्य व्यक्तियों से संबंधित धन की चुकौती और जमा में रखे गए और नगरपालिका द्वारा एकत्र किए गए या गलती से नगरपालिका निधि में जमा किए गए सभी धन,

(सी) जनहित में राज्य सरकार द्वारा तत्काल आवश्यक कार्यों के लिए अस्थायी भुगतान,

(डी) खतरनाक बीमारियों, प्राकृतिक या तकनीकी खतरों के प्रकोप या किसी अन्य आकस्मिक मामले में विशेष उपायों पर नगर पालिका द्वारा किए गए खर्च,

(ई) इस अधिनियम या इसके तहत बनाए गए नियमों या उप-नियमों के तहत मुआवजे के रूप में देय राशि।

<u>82. जनहित में आवश्यक कार्यों के लिए नगर निगम निधि से अस्थाई भुगतान -</u>

(1) राज्य सरकार द्वारा लिखित मांग पर, नगर पालिका, किसी भी समय, मुख्य नगरपालिका अधिकारी से राज्य सरकार द्वारा प्रमाणित किसी भी कार्य का निष्पादन करने की अपेक्षा कर सकती है जो जनहित में तत्काल आवश्यक हो और इस प्रयोजन के लिए नगर पालिका निधि से ऐसे कार्य का भुगतान करना जहां तक कि ऐसा भुगतान नगर पालिका के नियमित कार्य में अनावश्यक रूप से हस्तक्षेप किए बिना किया जा सके।

(2) इस प्रकार निष्पादित सभी कार्यों की लागत, और ऐसे कार्य को निष्पादित करने के लिए आनुपातिक स्थापना शुल्क, राज्य सरकार द्वारा भुगतान किया जाएगा और नगरपालिका निधि में जमा किया जाएगा।

83. नगरपालिका की सीमा से अधिक व्यय करने की शक्ति-

इस अध्याय में अन्यत्र किसी बात के होते हुए भी, नगर पालिका, राज्य सरकार के अनुमोदन से, नगर पालिका क्षेत्र की सीमा से बाहर की सीमा के बाहर नगरपालिका के मुख्य कार्यों से संबंधित भौतिक संपत्ति के निर्माण के लिए खर्च किए जाने के लिए अधिकृत कर सकती है। ऐसे नगरपालिका क्षेत्र और इस अधिनियम के प्रयोजनों को पूरा करने के लिए उसके रखरखाव के लिए।

84. विशेष प्रयोजन के लिए नगरपालिका निधि का अनन्य उपयोग -

(1) इस अध्याय में कहीं और किसी बात के होते हुए भी, राज्य सरकार, आदेश द्वारा, नगर पालिका से नगरपालिका निधि के किसी विशेष भाग या किसी विशेष अनुदान या उसके एक भाग, या प्राप्ति की किसी मद को किसी भी मद के किसी शीर्ष के अधीन निर्धारित करने की अपेक्षा कर सकती है। इस अधिनियम या उसके किसी भाग के तहत नगरपालिका को सौंपे गए करों, शुल्कों और जुर्माने के अलावा नगर पालिका द्वारा प्राप्य कर का कोई हिस्सा, या उसका कोई प्रतिशत या कोई हिस्सा, विशेष रूप से नगरपालिका कार्यों से संबंधित ऐसे उद्देश्य के लिए उपयोग किया जाएगा जैसा कि निर्दिष्ट किया जा सकता है राज्य सरकार द्वारा, और तदनुसार कार्य करना नगर पालिका का कर्तव्य होगा।

(2) राज्य सरकार, उप-धारा (1) के प्रयोजनों को पूरा करने के लिए, नगर पालिकाओं के विभिन्न वर्गों के लिए नियम बना सकती है।

85. खातों का संचालन -

इस अधिनियम के अन्य उपबंधों के अधीन रहते हुए नगरपालिका निधि से भुगतान ऐसी रीति से किया जाएगा जो राज्य सरकार द्वारा बनाए गए नियमों में विहित की जाए।

86. अधिशेष धन का निवेश -

(1) नगरपालिका निधि के किसी भी लेखा शीर्ष के खाते में जमा अतिरिक्त धनराशि, जिसकी आवश्यकता नहीं है, तत्काल या किसी प्रारंभिक तिथि पर, नगर पालिका द्वारा इस अधिनियम के प्रयोजनों के लिए आवेदन करने के लिए, तदनुसार राज्य सरकार द्वारा बनाए गए नियमों के साथ, नगर पालिका द्वारा, या तो पूर्ण रूप से या आंशिक रूप से, नगरपालिका निधि के किसी अन्य लेखा शीर्ष में अंतरित किया जाएगा:

बशर्ते कि नगरपालिका निधि के वाणिज्यिक परियोजना खाते में जमा ऐसी अधिशेष राशि को नगरपालिका निधि के सामान्य खाते में अंतरित नहीं किया जाएगा।

(2) अधिशेष धन जो उप-धारा (1) के तहत हस्तांतरित नहीं किया जाता है, सार्वजनिक प्रतिभूतियों या लघु बचत योजनाओं में निवेश किया जा सकता है, राज्य सरकार द्वारा अनुमोदित, या ऐसे अनुसूचित बैंक के साथ ब्याज पर जमा किया जा सकता है जैसा कि नगर पालिका द्वारा निर्धारित किया जा सकता है।

(3) पूर्वोक्त निवेश से उत्पन्न होने वाले लाभ या हानि, यदि कोई हो, को उस खाते में जमा या डेबिट किया जाएगा, जिससे ऐसा लाभ या हानि संबंधित है।

<u>87. नगर पालिका का बजट अनुमान तैयार करना -</u>

(1) मुख्य नगरपालिका अधिकारी प्रत्येक वर्ष में, 15 जनवरी से पहले, आगामी वित्तीय वर्ष के लिए नगर पालिका की स्थापना अनुसूची के साथ एक बजट अनुमान तैयार करेगा, और ऐसा बजट अनुमान वास्तविक आय और व्यय का अनुमान होगा नगर पालिका। [***]

(2) धारा 79 की धारा 4 और उप-धारा (2) के प्रावधानों के अधीन, बजट अनुमान अलग से नगर पालिका की आय और व्यय को विभिन्न लेखा शीर्षों के संदर्भ में प्राप्त और खर्च करेगा:

बशर्ते कि राज्य सरकार के पूर्व अनुमोदन के बिना, के संबंध में कोई प्रस्ताव

(i) नए पदों का सृजन या रिक्त पदों को भरना;

(ii) नए वाहनों की खरीद;

(iii) अचल संपत्ति की खरीद;

(iv) किसी निजी संस्थान या व्यक्ति को सहायता अनुदान देना: या

(v) राज्य सरकार द्वारा समय-समय पर निर्देशित किसी अन्य मामले के लिए बजट में शामिल किया जाएगा।

(3) बजट अनुमान उन दरों का उल्लेख करेगा जिन पर नगर पालिका द्वारा अगले वर्ष में विभिन्न कर, अधिभार, उपकर और शुल्क लगाए जाएंगे।

(4) बजट अनुमान में अगले वर्ष के दौरान ऋण के रूप में जुटाई जाने वाली राशि का उल्लेख होगा।

(5) अध्यक्ष, प्रत्येक वर्ष में 31 जनवरी के बाद की ऐसी तारीख पर, जो कार्यकारी समिति द्वारा निर्धारित की जाए, नगरपालिका को बजट अनुमान प्रस्तुत करेगा और इसे प्रत्येक वर्ष की 15 फरवरी से पहले नगरपालिका द्वारा पारित किया जाएगा।

(6) बजट अनुमान तैयार किया जाएगा, प्रस्तुत किया जाएगा और इस तरह से और इस तरह से अपनाया जाएगा, और ऐसे मामलों के लिए प्रदान किया जाएगा, जैसा कि निर्धारित किया जा सकता है।

(7) धारा 74 की उप-धारा (1) के तहत तैयार की गई वार्षिक सूची और धारा 150 की उप-धारा (1) के तहत तैयार किया गया विवरण बजट अनुमान के साथ संलग्न किया जाएगा।

<u>88. नगर पालिका के बजट अनुमान की स्वीकृति -</u>

<u>89. बजट अनुदान में परिवर्तन करने की शक्ति -</u>

कोई नगर पालिका, वित्तीय वर्ष के दौरान, समय-समय पर

(ए) किसी भी शीर्ष के तहत किसी भी बजट अनुदान की राशि में वृद्धि,

(बी) उक्त वर्ष के दौरान उत्पन्न होने वाली किसी विशेष या अप्रत्याशित आवश्यकता को पूरा करने के उद्देश्य से अतिरिक्त बजट अनुदान देना,

(सी) किसी भी बजट अनुदान या उसके हिस्से की राशि को एक शीर्ष के तहत किसी अन्य शीर्ष के तहत बजट अनुदान की राशि में स्थानांतरित करें, या

(डी) किसी भी शीर्ष के तहत बजट अनुदान की राशि कम करें:

बशर्ते कि वित्त समिति की सिफारिश के बिना खंड (ए) या खंड (बी) या खंड (सी) या खंड (डी) के तहत कुछ भी नहीं किया जाएगा।

<u>89ए. शहरी गरीब कोष के लिए बुनियादी सेवाओं का गठन -</u>

(1) प्रत्येक नगर पालिका शहरी पूल फंड के लिए बुनियादी सेवाएं नामक एक फंड का गठन करेगी, जिसे इसके बाद इस खंड में 'निधि' के रूप में संदर्भित किया जाएगा, शहरी गरीबों को बुनियादी सेवाएं प्रदान करने के उद्देश्य से, जिसमें झुग्गी-झोपड़ी क्षेत्रों के निवासी भी शामिल हैं।

अध्याय VI

लेखा और लेखा परीक्षा

90. खातों का रखरखाव -

91. नगर लेखा नियमावली तैयार करना -

92. वित्तीय विवरण और बैलेंस शीट -

93. लेखापरीक्षक को वित्तीय विवरण और तुलन पत्र प्रस्तुत करना

94. खातों की लेखापरीक्षा -

95. लेखापरीक्षित खातों को नगरपालिका के समक्ष रखना -

96. लेखापरीक्षित लेखा प्रस्तुत करना -

97. लेखापरीक्षा रिपोर्ट पर आदेश लागू करने की राज्य सरकार की शक्ति-

98. विशेष लेखा परीक्षा -

99. आंतरिक लेखा परीक्षा -

100. वार्षिक प्रशासन रिपोर्ट -

अध्याय VII

नगर राजस्व

<u>101. नगर पालिका का आंतरिक राजस्व -</u>

नगर पालिका के आंतरिक राजस्व में निम्नलिखित स्रोतों से प्राप्तियां शामिल होंगी, अर्थात्:

(ए) नगर पालिका द्वारा लगाए गए कर,
(बी) नागरिक सेवाओं के प्रावधान के लिए नगर पालिका द्वारा लगाए गए उपयोगकर्ता शुल्क, और
(सी) नियामक और अन्य वैधानिक कार्यों के प्रदर्शन के लिए लगाए गए शुल्क और जुर्माना।

<u>102. अनिवार्य कर -</u>

(1) धारा 4 के प्रावधानों के अधीन, प्रत्येक नगर पालिका, और यदि राज्य सरकार द्वारा ऐसा आवश्यक हो, ऐसी दर से और ऐसी तारीख से, जैसा कि राज्य सरकार प्रत्येक मामले में आधिकारिक राजपत्र में अधिसूचना द्वारा निर्देशित करती है और इस तरह से इस अधिनियम में निर्धारित किया गया है और जैसा कि राज्य सरकार द्वारा इस संबंध में बनाए गए नियमों में प्रदान किया जा सकता है, निम्नलिखित कर, अर्थात्:
(ए) नगरपालिका सीमा में स्थित भूमि और भवनों [जो भी नाम से पुकारा जाता है] पर इकाई क्षेत्र आधार विधि या किसी अन्य विधि द्वारा कर;
(बी) व्यवसायों, व्यापार, कॉलिंग और रोजगार पर कर;
(सी) सड़कों, पुलों और घाटों पर टोल [*****] ;
(डी) व्यापार और उद्योग से प्रदूषण नियंत्रण के लिए एक कर जो नगरपालिका सीमा के भीतर पर्यावरण प्रदूषण के स्रोत हैं;
(ई) सार्वजनिक स्थान या निजी भूमि या भवन पर अनुमेय प्रदर्शन या विज्ञापनों पर कर;
(च) कोई अन्य कर जो राज्य सरकार को भारत के संविधान के तहत लगाने की शक्ति है:
बशर्ते कि नगरपालिका द्वारा और उसके अनुरोध पर, राज्य सरकार, यदि यह संतुष्ट है कि ऐसी परिस्थितियाँ मौजूद हैं, जो नगरपालिका को आरोपित न करने, या लेवी को रोकने, या दर को कम करने के लिए पर्याप्त रूप से औचित्य प्रदान करती हैं। इस खंड में उल्लिखित किसी भी कर, आधिकारिक राजपत्र में प्रकाशित विशेष आदेश द्वारा, ऐसा आदेश देने के कारणों के साथ, नगर पालिका को लेवी नहीं लगाने, या लेवी को रोकने, या दर को कम करने की अनुमति दे सकता है। ऐसा कोई कर।
(2) उप-धारा (1) के तहत एक निर्देश अलग-अलग नगर पालिकाओं में उनकी अलग-अलग स्थानीय स्थितियों और जरूरतों को ध्यान में रखते हुए अलग-अलग दरों पर कर लगाने के लिए प्रदान कर सकता है, और एक ही विचार पर और एक समान निर्देश द्वारा, राज्य सरकार अलग-अलग नगर पालिकाओं के संबंध में समय-समय पर समान रूप से या अलग-अलग, लगाए गए करों की दरें।

<u>103. अन्य कर जो लगाए जा सकते हैं-</u>

(1) इस संबंध में राज्य सरकार के किसी सामान्य या विशेष आदेश के अधीन रहते हुए, एक नगर पालिका उस नगर पालिका, जिसके लिए वह स्थापित है, के पूरे या किसी हिस्से में निम्नलिखित सभी या कोई भी कर लगा सकती है और लगा सकती है: -
(i) नगर पालिका के भीतर चलने वाले वाहनों पर कर;

(ii) नगर पालिका के भीतर बंधी नौकाओं पर कर;
(iii) एक प्रकाश कर;
(iv) मंडलियों पर कर;
(v) तीर्थयात्रियों और पर्यटकों पर कर;
(vi) विज्ञापन के लिए होर्डिंग या किसी अन्य संरचना के निर्माण के लिए उपयोग की जाने वाली भूमि या भवन पर कर;
(vii) अग्नि कर;
(viii) किसी गैर-आवासीय भवन में पार्किंग स्थलों में कमी पर कर;
(ix) स्टाम्प शुल्क पर स्टाम्प शुल्क के [दस प्रतिशत] से अधिक की दर से अधिभार ;
(x) कोई अन्य कर जो राज्य सरकार को संविधान के तहत लगाने की शक्ति है।
(2) इस धारा की कोई भी बात किसी ऐसे कर के अधिरोपण या उद्ग्रहण को प्राधिकृत या प्राधिकृत करने वाली नहीं समझी जाएगी जिसे राज्य सरकार के पास संविधान के अधीन राज्य में लगाने या लगाने की शक्ति नहीं है।
(3) इस धारा के तहत करों का आरोपण, निर्धारण और संग्रह इस अधिनियम के प्रावधानों और इसके तहत बनाए गए नियमों और उपनियमों के अनुसार होगा।

104. उपयोक्ता प्रभार लगाने की शक्ति-

नगर पालिका इसके लिए उपयोगकर्ता शुल्क लगा सकती है
(i) जल निकासी और सीवरेज का प्रावधान,
(ii) ठोस अपशिष्ट प्रबंधन,
(iii) विभिन्न क्षेत्रों में और अलग-अलग अवधि के लिए विभिन्न प्रकार के वाहनों की पार्किंग,
(iv) किसी भी प्रकार के निर्माण, परिवर्तन, मरम्मत या विध्वंस कार्य के लिए सार्वजनिक सड़कों पर सामग्री या कचरे का ढेर लगाना, और
(v) कोई अन्य नागरिक सेवा, इस तरह से, और ऐसी दरों पर जो राज्य सरकार के पूर्व अनुमोदन से समय-समय पर निर्धारित की जा सकती है:
बशर्ते कि राज्य सरकार नगर पालिका को पूर्वोक्त रूप से कोई भी उपयोगकर्ता शुल्क लगाने के लिए निर्देश दे सकती है, जिसे नगरपालिका ने नहीं लगाया है या स्थगित कर दिया है।

105. फीस और जुर्माना लगाने की शक्ति -

नगर पालिका के पास इस अधिनियम या इसके तहत बनाए गए नियमों या उप-नियमों के तहत निहित नियामक शक्तियों का प्रयोग करते हुए शुल्क और जुर्माना लगाने की शक्ति होगी।
(ए) भवन योजनाओं की मंजूरी और पूर्णता प्रमाण पत्र जारी करना,
(बी) भूमि और भवनों के विभिन्न गैर-आवासीय उपयोगों के लिए नगरपालिका लाइसेंस जारी करना,

(सी) की लाइसेंसिंग -
(i) पेशेवरों की विभिन्न श्रेणियां जैसे प्लंबर और सर्वेयर,
(ii) विभिन्न गतिविधियाँ जैसे नलकूपों का डूबना, मांस, मछली या मुर्गी की बिक्री, या लेखों की फेरी लगाना,
(iii) निजी बाजारों, बूचड़खानों, अस्पतालों, नर्सिंग होम, क्लीनिक, कारखानों, गोदामों, गोदामों, माल परिवहन डिपो, भोजन-घरों, आवास-घरों, होटलों, थिएटरों, सिनेमा-घरों के लिए उपयोग किए जाने वाले विज्ञापनों या परिसरों के लिए उपयोग की जाने वाली साइटें और सार्वजनिक मनोरंजन के स्थान और अन्य गैर-आवासीय उपयोगों के लिए,
(iv) जानवर,
(v) गाड़ियाँ या गाड़ियाँ, और
(vi) इस तरह की अन्य गतिविधियों की आवश्यकता है- इस अधिनियम के प्रावधानों के तहत लाइसेंस या अनुमति, और
(डी) इस अधिनियम के प्रावधानों और इसके तहत बनाए गए नियमों या उपनियमों के अनुसार जन्म और मृत्यु प्रमाण पत्र जारी करना।

106. विकास प्रभार लगाने की शक्ति-

(1) नगर पालिका समय-समय पर उपविधियों द्वारा निर्धारित विकास प्रभार लगा सकती है
(ए) चौदह मीटर से अधिक की ऊंचाई वाले किसी आवासीय भवन या किसी गैर-आवासीय भवन पर, सड़क की एक विशेष श्रेणी के साथ अपने स्थान, इसकी उपयोग विशेषताओं और स्वीकृत निर्मित क्षेत्र को ध्यान में रखते हुए, और
(बी) किसी मौजूदा क्षेत्र के विकास या पुनर्विकास के लिए, किसी भी विकास योजना के अनुसार या उस क्षेत्र की किसी उप-मंडल योजना को मंजूरी देते समय।
(2) इस तरह के किसी भी विकास शुल्क का भुगतान विकासकर्ता द्वारा अनुमोदित योजना या उपखण्ड पर कोई गतिविधि शुरू करने से पहले अग्रिम रूप से किया जाएगा।
(3) क्षेत्र के पुनर्विकास के मामले में, प्रभार सभी निवासियों और विकास के लाभार्थियों द्वारा देय होंगे।
(4) नगर पालिका ऐसे विकास प्रभार का एक अलग लेखा रखेगी और इसे किसी अन्य उपयोग के लिए नहीं बदलेगी।

107. कराधान से छूट-

(1) धारा 102 और 103 में निर्दिष्ट कोई भी कर नगरपालिका द्वारा उसमें निहित या उसमें निहित किसी भी संपत्ति के संबंध में नहीं लगाया जाएगा।
(2) धारा 102 की उप-धारा (1) के खंड (ए) और धारा 103 की उप-धारा (1) के खंड (i) और (2) में निर्दिष्ट कोई भी कर किसी भी भूमि के संबंध में उद्ग्रहणीय नहीं होगा। , भवन, वाहन, वाहन और केंद्र सरकार या राज्य सरकार से संबंधित या उसमें निहित नावें:

बशर्ते कि, जब तक नगर पालिका द्वारा अन्य व्यक्तियों की समान संपत्तियों पर ऐसा कोई कर लगाया जाता रहेगा, तब तक इस उप-धारा में कुछ भी नगर पालिका को उस कर को लगाने से नहीं रोकेगा, जिस पर 26 जनवरी, 1950 के ठीक पहले, केंद्र सरकार की कोई भी भूमि, भवन, वाहन, वाहन और नावें उत्तरदायी थीं या उन्हें उत्तरदायी माना गया था:
बशर्ते यह भी कि राज्य सरकार से संबंधित या निहित किसी भी भूमि, भवन, वाहन, वाहन या नाव को ऐसे किसी भी कर के भुगतान से छूट दी जाएगी, यदि उसका उपयोग या उपयोग केवल सार्वजनिक उद्देश्यों के लिए किया जाता है, न कि उद्देश्यों के लिए लाभ का।
(3) धारा 102 की उप-धारा (1) के खंड (ए) में निर्दिष्ट कर केवल सार्वजनिक पूजा स्थलों के रूप में उपयोग की जाने वाली भूमि और भवनों के संबंध में और नगरपालिका द्वारा विधिवत मान्यता प्राप्त नहीं होगी।
(4) राज्य सरकार, यदि उसकी राय में ऐसा करने के लिए उचित आधार मौजूद है, आधिकारिक राजपत्र में प्रकाशित सामान्य या विशिष्ट आदेश द्वारा इस अधिनियम के तहत लगाए जाने योग्य कर के भुगतान से ऐसी छूट प्रदान और परिभाषित कर सकती है जैसा वह आवश्यक समझे।

108. कर लगाने की प्रारंभिक प्रक्रिया -

109. कर आदि का अधिरोपण-

(1) धारा 108 में निर्दिष्ट विशेष संकल्प के पारित होने के पश्चात् नगर पालिका नियत तिथि से कर अधिरोपण की राजपत्र में अधिसूचित करेगी।
(2) उप-धारा (1) के तहत कर लगाने की अधिसूचना निर्णायक सबूत होगी कि कर इस अधिनियम के प्रावधानों के अनुसार लगाया गया है:
बशर्ते कि
(ए) वर्ष द्वारा लगाया जाने वाला कर
(i) निम्नलिखित तिथियों में से एक को छोड़कर लागू नहीं होगा, अप्रैल का पहला दिन, जुलाई का पहला दिन, अक्टूबर का पहला दिन, या आधिकारिक वर्ष में जनवरी का पहला दिन जिसमें ऐसा नोटिस प्रकाशित हो चुकी है।
(ii) यदि यह पहली अप्रैल के अलावा किसी अन्य दिन लागू होता है। यह तिमाही तक अप्रैल के पहले दिन तक और उसके बाद अगले दिन तक देय होगा;
(बी) उस दिन या उससे पहले, जिस दिन इस धारा के तहत एक नोटिस जारी किया जाता है, नगर पालिका इस तरह के और विस्तृत नियमों को प्रकाशित करेगी, जैसा कि आवश्यक हो सकता है, जिसमें निर्दिष्ट कर लगाने और वसूलने का तरीका और वह तारीखें जिस पर वह या किश्त, यदि कोई हो, देय होगी; तथा
(सी) यदि कर की वसूली, या कर का एक विशेष भाग केवल एक अवधि के लिए स्वीकृत किया गया है, तो उस अवधि के समापन पर लेवी समाप्त हो जाएगी, जहां तक बकाया बकाया के संबंध में जो देय हो सकता है उस समय के दौरान।

110. करों में परिवर्तन करने की प्रक्रिया -

धारा 103 के तहत लगाए गए कर को समाप्त करने या बदलने की प्रक्रिया, जहां तक हो सके, धारा 108 और 109 द्वारा इसके अधिरोपण के लिए निर्धारित प्रक्रिया होगी।

111. कर को निलम्बित या प्रतिषिद्ध या उपचार करने की सरकार की शक्ति-

यदि शिकायत पर या अन्यथा राज्य सरकार को यह प्रतीत होता है कि किसी नगरपालिका द्वारा धारा 102 और 103 के तहत लगाया गया कोई कर उसकी घटना में अनुचित है या उसका आरोपण या उसका कोई भाग आम जनता के हित के विपरीत या अप्रिय है , राज्य सरकार उक्त नगर पालिका से ऐसी अवधि के भीतर अपेक्षा कर सकती है जो वह इस संबंध में उक्त कर में मौजूद किसी भी दोष या आपत्ति को दूर करने के लिए उपाय करने के लिए या उसके निर्धारण या संग्रह की विधि में उपाय करने के लिए निर्धारित करेगी, और यदि, इस प्रकार नियत अवधि के भीतर, ऐसी आवश्यकता को राज्य सरकार की संतुष्टि के लिए प्रभावी नहीं किया जाता है, तो वह आधिकारिक राजपत्र में अधिसूचना द्वारा, कर या उसके किसी भाग के उद्ग्रहण को तब तक के लिए निलंबित कर सकती है जब तक कि दोष या आपत्ति को दूर किया जाता है या ऐसे कर को समाप्त या कम किया जा सकता है।

112. कर को निलंबित या समाप्त करने की नगर पालिका की शक्ति -

राज्य सरकार के किन्हीं सामान्य या विशेष आदेशों के अधीन रहते हुए, यदि कोई नगर पालिका इस बात से संतुष्ट हो जाती है कि ऐसा करना जनहित में है, तो किसी भी कर को निलंबित या समाप्त कर सकता है, जो धारा 103 के तहत लगाया गया है या माना जाता है।

.

113. कर का निर्धारण और निर्धारकों की नियुक्ति -

(1) नगरपालिका कर के निर्धारण के लिए राज्य सरकार ऐसे निर्धारकों की नियुक्ति कर सकती है जो कर का निर्धारण ऐसे रूप में और ऐसी रीति से करेंगे जो राज्य सरकार द्वारा इस संबंध में बनाए गए नियमों में निर्धारित किया जाए।

(2) निर्धारकों को राज्य सरकार के सामान्य या विशेष आदेशों द्वारा कोई अन्य कार्य सौंपे जा सकते हैं।

114. कुछ सूचनाओं की आपूर्ति और आपूर्ति में विफलता के परिणाम -

(1) निर्धारक की मांग पर, धारा 102 की उप-धारा (1) में निर्दिष्ट किसी भवन या भूमि या दोनों के मालिक या अधिभोगी, ऐसी उचित अवधि के भीतर, जैसा कि मांग में निर्दिष्ट किया जाएगा, बाध्य होगा

(i) ऐसे प्रपत्र में विवरणी प्रस्तुत करना, जो विहित किया जाए; तथा

(ii) ऐसी जानकारी देना जो उस व्यक्ति का निर्धारण करने के लिए अपेक्षित हो जिससे धारा 120 के तहत प्राथमिक रूप से कर लगाया जा सकता है।

(2) यदि ऐसा मालिक या कब्जाधारी उसमें निर्दिष्ट अवधि के भीतर मांग का पालन करने में विफल रहता है या मना करता है, तो इस अधिनियम के किसी अन्य प्रावधान के तहत

उसके खिलाफ की जाने वाली किसी भी अन्य कार्रवाई पर प्रतिकूल प्रभाव डाले बिना, निर्धारक, ऐसा करने के बाद, जांच, जैसा कि वह आवश्यक समझता है, अपने सर्वोत्तम निर्णय के अनुसार ऐसे भवन या भूमि या दोनों पर देय कर का निर्धारण करें।

115. संशोधन के प्रयोजनों के लिए सूचना उपलब्ध कराने की बाध्यता -

(1) जब किसी भवन का निर्माण या विस्तार किया जाता है, तो मालिक ऐसे भवन के पूर्ण होने, पुनः निर्माण या विस्तार करने की तिथि से या ऐसे भवन के अधिभोग की तिथि से एक माह के भीतर उसकी सूचना नगरपालिका को देगा। जो भी तारीख पहले हो।

(2) यदि कोई व्यक्ति उप-धारा (1) द्वारा आवश्यक नोटिस देने में विफल रहता है, तो नगर पालिका उस पर पांच सौ रुपये से अधिक का जुर्माना या उक्त भवन पर देय कर की राशि का दस गुना या अवधि के लिए विस्तार कर सकती है। तीन महीने की अवधि, जो भी अधिक हो, जैसा कि नगर पालिका उचित समझे।

116. भवन या भूमि पर करों के भुगतान के लिए प्राथमिक रूप से उत्तरदायी व्यक्तियों द्वारा स्वामित्व के सभी हस्तांतरणों की नगर पालिका को सूचना दी जानी है -

(1) जब भी किसी भवन या भूमि या दोनों पर लगाए गए कर के भुगतान के लिए मुख्य रूप से उत्तरदायी किसी व्यक्ति का शीर्षक स्थानांतरित किया जाता है, तो जिस व्यक्ति का शीर्षक इस प्रकार स्थानांतरित किया जाता है और जिस व्यक्ति को यह स्थानांतरित किया जाएगा वह नोटिस देगा नगर पालिका को लिखित रूप में इस तरह के हस्तांतरण की।

(2) पूर्वोक्त के रूप में प्राथमिक रूप से उत्तरदायी किसी व्यक्ति की मृत्यु की स्थिति में, जिस व्यक्ति को मृतक का शीर्षक वारिस के रूप में स्थानांतरित किया गया है या अन्यथा नगर पालिका को ऐसे स्थानांतरण की सूचना देगा।

117. सूचना का प्रपत्र -

(1) अंतिम पूर्ववर्ती धारा के तहत दी जाने वाली सूचना या तो दूसरी अनुसूची या तीसरी अनुसूची के रूप में होगी, जैसा भी मामला हो, और उक्त प्रपत्र के लिए आवश्यक सभी विवरणों को स्पष्ट और सही ढंग से बताएगी।

(2) ऐसी कोई सूचना प्राप्त होने पर, नगरपालिका, यदि आवश्यक समझे, स्थानान्तरण लिखत, यदि कोई हो, या उसकी एक प्रति प्रस्तुत करने की अपेक्षा कर सकती है।

118. नगरपालिका रजिस्टरों में स्थानान्तरित होने वाले व्यक्ति का नाम -

जब भी ऐसा स्थानांतरण नगरपालिका के संज्ञान में या तो ऐसे नोटिस के माध्यम से या अन्यथा और ऐसी जांच के बाद जो आवश्यक हो, मुख्य रूप से जिम्मेदार व्यक्ति के नाम के स्थान पर अंतरिती का नाम नगरपालिका रजिस्टर में रखा जाएगा।

119. स्थानांतरण की सूचना के अभाव में भवनों या भूमि पर करों के भुगतान का दायित्व जारी रहेगा -

(1) प्रत्येक व्यक्ति जो किसी भवन या भूमि या दोनों पर लगाए गए कर के भुगतान के लिए प्राथमिक रूप से उत्तरदायी है, जो नगर पालिका को इस तरह के हस्तांतरण की सूचना

दिए बिना अपना हक हस्तांतरित करता है, सभी के भुगतान के लिए उत्तरदायी बना रहेगा उसके संबंध में समय-समय पर देय कर जब तक वह ऐसा नोटिस नहीं देता, या जब तक कि स्थानांतरण को नगर पालिका के रजिस्टर में दर्ज नहीं किया जाता है।

(2) इस धारा में कुछ भी उक्त कर के लिए अंतरिती की देयता को कम करने या उस पर देय कर की वसूली के लिए धारा 140 द्वारा प्रदत्त परिसर पर नगरपालिका के पूर्व दावे को प्रभावित करने के लिए नहीं माना जाएगा।

<u>120. कर जिनसे प्राथमिक रूप से उद्ग्रहणीय है -</u>

(1) भवनों या भूमि या दोनों पर लगाया गया प्रत्येक कर प्राथमिक रूप से ऐसे कर के लिए निर्धारित संपत्ति के वास्तविक अधिभोगी से उद्ग्रहणीय होगा, यदि वह भवन या भूमि या दोनों का स्वामी है, या उन्हें किसी भवन पर रखता है या राज्य सरकार से या नगर पालिका से अन्य पट्टा, या किसी व्यक्ति से भवन पट्टे पर।

(2) उप-धारा (1) में निहित प्रावधानों के अधीन, कर मुख्य रूप से निम्नानुसार लगाया जाएगा:

(ए) यदि संपत्ति पट्टेदार से ली गई है;

(बी) यदि संपत्ति उप-किराए पर है, तो बेहतर पट्टेदार से;

(सी) यदि संपत्ति को किराए पर नहीं दिया जाता है, तो उस व्यक्ति से जिसे इसे किराए पर देने का अधिकार निहित है:

बशर्ते कि प्राथमिक रूप से उत्तरदायी व्यक्ति से इस तरह के कर के कारण देय किसी भी राशि की वसूली में विफल होने पर, राशि का ऐसा हिस्सा भवन या भूमि के किसी भी हिस्से के कब्जे वाले से वसूल किया जा सकता है जैसा कि ऐसे हिस्से के संबंध में आनुपातिक रूप से देय है:

बशर्ते कि, इस धारा के तहत प्राथमिक रूप से उत्तरदायी नहीं होने वाले किसी भी अधिभोगी द्वारा भुगतान या उससे वसूल की गई किसी भी राशि के लिए, वह मुख्य रूप से उत्तरदायी व्यक्ति के खाते में क्रेडिट प्राप्त करने का हकदार होगा।

<u>121. कराधान से संबंधित अपील -</u>

एक निर्धारण के खिलाफ अपील, या एक निर्धारण में बदलाव और, सभी मामलों में जिसमें कोई अपील नहीं की गई है, धारा 130 के तहत मांग की सूचना के खिलाफ अपील की जा सकती है, -

(ए) नगर निगम के मामले में आयुक्त को: तथा

(बी) स्थानीय निकायों के संबंधित क्षेत्रीय उप निदेशक, नगर परिषद और नगर बोर्ड के मामले में।]

<u>122. दावा किए गए कर की सीमा और प्रारंभिक जमा -</u>

ऐसी कोई अपील तब तक नहीं सुनी जाएगी और निर्धारित नहीं की जाएगी जब तक कि

(ए) अपील, इमारतों या भूमि या दोनों पर निर्धारित कर के मामले में, आदेश के संचार

की तारीख के बाद तीस दिनों के भीतर लाई जाती है (उसकी एक प्रति प्राप्त करने के लिए आवश्यक समय को छोड़कर) और, मामले में किसी भी अन्य कर का, निर्धारण या परिवर्तन के निर्धारण की सूचना की प्राप्ति की तारीख के अगले तीस दिनों के भीतर या, यदि कोई नोटिस नहीं दिया गया है, तो मूल्यांकन या परिवर्तन के तहत पहली मांग की तारीख के बाद अगले तीस दिनों के भीतर मूल्यांकन का; तथा

[(बी) आवेदक से इस प्रकार दावा की गई राशि का पच्चीस प्रतिशत उसके द्वारा नगरपालिका कार्यालय में जमा कर दिया गया है;]

[*****]

<u>123. लागत -</u>

(1) प्रत्येक अपील में लागत अपील का निर्णय करने वाले अधिकारी के विवेक पर होगी।

(2) इस धारा के तहत नगर पालिका को प्रदान की गई लागत नगरपालिका द्वारा इस अध्याय में प्रदान की गई रीति से वसूली योग्य होगी।

(3) यदि नगर पालिका किसी अपीलकर्ता को उसके भुगतान के आदेश की सूचना की तारीख के तीस दिनों के भीतर अपीलकर्ता को दी गई लागत का भुगतान करने में विफल रहती है, तो लागत देने वाला अधिकारी उस व्यक्ति को आदेश दे सकता है जिसके पास शेष राशि की अभिरक्षा है। राशि का भुगतान करने के लिए नगरपालिका निधि।

<u>124. कराधान के मामले में दीवानी और फौजदारी अदालतों की अधिकारिता पर रोक -</u>

(1) मूल्यांकन या निर्धारण पर कोई आपत्ति नहीं ली जाएगी और न ही इस अधिनियम में उपबंधित की तुलना में किसी अन्य तरीके से या किसी अन्य प्राधिकारी द्वारा मूल्यांकन या कर लगाने के लिए किसी व्यक्ति के दायित्व पर प्रश्नचिह्न नहीं लगाया जाएगा।

(2) मूल्यांकन या निर्धारण या निर्धारण या कराधान के दायित्व के संबंध में किसी आदेश की पुष्टि करने, रद्द करने या संशोधित करने का अपीलीय प्राधिकारी का आदेश अंतिम होगा:

बशर्ते कि अपील प्राधिकारी के लिए आवेदन करने पर या स्वयं के प्रस्ताव पर मूल आदेश की तारीख से तीन महीने के भीतर पारित एक और आदेश द्वारा अपील में पारित किसी भी आदेश की समीक्षा करना वैध होगा।

<u>125. बचत -</u>

(1) कोई निर्धारण सूची या अन्य सूची, नोटिस, बिल या अन्य ऐसा दस्तावेज जो किसी कर, प्रभार, किराया या शुल्क के संदर्भ में निर्दिष्ट या निर्दिष्ट करने के लिए तात्पर्यित है, कोई भी व्यक्ति, संपत्ति, चीज या परिस्थिति केवल कारण से अमान्य होगी व्यक्ति के नाम, निवास, व्यवसाय के स्थान या व्यवसाय में या संपत्ति, वस्तु या परिस्थिति के विवरण में, या किसी मात्र लिपिकीय त्रुटि या रूप के दोष के कारण, और यह पर्याप्त होगा कि व्यक्ति , संपत्ति, वस्तु या परिस्थिति को पहचान के उद्देश्य के लिए पर्याप्त रूप से वर्णित किया गया है, और कर के संबंध में उत्तरदायी किसी भी संपत्ति के मालिक या अधिभोगी का नाम देना आवश्यक

नहीं होगा।

(2) करों की उगाही को संपत्ति का शीर्षक नहीं माना जाएगा।

126. दायित्व प्रकट करने की बाध्यता -

(1) नगर पालिका, मुख्य नगरपालिका अधिकारी, निर्धारक या इस संबंध में नगर पालिका द्वारा अधिकृत कोई अन्य अधिकारी लिखित संचार द्वारा नगरपालिका के एक निवासी को ऐसी जानकारी प्रस्तुत करने के लिए कह सकता है जो यह सुनिश्चित करने के लिए आवश्यक हो ,

(ए) क्या ऐसे निवासी इस अधिनियम के तहत लगाए गए कर का भुगतान करने के लिए उत्तरदायी हैं;

(बी) उस राशि पर जिस पर उसका मूल्यांकन किया जाना चाहिए;

(सी) मालिक का नाम और पता।

(2) यदि कोई निवासी जिसे सूचना देने के लिए कहा जाता है, वह उसे प्रस्तुत करने से चूक जाता है या ऐसी जानकारी देता है जो असत्य है, तो वह जुर्माने के लिए उत्तरदायी होगा, जो एक हजार रुपये तक हो सकता है।

127. करों की वसूली के लिए शुल्क -

मुख्य नगरपालिका अधिकारी या उनके द्वारा अधिकृत कोई भी अधिकारी धारा 102 और 103 के तहत लगाए गए करों के उचित उद्ग्रहण और वसूली के लिए जिम्मेदार होगा।

128. कर के बिल की प्रस्तुति -

जब कोई राशि

(ए) जो, इस अधिनियम के किसी प्रावधान द्वारा या के तहत, इस अध्याय द्वारा प्रदान की गई तरीके से वसूली योग्य घोषित किया गया है, या

(बी) जो किसी भी इमारत या उसमें निहित भूमि के संबंध में नगर पालिका के किराए के कारण है, नगर पालिका कम से कम व्यावहारिक देरी के साथ भुगतान के लिए उत्तरदायी व्यक्तियों को दावा की गई बकाया राशि के लिए एक बिल प्रस्तुत करेगी

129. बिल की सामग्री -

ऐसा प्रत्येक बिल निर्दिष्ट करेगा

(ए) वह अवधि जिसके लिए, और

(बी) संपत्ति का व्यवसाय, परिस्थिति या चीज जिसके संबंध में, राशि का दावा किया जाता है, और इसकी सूचना भी देगा

(i) भुगतान की चूक में होने वाली देयता, और

(ii) वह समय जिसके भीतर इस अधिनियम में प्रावधान के अनुसार अपील की जा सकती है।

130. मांग की सूचना -

यदि वह राशि जिसके लिए कोई बिल पूर्वोक्त रूप में प्रस्तुत किया गया है, का भुगतान

नगरपालिका कार्यालय या किसी नियम द्वारा प्राधिकृत व्यक्ति को ऐसा भुगतान प्राप्त करने के लिए नहीं किया जाता है, तो उसके प्रस्तुतीकरण के पन्द्रह दिनों के भीतर, नगर पालिका उस व्यक्ति को, जिसे ऐसा बिल प्रस्तुत किया गया है, चौथी अनुसूची के रूप में या इसी तरह के प्रभाव की मांग की सूचना पर तामील की जाती है।

131. किन मामलों में वारंट जारी किया जा सकता है-

(1) यदि जिस व्यक्ति को धारा 130 के तहत मांग की सूचना तामील की गई है, वह मांग के ऐसे नोटिस की तामील से पंद्रह दिनों के भीतर या तो नहीं करता है,

(ए) नोटिस में मांगी गई राशि का भुगतान करें, या

(बी) नगर पालिका, या ऐसे अधिकारी की संतुष्टि के लिए कारण बताएं जिसे नगरपालिका नियम द्वारा इस संबंध में नियुक्त कर सकती है, या मुख्य नगरपालिका अधिकारी, यदि कोई हो, तो उसे इसका भुगतान क्यों नहीं करना चाहिए, या

(सी) मांग के खिलाफ धारा 121 के प्रावधानों के अनुसार अपील करना, वसूली की सभी लागतों के साथ ऐसी राशि डिफॉल्टर की किसी भी संपत्ति की कुर्की और बिक्री द्वारा लगाया जा सकता है और चल संपत्ति की कुर्की के मामले में, वारंट मुख्य नगरपालिका कार्यालय द्वारा पांचवी अनुसूची के रूप में या इसी तरह के प्रभाव से जारी किया जाएगा और अचल संपत्ति की कुर्की के मामले में, वारंट नगर पालिका द्वारा इस तरह के रूप में जारी किया जाएगा जैसा कि हो सकता है नियत।

(2) उप-धारा (1) के तहत इस अधिनियम के तहत नगरपालिका को देय किसी भी राशि की वसूली के लिए उस तारीख से तीन साल की अवधि की समाप्ति के बाद कुर्की और बिक्री का कोई वारंट जारी नहीं किया जाएगा, जिस तारीख को ऐसा वारंट जारी हो सकता है। उस उप-धारा के तहत जारी किया गया है:

बशर्ते कि उक्त तीन वर्ष की अवधि की समाप्ति के बाद नगर पालिका संबंधित अधिकारियों से नगरपालिका को बकाया किसी भी राशि की वसूली के लिए भू-राजस्व के बकाया के रूप में अनुरोध करने की हकदार होगी।

(3) प्रत्येक वारंट मुख्य नगरपालिका अधिकारी द्वारा हस्ताक्षरित और जारी किया जाएगा।

(4) जहां ऐसी संपत्ति नगर पालिका के अधिकार क्षेत्र में है, वारंट नगर पालिका के एक अधिकारी को संबोधित किया जाएगा।

(5) जहां ऐसी संपत्ति किसी अन्य नगरपालिका में या ऐसे स्थान पर है, जो नगर पालिका नहीं है, वारंट संबंधित नगर पालिका के मुख्य नगरपालिका अधिकारी या तहसीलदार को, जैसा भी मामला हो, संबोधित किया जाएगा:

परन्तु ऐसा मुख्य नगरपालिका अधिकारी या तहसीलदार किसी अधीनस्थ अधिकारी को ऐसे वारंट का पृष्ठांकन कर सकेगा।

132. वारंट निष्पादित करने के लिए जबरन प्रवेश - किसी भी अधिकारी के लिए, जिसे धारा

131 के तहत जारी वारंट संबोधित या पृष्ठांकित किया गया है, किसी भी समय, सूर्योदय और सूर्यास्त के बीच, किसी भी बाहरी या आंतरिक दरवाजे या खिड़की को खोलने के लिए, कुर्की करने के लिए, यह वैध होगा। वारंट में निर्देशित, यदि उसके पास यह मानने के लिए उचित आधार हैं कि ऐसी इमारत में संपत्ति है जो वारंट के तहत जब्ती के लिए उत्तरदायी है और यदि अपने अधिकार और उद्देश्य को सूचित करने और विधिवत प्रवेश की मांग करने के बाद, वह अन्यथा प्रवेश प्राप्त नहीं कर सकता है:

बशर्ते कि ऐसा अधिकारी महिलाओं के लिए विनियोजित किसी भी अपार्टमेंट के दरवाजे में तब तक प्रवेश या तोड़-फोड़ नहीं करेगा जब तक कि उसने अपने इरादे की तीन घंटे की सूचना न दे दी हो और ऐसी महिलाओं को वापस लेने का अवसर न दे दिया हो।

133. वारंट निष्पादित करने की रीति -

(1) ऐसे किसी भी अधिकारी के लिए धारा 131 के तहत जारी वारंट में नामित व्यक्ति की कोई चल या अचल संपत्ति, जहां कहीं भी मिले, को निम्नलिखित उप-धाराओं के प्रावधानों के अधीन, डिफॉल्टर के रूप में संलग्न करना वैध होगा।

(2) निम्नलिखित संपत्ति कुर्क नहीं की जाएगी अर्थात्: -

(i) चूककर्ता, उसकी पत्नी और बच्चों के पहने हुए आवश्यक परिधान और बिस्तर,

(ii) उसके खाना पकाने के बर्तन,

(iii) कारीगरों के उपकरण, और

(iv) जब चूककर्ता एक कृषक है, तो उसके पशुपालन के उपकरण, बीज अनाज, और ऐसे मवेशी जो चूककर्ता को अपनी आजीविका अर्जित करने में सक्षम बनाने के लिए आवश्यक हो सकते हैं।

(3) चल संपत्ति की कुर्की अत्यधिक नहीं होगी, अर्थात कुर्क की गई चल संपत्ति वारंट के तहत वसूली योग्य राशि के मूल्य में यथासंभव आनुपातिक होगी, और यदि कोई वस्तु संलग्न की गई है, जो कि वारंट पर हस्ताक्षर करने के लिए धारा 131 की उप-धारा (3) द्वारा या उसके तहत अधिकृत व्यक्ति की राय या जिस व्यक्ति को वारंट संबोधित किया गया है, उसे इस तरह संलग्न नहीं किया जाना चाहिए था, उन्हें तुरंत वापस कर दिया जाएगा।

(4) अधिकारी चल संपत्ति को कुर्क करने पर तुरंत उसकी एक सूची तैयार करेगा और उसे हटाने से पहले कुर्की के समय उसके कब्जे वाले व्यक्ति को छठी अनुसूची के रूप में एक लिखित सूचना देगा।

(5) जब संपत्ति अचल हो, -

(6) कुर्क की गई संपत्ति या उसमें किसी हित का कोई हस्तांतरण या प्रभार, ऐसी कुर्की के बाद और मुख्य नगरपालिका अधिकारी की लिखित अनुमति के बिना, कुर्की के तहत लागू होने वाले नगर पालिका के सभी दावों के खिलाफ शून्य होगा।

134. विशेष मामलों में कुर्क की गई संपत्ति की बिक्री

(1) जब जब्त की गई संपत्ति तेजी से और प्राकृतिक क्षय के अधीन हो या जब वसूली की जाने

वाली राशि के साथ इसे हिरासत में रखने का खर्च इसके मूल्य से अधिक होने की संभावना हो, तो मुख्य नगरपालिका अधिकारी, तुरंत नोटिस देगा वह व्यक्ति जिसके कब्जे में संपत्ति कुर्क होने पर, इस आशय की थी कि इसे एक ही बार में बेचा जाएगा, और जब तक वारंट में नामित राशि का तुरंत भुगतान नहीं किया जाता है या उस राशि के बराबर सुरक्षा प्रस्तुत नहीं की जाती है, तब तक वह इसे बेच देगा।

(2) यदि संपत्ति उप-धारा (1) के तहत एक बार में नहीं बेची जाती है, तो कुर्क की गई संपत्ति या उसका पर्याप्त हिस्सा, जब तक कि चूककर्ता द्वारा देय राशि, नोटिस, वारंट, कुर्की और निरोध से संबंधित सभी लागतों के साथ नहीं हो सकती है। संपत्ति का भुगतान किया जाता है, राज्य सरकार द्वारा निर्धारित तरीके से मुख्य नगरपालिका अधिकारी के आदेश के तहत सार्वजनिक नीलामी द्वारा बेचा जाता है और आय या उसका ऐसा हिस्सा जो अपेक्षित होगा, देय राशि के निर्वहन में और ऐसे सभी आकस्मिक भुगतान में लागू किया जाएगा। ऊपर के रूप में लागत।

(3) अधिशेष, यदि कोई हो, को तुरंत नगरपालिका निधि में जमा किया जाएगा, ऐसे क्रेडिट की सूचना उसी समय उन व्यक्तियों को दी जाएगी जिनके कब्जे में संपत्ति कुर्की के समय थी, लेकिन यदि उनका लिखित रूप से दावा किया जाए इस उप-धारा के तहत दिए गए नोटिस की तारीख से एक वर्ष के भीतर नगर पालिका को आवेदन, ऐसे व्यक्ति को उसकी वापसी की जाएगी। इस तरह के नोटिस की तारीख से एक वर्ष के भीतर दावा नहीं किया गया कोई भी राशि नगर पालिका की संपत्ति होगी।

135. नगर पालिका के बाहर कुर्की और बिक्री -

जहां वारंट नगर पालिका के बाहर निष्पादित किया जाना है, वारंट जारी करने वाला प्राधिकारी, उस अधिकारी को, जिसे वारंट संबोधित किया गया है, संलग्न संपत्ति को बेचने के लिए पृष्ठांकन द्वारा निर्देशित कर सकता है और ऐसे मामले में, ऐसे अधिकारी के लिए संपत्ति को बेचना वैध होगा। संपत्ति और बिक्री के लिए प्रासंगिक सभी चीजों को करने के लिए और पूर्वगामी प्रावधान आवश्यक परिवर्तनों सहित लागू होंगे । ऐसा अधिकारी अपने द्वारा की गई वसूली की सभी लागतों में कटौती करने के बाद वारंट के तहत वसूल की गई राशि को उस प्राधिकारी को प्रेषित करेगा जिसके द्वारा इसे जारी किया गया था, जो धारा 131 के प्रावधानों के अनुसार इसका निपटान करेगा।

136. नगर पालिका छोड़ने वाले व्यक्तियों के विरुद्ध संक्षिप्त कार्यवाही की जा सकती है -

(1) यदि नगर पालिका के पास किसी भी समय यह विश्वास करने का कारण होगा कि कोई भी व्यक्ति, जिससे इस अध्याय के प्रावधानों के तहत वसूली योग्य कोई राशि देय है या देय होने वाली है, खुद को नगरपालिका क्षेत्र से हटाने वाला है, प्रमुख नगरपालिका अधिकारी ऐसे व्यक्ति को देय या देय राशि का बिल प्रस्तुत कर सकता है और उसके तत्काल भुगतान की मांग कर सकता है।

(2) यदि, ऐसे बिल के प्रस्तुतीकरण पर, उक्त व्यक्ति देय राशि का भुगतान नहीं करता है

या उसके द्वारा देय होने वाला है, तो राशि डिफॉल्टर की चल या अचल संपत्ति की कुर्की और बिक्री के तरीके से वसूली योग्य होगी। इसमें निर्धारित से पहले, सिवाय इसके कि चूककर्ता को मांग की कोई सूचना देना आवश्यक नहीं होगा और कुर्की और बिक्री के लिए वारंट बिना किसी देरी के जारी और निष्पादित किया जा सकता है।

137. बचत -

इस अधिनियम के तहत की गई किसी भी कुर्की या बिक्री को गैरकानूनी नहीं माना जाएगा और न ही इसे करने वाले किसी भी व्यक्ति को बिल में त्रुटि, दोष या फॉर्म की कमी, मांग की सूचना, वारंट, इन्वेंट्री या संबंधित अन्य कार्यवाही के कारण अतिचार माना जाएगा। उसके लिए।

138. सभी भुगतानों की रसीद दी जाएगी -

इस अधिनियम के तहत किसी भी कर के कारण भुगतान की गई सभी राशियों के लिए, राशि और जिस कर के लिए भुगतान किया गया है, उसे प्राप्त करने वाले व्यक्ति द्वारा एक रसीद प्रस्तुत की जाएगी।

139. वाद लाने की वैकल्पिक शक्ति -

कुर्की और बिक्री द्वारा आगे बढ़ने के बजाय या मांग के पूरे या किसी हिस्से को पूरा करने में विफलता के मामले में, मुख्य नगरपालिका अधिकारी सक्षम अधिकार क्षेत्र के किसी भी न्यायालय में भुगतान करने के लिए उत्तरदायी व्यक्ति पर मुकदमा कर सकता है।

140. करों के लिए भूमि, भवन आदि का दायित्व -

भूमि या भवनों या दोनों पर लगाए गए किसी भी कर के कारण देय सभी राशि, भू-राजस्व के पूर्व भुगतान के अधीन, यदि कोई हो, उस पर राज्य सरकार को सुराग, भवन या भूमि के संबंध में पहला प्रभार होगा जो इस तरह के कर लगाने योग्य है और चल संपत्ति पर, यदि कोई हो, ऐसी इमारत या भूमि के भीतर या उस पर पाया जाता है और ऐसे कर के लिए उत्तरदायी व्यक्ति से संबंधित है:

बशर्ते कि ऐसे किसी कर का कोई बकाया किसी ऐसे अधिभोगी से वसूल नहीं किया जाएगा जो स्वामी नहीं है, यदि वह एक वर्ष से अधिक समय से या उस अवधि के लिए देय है जिसके दौरान ऐसा अधिभोगी व्यवसाय में नहीं था।

अध्याय VIII

उधारी

141. व्यापक ऋण सीमा नीति -

142. ऋण जुटाने की नगर पालिका की शक्ति -

143. बैंक में जमा खाता खोलने की नगर पालिका की शक्ति -

144. अल्पकालिक ऋण जुटाने के लिए नगर पालिका की शक्ति -

145. सिंकिंग फंड की स्थापना -

146. डूबती निधि का अनुप्रयोग -

147. निक्षेपण निधि के भुगतान को बंद करने की शक्ति -
148. सिंकिंग फंड के क्रेडिट पर राशि का निवेश -
149. ऋणों के पुनर्भुगतान का तरीका -
150. वार्षिक विवरण -
151. डूबती निधि की वार्षिक परीक्षा -
अध्याय IX

वाणिज्यिक परियोजनाएं, निजी क्षेत्र की भागीदारी समझौते और अन्य एजेंसियों को असाइनमेंट

152. वाणिज्यिक परियोजनाएं और उनसे प्राप्तियां -
153. नगर पालिका या अन्य एजेंसी द्वारा परियोजना का उपक्रम। -
154. निजी क्षेत्र की भागीदारी समझौतों के प्रकार। -
155. नगर पालिका या अन्य एजेंसियों को सौंपे गए कार्य।
अध्याय X

आर्थिक और विकास योजना

156. नगर विकास योजना -

(1) प्रत्येक नगर पालिका ऐसी आवधिकता के लिए एक नगर विकास योजना तैयार करेगी, और इसमें ऐसे अध्याय, सामग्री और योजनाएं होंगी, जो इस संबंध में सरकार द्वारा बनाए गए नियमों द्वारा निर्धारित की जा सकती हैं। नगर विकास योजना सरकार के निम्नलिखित विभागों के जिला कलेक्टर और अन्य जिला स्तर के अधिकारियों के परामर्श से तैयार की जाएगी, अर्थात्:

(i) लोक निर्माण विभाग;
(ii) लोक स्वास्थ्य इंजीनियरिंग विभाग;
(iii) सिंचाई विभाग;
(iv) चिकित्सा और स्वास्थ्य विभाग;
(v) शिक्षा विभाग;
(vi) स्थानीय स्वशासन विभाग;
(vii) योजना विभाग;
(viii) शहरी सुधार न्यास/नगर विकास प्राधिकरण, यदि कोई हो; तथा
(ix) कोई अन्य विभाग या एजेंसी जिसे नगर पालिका परामर्श करना आवश्यक समझे।

(2) नगर विकास योजना तैयार करने के लिए नगर पालिका उक्त विभागों के सहयोग से जिला कलेक्टर के समन्वय में विशेषज्ञों एवं जानकार व्यक्तियों की सहायता भी ले सकती है।

(3) उप-धारा (1) के तहत तैयार की गई शहर विकास योजना, मेट्रो क्षेत्र विकास योजना में शामिल करने के लिए मेट्रोपॉलिटन प्लानिंग कमेटी को भेजी जाएगी, यदि नगर पालिका

किसी मेट्रो क्षेत्र का हिस्सा है; और अन्य सभी मामलों में, इसे जिला मास्टर विकास योजना में शामिल करने के लिए जिला योजना समिति को भेजा जाएगा।

(4) महानगर योजना समिति या जिला योजना समिति, जैसा भी मामला हो, में शहर विकास योजना या योजना के ऐसे तत्व शामिल होंगे जो मेट्रो क्षेत्र विकास योजना या जिला मास्टर विकास योजना में उपयुक्त हों, जैसा कि मामला समिति और संबंधित नगर पालिका में उचित विचार-विमर्श के बाद हो सकता है; और इसके बाद यह इसके द्वारा तैयार की गई योजना को राज्य योजना में शामिल करने के लिए राज्य सरकार को प्रस्तुत करेगा, और योजना के निष्पादन के लिए सरकार से संसाधनों के आवंटन के लिए भी।

<u>157. महानगर योजना समिति</u> -

(1) 10 लाख या उससे अधिक की आबादी वाले प्रत्येक महानगर क्षेत्र में एक महानगर योजना समिति का गठन किया जाएगा, जिसे इसके बाद इस खंड में "समिति" के रूप में संदर्भित किया जाएगा, ताकि समग्र रूप से महानगर क्षेत्र के लिए विकास योजना का मसौदा तैयार किया जा सके। इस योजना को "महानगरीय क्षेत्र विकास योजना" के रूप में जाना जाएगा।

(2) समिति में उतने सदस्य होंगे जितने राज्य सरकार द्वारा समय-समय पर राजपत्र में अधिसूचना द्वारा नियत किए जाएं।

(3) समिति के सदस्यों की कुल संख्या निर्धारित करने में, राज्य सरकार क्रमशः नामित सदस्यों और निर्वाचित सदस्यों की संख्या निर्दिष्ट करेगी:

बशर्ते कि ऐसी समिति के कम से कम दो तिहाई सदस्य महानगरीय क्षेत्र में नगरपालिकाओं के निर्वाचित सदस्यों और पंचायतों के अध्यक्षों द्वारा और उनमें से इस अनुपात में चुने जाएंगे कि ऐसे महानगर में नगरपालिका क्षेत्रों की जनसंख्या यह क्षेत्र उस क्षेत्र की पंचायतों की जनसंख्या से संबंधित है।

(4) निर्वाचित सदस्यों का चुनाव सरकार द्वारा इस संबंध में बनाए गए नियमों में निर्धारित तरीके से किया जाएगा।

(5) मनोनीत सदस्यों में शामिल हो सकते हैं

(ए) भारत सरकार का प्रतिनिधित्व करने वाले व्यक्ति;

(बी) राज्य सरकार का प्रतिनिधित्व करने वाले व्यक्ति; तथा

(सी) ऐसे संगठनों और संस्थानों का प्रतिनिधित्व करने वाले व्यक्ति जिन्हें राज्य सरकार द्वारा पहचाना जा सकता है।

(6) उप-धारा (5) में निर्दिष्ट व्यक्तियों का नामांकन, हालांकि, राज्य सरकार द्वारा किया जाएगा; इस शर्त पर कि भारत सरकार या किसी केंद्र सरकार के संगठन या संस्थान का प्रतिनिधित्व करने वाले व्यक्तियों के मामले में, भारत सरकार की पूर्व सहमति प्राप्त की जाएगी।

(7) नामांकन या तो नाम से या पद के आधार पर किया जा सकता है।

(8) समिति होगी -

(i) महानगर क्षेत्र के लिए योजना और समन्वय से संबंधित कार्य, जो राज्य सरकार द्वारा उसे सौंपे जा सकते हैं; तथा

(ii) इस अध्याय के प्रयोजनों को पूरा करने के लिए राज्य सरकार द्वारा प्रदत्त या प्रत्यायोजित या सौंपी गई शक्तियां और कार्य।

(9) समिति का अध्यक्ष राज्य सरकार द्वारा नामित किया जाएगा।

(10) प्रत्येक महानगर योजना समिति, मेट्रो क्षेत्र विकास योजना का प्रारूप तैयार करने में निम्नलिखित बातों का ध्यान रखेगी-

(i) महानगरीय क्षेत्र में नगर पालिकाओं और पंचायतों द्वारा तैयार की गई योजनाएं;

(ii) नगर पालिकाओं और पंचायतों के बीच सामान्य हित के मामले, जिसमें क्षेत्र की समन्वित स्थानिक योजना, पानी और अन्य भौतिक और प्राकृतिक संसाधनों का बंटवारा, बुनियादी ढांचे का एकीकृत विकास और पर्यावरण संरक्षण शामिल है;

(iii) भारत सरकार और राज्य सरकार द्वारा निर्धारित समग्र उद्देश्य और प्राथमिकताएं; तथा

(iv) भारत सरकार और राज्य सरकार की एजेंसियों द्वारा महानगरीय क्षेत्र में किए जाने वाले निवेश की सीमा और प्रकृति और अन्य उपलब्ध संसाधन चाहे वित्तीय हों या अन्यथा।

(11) प्रत्येक महानगर योजना समिति का अध्यक्ष ऐसी समिति द्वारा तैयार की गई मेट्रो क्षेत्र विकास योजना को राज्य सरकार को अग्रेषित करेगा।

व्याख्या। - इस अध्याय के प्रयोजनों के लिए आम तौर पर, "महानगरीय क्षेत्र" और "पंचायत" शब्द का वही अर्थ होगा जो उन्हें भारत के संविधान के अनुच्छेद 243पी में दिया गया है।

158. जिला योजना समिति

राजस्थान पंचायती राज अधिनियम, 1994 (1994 का अधिनियम संख्या 13) की धारा 121 के प्रावधानों के तहत गठित जिला योजना समिति को भारत के संविधान के अनुच्छेद 243जेडडी के तहत गठित समिति माना जाएगा।

अध्याय XI

शहरी विकास और नगर नियोजन

159. सिविल सर्वे और मास्टर डेवलपमेंट प्लान और अन्य प्लान तैयार करना -

(1) किसी अन्य कानून के प्रावधानों के अधीन रहते हुए, नगर पालिका, शहर के नियोजित और एकीकृत विकास और भूमि के संतुलित उपयोग को सुनिश्चित करने की दृष्टि से, शहर का विस्तृत सर्वेक्षण करेगी। और एक मास्टर विकास योजना और अन्य वैधानिक योजनाएँ तैयार करना। नगर पालिका, इस उद्देश्य के लिए, महानगर योजना समिति या जिला योजना समिति, जैसा भी मामला हो, और राज्य के मुख्य नगर योजनाकार के साथ समन्वय करेगी। यहां उल्लिखित योजनाएं निम्नलिखित समय के परिप्रेक्ष्य में तैयार की

जाएंगी, अर्थात्: -

(i) मास्टर डेवलपमेंट प्लान - 20 साल की अवधि के लिए;

(ii) निष्पादन योजना - 5 वर्ष की अवधि के लिए; तथा

(iii) वार्षिक नगरपालिका कार्य योजना - 1 वर्ष की अवधि के लिए।

(2) मास्टर विकास योजना, निष्पादन योजना और वार्षिक नगरपालिका कार्य योजना के अतिरिक्त, नगर पालिका, प्रत्येक वार्ड के लिए ऐसी अन्य योजनाएँ तैयार कर सकती है जो वह उचित समझे या समय-समय पर राज्य सरकार द्वारा निर्देशित की जा सकती है।

(3) मास्टर विकास योजना नगरपालिका के बढ़ते क्षेत्र, सार्वजनिक उपयोगिताओं, नागरिक सुविधाओं, सामुदायिक सुविधाओं, आवास, संचार और परिवहन, परियोजनाओं या योजनाओं के नेटवर्क की जरूरतों को पूरा करने के लिए समय लक्षित विकास को सटीक रूप से परिभाषित करेगी। प्राकृतिक संसाधनों के संरक्षण और विकास के लिए और जहां भी आवश्यक हो,

(4) मास्टर विकास योजना विभिन्न क्षेत्रों को भी परिभाषित कर सकती है, जहाँ भी आवश्यक हो, जिसमें नगर पालिका को विकास के उद्देश्यों के लिए विभाजित किया जा सकता है और उस तरीके को इंगित कर सकता है जिसमें विकास कार्य किए जाने हैं, और उस तरीके को इंगित करें जिसमें प्रत्येक क्षेत्र में भूमि का उपयोग करने का प्रस्ताव है (चाहे उसमें विकास कार्यों को पूरा करके या अन्यथा) विभिन्न क्षेत्रों की विकास योजनाएं तैयार की जा सकती हैं:

बशर्ते कि नगर पालिका, यदि वह जनहित में आवश्यक समझे, किसी भी क्षेत्र के क्षेत्र में परिवर्तन कर सकती है।

(5) नगर पालिका ऊपर उल्लिखित अन्य वैधानिक योजनाओं के मामले में शामिल किए जाने वाले विकास की वस्तुओं और आवश्यक सर्वेक्षणों की सीमा के बारे में निर्णय ले सकती है।

(6) इस धारा में किसी भी बात के होते हुए भी, नगरपालिका अपने वित्तीय संसाधनों की उपलब्धता को ध्यान में रखते हुए मास्टर विकास योजना में शामिल किसी भी योजना को शुरू कर सकती है।

<u>**160. योजना तैयार करने और स्वीकृत करने में अपनाई जाने वाली प्रक्रिया**</u> -

(1) किसी भी योजना को तैयार करने से पहले, नगरपालिका अंतिम रूप से प्रारूप में एक योजना तैयार करेगी और उसकी एक प्रति निरीक्षण के लिए उपलब्ध कराकर प्रकाशित करेगी और नोटिस को ऐसे रूप और तरीके से प्रकाशित करेगी जो उप-नियमों द्वारा आपत्तियों और सुझावों को आमंत्रित करने के लिए निर्धारित किया जा सकता है। किसी भी व्यक्ति को मसौदा योजना के संबंध में ऐसी तारीख से पहले जैसा कि नोटिस में निर्दिष्ट किया जा सकता है।

(2) नगर पालिका, यदि वह उचित समझे, एक सलाहकार समिति का गठन कर सकती

है, जिसमें मसौदा योजना को अंतिम रूप देने से पहले विचार करने के लिए निम्नलिखित शामिल होंगे: -

(i) नगर पालिका के सभी सदस्य;

(ii) उद्योग, वाणिज्य और व्यापार और व्यवसायों के संघों के प्रतिनिधि;

(iii) शहर में स्थित शैक्षणिक संस्थानों के छह प्रतिनिधि;

(iv) शहर में स्थित प्रमुख गैर-सरकारी संगठनों के छह प्रतिनिधि; तथा

(v) शहर के छह अन्य प्रमुख नागरिक।

(3) सलाहकार समिति की सभी आपत्तियों, सुझावों, अभ्यावेदनों और सिफारिशों, यदि कोई हो, पर विचार करने के बाद, नगर पालिका योजना को राज्य सरकार को अनुमोदन के लिए भेजेगी और राज्य सरकार की स्वीकृति प्राप्त होने के बाद अंतिम रूप से योजना को मंजूरी देगी।

(4) योजना के रूप और सामग्री के संबंध में उप-नियमों द्वारा प्रावधान किए जा सकते हैं और ऐसी योजना की तैयारी और स्वीकृति के संबंध में पालन की जाने वाली प्रक्रिया और किसी अन्य मामले के संबंध में प्रावधान किए जा सकते हैं।

161. योजना के संचालन की तिथि। -

[राज्य सरकार] द्वारा किसी योजना को मंजूरी दिए जाने के तुरंत बाद, इसे एक सार्वजनिक नोटिस के माध्यम से प्रकाशित किया जाएगा जिसमें कहा जाएगा कि एक योजना को मंजूरी दे दी गई है और एक ऐसे स्थान का नामकरण किया जाएगा जहां योजना की एक प्रति का निरीक्षण सभी उचित घंटों में किया जा सकता है। पूर्वोक्त सूचना के प्रथम प्रकाशन की तिथि से योजना प्रचालन में आ जाएगी।

162. योजनाओं का बाद में संशोधन। -

(1) धारा 161 के प्रावधानों के अनुसार किसी योजना के लागू होने के बाद किसी भी समय, नगर पालिका, राज्य सरकार के पूर्व अनुमोदन से, योजना में कोई भी संशोधन कर सकती है, जैसा वह उचित समझे, संशोधन, जिसमें उसकी राय, योजना के चरित्र में भौतिक परिवर्तनों को प्रभावित नहीं करती है और जो भूमि उपयोग की सीमा या जनसंख्या घनत्व के मानकों से संबंधित नहीं है।

(2) योजना में कोई भी संशोधन करने से पहले, नगर पालिका नोटिस में निर्दिष्ट तारीख से पहले आपत्तियां आमंत्रित करते हुए एक नोटिस प्रकाशित करेगी और उन सभी आपत्तियों और सुझावों पर विचार करेगी जो नगर पालिका को प्राप्त हो सकती हैं।

(3) इस धारा के प्रावधानों के तहत किए गए प्रत्येक संशोधन को प्रकाशित किया जाएगा और संशोधन या तो प्रकाशन की तारीख पर या ऐसी तारीख पर लागू होगा जो नगरपालिका आधिकारिक राजपत्र में प्रकाशित नोटिस द्वारा तय करे, जिस पर संशोधित योजना आएगी इस अधिनियम के सभी उद्देश्यों और सभी उद्देश्यों के लिए संचालन में।

(4) किसी भी संशोधित योजना के संचालन में आने पर, इस अध्याय के पूर्वगामी खंडों

को छोड़कर, किसी अन्य खंड में, मातृ विकास योजना या किसी अन्य योजना के संदर्भ में, मास्टर विकास योजना के संदर्भ के रूप में माना जाएगा या , जैसा भी मामला हो अन्य योजना, जैसा कि इस धारा के प्रावधानों के तहत संशोधित किया गया है,

(5) इस धारा के तहत योजना का कोई संशोधन तब तक नहीं किया जाएगा जब तक कि इसे राज्य सरकार द्वारा अंतिम रूप से अनुमोदित नहीं किया जाता है।

163. योजना का कार्यान्वयन। -

किसी भी योजना के लागू होने के बाद, नगर पालिका इस अधिनियम के प्रावधानों के अधीन योजना के कार्यान्वयन के लिए आवश्यक समझी जाने वाली कार्रवाई शुरू कर सकती है।

164. इस अधिनियम से पहले तैयार की गई योजनाएँ इस अधिनियम के तहत तैयार मानी गई हैं। -

इस अधिनियम के प्रारंभ से पहले किसी भी अन्य कानून के प्रावधानों के तहत तैयार की गई कोई भी मास्टर डेवलपमेंट प्लान, इस अधिनियम के प्रावधान के तहत तैयार की गई समझी जाएगी, जिससे संबंधित पूर्वगामी धाराओं के प्रावधान मास्टर प्लान/मास्टर डेवलपमेंट प्लान की स्वीकृति, संशोधन और संचालन के लिए आवश्यक परिवर्तनों सहित लागू होंगे : बशर्ते कि कानून के किसी अन्य प्रावधान के तहत नगर पालिका के लिए स्वीकृत कोई भी मास्टर डेवलपमेंट प्लान इस अधिनियम के प्रावधानों के तहत एक योजना स्वीकृत होते ही काम करना बंद कर देगा।

165. योजना की समीक्षा। -

इस अधिनियम में किसी बात के होते हुए भी, यदि राज्य सरकार या नगर पालिका, इस अधिनियम के अधीन किसी योजना के लागू होने की तारीख से दस वर्ष के भीतर किसी भी समय यह राय रखती है कि ऐसी योजना का पुनरीक्षण आवश्यक है, तो राज्य सरकार नगर पालिका को संशोधित करने का निर्देश दे सकता है या यदि आवश्यक हो, तो नया नागरिक सर्वेक्षण करने और मौजूदा भूमि उपयोग मानचित्र तैयार करने के बाद नगर पालिका अपनी गति से ऐसी योजना का पुनरीक्षण कर सकती है और उसके बाद इस अध्याय के पूर्वगामी प्रावधान, जहां तक वे लागू किया जा सकता है, ऐसी योजना के संशोधन पर लागू हो सकता है क्योंकि वे प्रावधान योजना की तैयारी, प्रकाशन और स्वीकृति के संबंध में लागू होते हैं।

166. विकास क्षेत्रों की घोषणा। -

(1) धारा 161 में यथा उपबंधित योजना के लागू होने के बाद यथाशीघ्र, नगर पालिका, राज्य सरकार के अनुमोदन से और राजपत्र में अधिसूचना द्वारा, शहर के किसी भी क्षेत्र को विकास घोषित कर सकती है।

167. योजना के अनुरूप के अलावा अनधिकृत विकास या उपयोग के लिए जुर्माना। -

168. अनाधिकृत विकास को हटाने की अपेक्षा करने की शक्ति। -

(1) जहां धारा 167 की उप-धारा (1) में बताए अनुसार भूमि का कोई भी विकास किया गया है, नगर पालिका, इस धारा के प्रावधानों के अधीन, मालिक को ऐसी अवधि के भीतर एक

नोटिस की तामील कर सकती है, जिसकी आवश्यकता है। एक महीने से अधिक नहीं होने के कारण, जैसा कि नोटिस की तामील के बाद उसमें निर्दिष्ट किया जा सकता है, ऐसे कदम उठाने के लिए जैसा कि नोटिस में निर्दिष्ट किया जा सकता है

(ए) धारा 167 की उप-धारा (1) के खंड (ए) या (सी) में निर्दिष्ट मामलों में उक्त विकास होने से पहले मौजूदा स्थिति में भूमि को बहाल करने के लिए; तथा

(बी) शर्तों के अनुपालन को सुरक्षित करने के लिए या संशोधित के रूप में अनुमति के साथ धारा 167 की उप-धारा (1) के खंड (बी) या (डी) में निर्दिष्ट मामलों में:

बशर्ते कि, जहां नोटिस में भूमि के किसी भी उपयोग को बंद करने की आवश्यकता होती है, नगर पालिका अधिभोगी को भी नोटिस देगी।

(2) विशेष रूप से, उप-धारा (1) के प्रयोजनों के लिए ऐसी सूचना की आवश्यकता हो सकती है

(ए) किसी भी इमारत या कार्यों का विध्वंस या परिवर्तन;

(बी) किसी भवन या अन्य कार्यों की भूमि पर ले जाना; या

(सी) भूमि के किसी भी उपयोग को बंद करना।

(3) ऐसे नोटिस से व्यथित कोई भी व्यक्ति, नोटिस में निर्दिष्ट अवधि के भीतर और उप-नियमों द्वारा निर्धारित तरीके से, इस अधिनियम के प्रावधानों के तहत अनुमति के लिए भूमि, किसी भवन या कार्यों की भूमि पर रखने के लिए आवेदन कर सकता है। भूमि के किसी भी उपयोग की निरंतरता, जिससे नोटिस संबंधित है और अंतिम निर्धारण या आवेदन को वापस लेने तक, केवल नोटिस ही भवनों या कार्यों के प्रतिधारण या ऐसे उपयोग की निरंतरता को प्रभावित नहीं करेगा।

(4) यदि आवेदित अनुमति प्रदान कर दी जाती है, तो नोटिस वापस ले लिया जाएगा; लेकिन यदि आवेदित अनुमति नहीं दी जाती है, तो नोटिस मान्य होगा; या यदि ऐसी अनुमति केवल कुछ भवनों या कार्यों के प्रतिधारण के लिए या भूमि के केवल एक हिस्से के उपयोग को जारी रखने के लिए दी जाती है, तो ऐसे भवनों या कार्यों या भूमि के ऐसे हिस्से के संबंध में नोटिस वापस ले लिया जाएगा, लेकिन अन्य भवनों या कार्यों या भूमि के अन्य भागों के संबंध में, जैसा भी मामला हो; और उसके बाद मालिक को उप-धारा (1) के तहत नोटिस में निर्दिष्ट ऐसे अन्य भवनों, कार्यों या भूमि के हिस्से के संबंध में कदम उठाने की आवश्यकता होगी।

(5) यदि नोटिस में निर्दिष्ट अवधि के भीतर या उप-धारा (4) के तहत आवेदन के निपटारे के बाद की अवधि के भीतर, नोटिस या उसके इतने हिस्से का अनुपालन नहीं किया जाता है, तो नगर पालिका

(ए) नोटिस का पालन न करने के लिए मालिक पर मुकदमा चलाएं और, जहां नोटिस में भूमि के किसी भी उपयोग को बंद करने की आवश्यकता है, कोई अन्य व्यक्ति भी जो भूमि का उपयोग करता है या नोटिस के उल्लंघन में भूमि का उपयोग करने की अनुमति देता है (6) उप-धारा (5) के खंड (ए) के तहत मुकदमा चलाने वाले किसी भी व्यक्ति को, दोष

सिद्ध होने पर, जुर्माने से दंडित किया जाएगा, जो पांच हजार रुपये तक हो सकता है, और जारी अपराध के मामले में, एक और जुर्माना जो हो सकता है प्रत्येक दिन के लिए दो सौ रुपये तक बढ़ाया जा सकता है, जिसके दौरान अपराध के पहले कमीशन के लिए दोषसिद्धि के बाद भी ऐसा अपराध जारी रहता है।

<u>169. अनधिकृत विकास को रोकने की शक्ति</u>। -

(1) जहां धारा 167 की उप-धारा (1) में निर्दिष्ट भूमि का कोई विकास किया जा रहा है, लेकिन पूरा नहीं किया गया है, नगर पालिका मालिक और विकास को अंजाम देने वाले व्यक्ति पर कार्रवाई कर सकती है, एक नोटिस की आवश्यकता होती है नोटिस की तामील के समय से बंद की जाने वाली भूमि का विकास, और उसके बाद, धारा 168 की उप-धारा (3), (4), (5) और (6) के प्रावधान, जहां तक हो, वर्ग लागू होते हैं, ऐसे नोटिस के संबंध में लागू होते हैं, जैसा कि वे धारा 168 के तहत नोटिस के संबंध में लागू होते हैं।

(2) कोई भी व्यक्ति, जो भूमि के विकास को जारी रखता है, चाहे वह स्वयं के लिए या मालिक या किसी अन्य व्यक्ति की ओर से, इस तरह के नोटिस की तामील के बाद, दोषसिद्धि पर, जुर्माने से दंडित किया जाएगा जो पांच तक बढ़ाया जा सकता है हजार रुपये, और जब गैर-अनुपालन जारी रहता है, तो एक और जुर्माने के साथ, जो नोटिस की तामील की तारीख के बाद हर दिन के लिए पांच सौ रुपये तक हो सकता है, जिसके दौरान गैर-अनुपालन जारी रहा है या जारी है।

(3) इस अध्याय में किसी भी बात के होते हुए भी, जहां कोई व्यक्ति उप-धारा (1) के तहत नोटिस प्राप्त करने के बाद भी अनधिकृत विकास करना जारी रखता है, नगर पालिका या इस संबंध में उसके द्वारा अधिकृत कोई भी अधिकारी, किसी भी अभियोजन के अलावा, या अन्य कार्यवाही या कार्रवाई जो इस अधिनियम के तहत शुरू की जा सकती है, किसी भी पुलिस अधिकारी को उस व्यक्ति को हटाने की शक्ति है जिसके द्वारा भवन का निर्माण जारी रखा गया है और उसके सभी सहायकों और कामगारों को इस तरह के अनधिकृत विकास के स्थान से हटा दिया गया है। अध्यपेक्षा में विनिर्दिष्ट समय और ऐसा पुलिस अधिकारी तदनुसार अध्यपेक्षा का पालन करेगा। ऐसे व्यक्तियों को हटाने के अलावा, नगर पालिका ऐसी निर्माण सामग्री, उपकरण आदि को भी जब्त कर सकती है, जिनका वह व्यक्ति अनधिकृत विकास के लिए उपयोग कर रहा था।

(4) उप-धारा (3) के तहत एक मांग आदेश के अनुपालन के बाद, किसी भी व्यक्ति या उसके सहायकों और कामगारों को बाद में अनधिकृत विकास जारी रखने पर, दोषसिद्धि पर, जुर्माने से दंडनीय होगा जो पांच हजार रुपये तक हो सकता है और मामले में अपराध जारी रखने के साथ, एक और जुर्माने के साथ, जो प्रत्येक दिन के लिए दो सौ रुपये तक हो सकता है, जिसके दौरान अपराध के पहले कमीशन के लिए दोषसिद्धि के बाद भी ऐसा अपराध जारी रहता है।

(5) किसी भी व्यक्ति द्वारा इस अधिनियम के तहत अनधिकृत विकास के बंद होने के

परिणामस्वरूप होने वाली किसी भी क्षति के लिए कोई मुआवजे का दावा नहीं किया जाएगा।

170. अनाधिकृत अस्थायी विकास को सरसरी तौर पर हटाना या बंद करना।-

(1) इस अध्याय में इसके पहले किसी बात के होते हुए भी, जहां किसी व्यक्ति ने धारा 167 की उप-धारा (1) में बताए अनुसार अनाधिकृत रूप से अस्थायी प्रकृति का कोई विकास किया है, नगर पालिका, लिखित आदेश द्वारा उस व्यक्ति को निर्देश दे सकती है। आदेश प्राप्त होने के पन्द्रह दिनों के भीतर, पूर्वोक्त रूप में अनधिकृत तरीके से किसी भी संरचना या निर्माण कार्य को हटाने या बनाई गई भूमि के उपयोग को बंद करने के लिए; और यदि उसके बाद, व्यक्ति उक्त अवधि के भीतर आदेश का पालन नहीं करता है, तो नगर पालिका या इस संबंध में उसके द्वारा अधिकृत कोई भी अधिकारी ऐसे काम को सरसरी तौर पर हटा सकता है या आदेश में निर्देशित किसी भी नोटिस के बिना इस तरह के उपयोग को सरसरी तौर पर बंद करवा सकता है; और फिर से किए गए किसी भी अनधिकृत विकास को पूर्वोक्त आदेश के बिना सरसरी तौर पर हटा दिया जाएगा या बंद कर दिया जाएगा:

बशर्ते कि खड़ी फसलों को सरसरी तौर पर नहीं हटाया जाएगा और फसल काटने और इकट्ठा करने के लिए नगरपालिका द्वारा संबंधित व्यक्ति को छह महीने से अधिक की उचित अवधि की अनुमति नहीं दी जाएगी।

(2) अस्थायी प्रकृति का विकास क्या है, इस प्रश्न पर नगर पालिका का निर्णय अंतिम होगा।

171. निजी गली के प्लॉट या लेआउट की स्वीकृति [उप-विभाजन या पुनर्गठन के लिए] । -

(1) प्रत्येक व्यक्ति जो धारा 161 के तहत योजना के संचालन की तारीख को या उसके बाद अपनी भूमि या उसके भूखंड को उप-विभाजित [या पुनर्गठन] करना चाहता है या ऐसी भूमि या भूखंड पर एक निजी सड़क बनाना या बनाना चाहता है इस तरह के विवरण और इस तरह के शुल्क के साथ इस तरह के उद्देश्य के लिए इरादा लेआउट योजना, [जैसा कि इस संबंध में राज्य सरकार द्वारा बनाए गए नियमों द्वारा निर्धारित किया जा सकता है] , मंजूरी के लिए नगर पालिका को।

[(2) इस संबंध में राज्य सरकार द्वारा बनाए गए किन्हीं नियमों के अधीन, नगर पालिका, निर्धारित अवधि के भीतर, ऐसी योजना को या तो बिना किसी संशोधन के या ऐसे संशोधनों या शर्तों के अधीन, जिन्हें वह समीचीन समझती है, मंजूरी दे सकती है या मंजूरी देने से इनकार कर सकती है, यदि नगर पालिका का मत है कि ऐसा विभाजन या गली का बिछाना किसी भी तरह से योजना के प्रस्तावों या क्षेत्र के समग्र विकास के अनुरूप नहीं है।]

(3) मंजूरी से इनकार करने या मंजूरी में संशोधन या शर्तों को लागू करने के लिए कोई मुआवजा देय नहीं होगा।

(4) यदि कोई व्यक्ति उप-धारा (1) के उल्लंघन में, या उप-धारा (2) के तहत दी गई किसी भी मंजूरी में संशोधनों या शर्तों के उल्लंघन में, या उक्त उप के तहत मंजूरी से इनकार करने के बावजूद कोई काम करता है। -धारा (2), नगर पालिका ऐसे व्यक्ति को लिखित नोटिस

देकर निर्देश दे सकती है कि कोई भी कार्य प्रगति पर हो और उप-नियमों द्वारा निर्धारित तरीके से जांच करने के बाद किसी काम को हटा दें या नीचे खींच लें या भूमि को उसकी मूल स्थिति में बहाल कर दें।

(5) कोई भी व्यक्ति, जो भूमि के विकास को जारी रखता है, चाहे वह स्वयं के लिए या मालिक या किसी अन्य व्यक्ति की ओर से, इस तरह के नोटिस की तामील के बाद, दोषसिद्धि पर, जुर्माने से दंडित किया जाएगा जो पांच तक बढ़ाया जा सकता है हजार रुपये, और जब गैर-अनुपालन जारी रहता है, तो एक और जुर्माने के साथ, जो नोटिस की तामील की तारीख के बाद हर दिन के लिए दो सौ रुपये तक हो सकता है, जिसके दौरान गैर-अनुपालन जारी रहा है या जारी है।

[स्पष्टीकरण। - खंड के प्रयोजन के लिए "पुनर्गठन" का अर्थ है दो या दो से अधिक भूखंडों के क्षेत्र या आयाम में कोई परिवर्तन।]

<u>172. किए गए खर्चों की वसूली</u>। -

धारा 168, 169, 170 और 171 के तहत नगर पालिका द्वारा किया गया कोई भी खर्च इस अधिनियम के तहत दोषी व्यक्ति या भूमि या भूखंड के मालिक से नगरपालिका को देय राशि होगी और भू-राजस्व के बकाया के रूप में वसूल की जाएगी।

<u>173. परियोजनाओं और योजनाओं का निर्माण और सामग्री।</u> -

(1) इस अधिनियम या तत्समय प्रवृत्त किसी अन्य कानून के प्रावधानों के अधीन रहते हुए, नगर पालिका किसी भी योजना में या अन्यथा प्रस्तावों को लागू करने के उद्देश्य से, शहर के एकीकृत विकास के लिए ऐसी परियोजनाएँ और योजनाएँ बना सकती हैं या उसका कोई भाग, जैसा आवश्यक समझा जाए।

<u>174. परियोजनाओं और योजनाओं की तैयारी</u>। -

(1) नगर पालिका, संकल्प द्वारा, किसी भी विकास क्षेत्र में धारा 173 में प्रदान की गई परियोजना या योजना तैयार करने के अपने इरादे की घोषणा कर सकती है।

(2) इस तरह की परियोजना या योजना बनाने के इरादे की घोषणा की तारीख से तीस दिनों के बाद नहीं, नगर पालिका आधिकारिक राजपत्र में और ऐसी अन्य तरीके से घोषणा प्रकाशित करेगी जो उप-नियमों द्वारा निर्धारित की जा सकती है।

(3) उप-धारा (2) के तहत घोषणा के प्रकाशन की तारीख से एक वर्ष के बाद नहीं, नगरपालिका एक परियोजना या योजना को प्रारूप के रूप में तैयार करेगी और इसे ऐसे रूप और तरीके से प्रकाशित करेगी जैसा कि उप-नियमों द्वारा निर्धारित किया जा सकता है। साथ में उक्त प्रारूप परियोजना या योजना के संबंध में किसी भी व्यक्ति से आपत्तियों और सुझावों को आमंत्रित करने के साथ ऐसी तारीख से पहले जो उसमें निर्दिष्ट की जा सकती है, ऐसी तारीख ऐसी सूचना के प्रकाशन की तारीख से तीस दिन से पहले नहीं होनी चाहिए।

(4) नगर पालिका उप-धारा के तहत नोटिस में निर्दिष्ट अवधि के भीतर प्राप्त होने वाली सभी आपत्तियों और सुझावों पर विचार करेगी।

(3) और, इससे प्रभावित ऐसे व्यक्तियों को, जो सुनवाई के इच्छुक हैं, उचित अवसर देने के बाद, मसौदा परियोजना या योजना को प्रकाशित के रूप में अनुमोदित करेगा या ऐसे संशोधन करेगा, जैसा वह उचित समझे।

(5) उप-धारा के तहत किसी परियोजना या योजना को मंजूरी मिलने के तुरंत बाद

(4) संशोधनों के साथ या बिना, नगर पालिका आधिकारिक राजपत्र में और ऐसी अन्य तरीके से, जो उप-नियमों द्वारा निर्धारित की जा सकती है, एक अंतिम परियोजना या योजना को प्रकाशित करेगी और उस तारीख को निर्दिष्ट करेगी जिस पर यह लागू होगी।

(6) पूर्वगामी उप-अनुभागों में किसी भी बात के होते हुए भी, उसमें निर्धारित प्रक्रिया का पालन करने की आवश्यकता नहीं होगी यदि परियोजना या योजना को नगर पालिका में निहित किसी भी भूमि पर किया जाना है और किसी भी इमारत को ध्वस्त नहीं किया गया है या वहां रहने वाले व्यक्तियों को हटाना इसके निष्पादन में शामिल है।

<u>175. पुनर्विकास योजना।</u> -

<u>176. परियोजना एवं योजना को नगर पालिका को अनुमोदन हेतु प्रस्तुत करना।</u> -
प्रत्येक विकास योजना के बनने के बाद यथाशीघ्र, मुख्य नगरपालिका अधिकारी द्वारा नगर पालिका को अनुमोदन के लिए प्रस्तुत किया जाएगा और नगर पालिका या तो बिना संशोधन के या ऐसे संशोधनों के साथ योजना को मंजूरी दे सकती है जो वह आवश्यक समझे या अस्वीकार कर सकती है। योजना और मुख्य नगरपालिका अधिकारी को ऐसे निर्देशों के अनुसार नई योजना तैयार करने की आवश्यकता है जो नगर पालिका दे सकती है।

<u>177. योजना की घोषणा के बाद भूमि के उपयोग और विकास पर प्रतिबंध।</u> -

(1) धारा 174 के तहत एक मसौदा योजना प्रकाशित होने की तारीख को या उसके बाद, कोई भी व्यक्ति, परियोजना या योजना में शामिल क्षेत्र के भीतर, किसी भी भूमि या भवन के उपयोग को स्थापित या परिवर्तित नहीं करेगा या कोई विकास नहीं करेगा, जब तक कि ऐसे व्यक्ति ने इस संबंध में बनाए गए उप-नियमों के अनुसार नगर पालिका से ऐसा करने के लिए आवेदन नहीं किया है और आवश्यक अनुमति प्राप्त नहीं की है:

बशर्ते कि किसी भी व्यक्ति के लिए ग्राम आबादी की सीमा के भीतर ग्राम पंचायत द्वारा दी गई अनुमति के अनुसार ऐसा विकास करना वैध होगा, जहां तक कि ऐसी अनुमति ऐसी मसौदा योजना या योजना के अनुरूप है।

(2) धारा 166 से 172 के प्रावधान धारा 174 की उप-धारा (4) के तहत अनुमोदित परियोजना या योजना के लिए आवश्यक परिवर्तनों सहित लागू होंगे ।

<u>178. योजना की चूक।</u> -

यदि नगर पालिका धारा 174 की उप-धारा (4) के तहत अनुमोदित परियोजना या योजना को उसके प्रकाशन की तारीख से दो साल की अवधि के भीतर धारा 174 की उप-धारा (5) के तहत लागू करने में विफल रहती है, तो वह दो वर्ष की उक्त अवधि की समाप्ति, व्यपगत।

<u>179. परियोजना या योजना में संशोधन या वापसी।</u> -

(1) नगर पालिका, ऐसी जांच करने के बाद, जो वह ठीक समझे, अगर उसकी राय में ऐसा करना आवश्यक या समीचीन है, तो आधिकारिक राजपत्र में प्रकाशित अधिसूचना द्वारा घोषित किया जा सकता है कि परियोजना या योजना को मंजूरी दी गई है धारा 174 की उप-धारा (4) के तहत वापस लिया जाता है और इस तरह की घोषणा पर, ऐसी परियोजना या योजना के संबंध में आगे कोई कार्यवाही नहीं की जाएगी।

(2) यदि नगर पालिका धारा 174 की उप-धारा (4) के तहत किसी भी परियोजना या योजना के अनुमोदन के बाद, किसी भी समय उसमें कुछ संशोधन करना आवश्यक समझती है, जो उसकी राय में चरित्र में भौतिक परिवर्तन को प्रभावित नहीं करते हैं। परियोजना और योजना में उपयुक्त संशोधन कर सकते हैं।

180. योजना बनाने के लिए नगर पालिका से अपेक्षा करने की राज्य सरकार की शक्ति। -

नगर पालिका, और यदि राज्य सरकार द्वारा ऐसा आवश्यक हो, तो वह मुख्य नगरपालिका अधिकारी को शहर के किसी भी क्षेत्र के संबंध में एक विकास योजना तैयार करने का निर्देश देगी।

181. किसी परियोजना या योजना में बचत। -

इस अधिनियम के किसी प्रावधान या इसके तहत स्वीकृत किसी भी योजना में किसी भी बात के होते हुए भी, नगर पालिका किसी भी परियोजना या योजना को बनाने और चलाने के लिए स्वतंत्र होगी, जो उक्त योजना के अंतर्गत नहीं आती है, यदि नगर पालिका की राय में, ऐसा करने के लिए आवश्यक है या जनहित में समीचीन है, और उक्त योजना को उस सीमा तक संशोधित समझा जाएगा।

182. भूमि के उपयोग में परिवर्तन पर प्रतिबंध और भूमि के उपयोग में परिवर्तन की अनुमति देने के लिए राज्य सरकार की शक्ति। -

(1) कोई भी व्यक्ति किसी नगरपालिका क्षेत्र में स्थित किसी भी भूमि का उपयोग या उपयोग की अनुमति उस उद्देश्य के अलावा अन्य उद्देश्य के लिए नहीं करेगा, जिसके लिए ऐसी भूमि मूल रूप से राज्य सरकार, किसी नगर पालिका, किसी अन्य स्थानीय द्वारा किसी व्यक्ति को आवंटित या बेची गई थी। प्राधिकरण या कोई अन्य निकाय या प्राधिकरण किसी भी कानून के अनुसार उस समय लागू होता है या मास्टर प्लान के तहत निर्दिष्ट के अलावा, जहां कहीं भी यह प्रचालन में है।

(2) पूर्वोक्त रूप से आवंटित या बेची नहीं गई और उप-धारा (1) के तहत कवर नहीं की गई किसी भी भूमि के मामले में, कोई भी व्यक्ति नगरपालिका क्षेत्र में स्थित किसी भी ऐसी भूमि का उपयोग या उपयोग की अनुमति उस उद्देश्य के अलावा अन्य उद्देश्य के लिए नहीं करेगा। जो ऐसी भूमि का उपयोग इस अधिनियम के प्रारंभ पर या उसके पूर्व किया जा रहा था।

(3) उप-धारा (1) या उप-धारा (2) में निहित किसी भी चीज़ के होते हुए भी, राज्य सरकार या उसके द्वारा अधिकृत कोई भी प्राधिकरण, आधिकारिक राजपत्र में अधिसूचना द्वारा,

ऐसी किसी भी भूमि के मालिक या धारक को परिवर्तन करने की अनुमति दे सकता है। उसके उपयोग के संबंध में, यदि वह जनहित में ऐसा करने से संतुष्ट है, तो ऐसी दरों पर रूपांतरण शुल्क के भुगतान पर और पड़ोस से आपत्तियां आमंत्रित करने और सुनने के बाद, जैसा कि उपयोग में निम्नलिखित परिवर्तनों के संबंध में निर्धारित किया जा सकता है, अर्थात्: -

(i) आवासीय से वाणिज्यिक या किसी अन्य उद्देश्य के लिए; या

(ii) वाणिज्यिक से किसी अन्य उद्देश्य के लिए; या

(iii) औद्योगिक से वाणिज्यिक या किसी अन्य उद्देश्य से; या

(iv) सिनेमा से लेकर वाणिज्यिक या किसी अन्य उद्देश्य तक; या

(v) होटल से वाणिज्यिक या किसी अन्य उद्देश्य के लिए; या

(vi) पर्यटन से लेकर वाणिज्यिक या किसी अन्य उद्देश्य तक; या

(vii) संस्थागत से वाणिज्यिक या किसी अन्य उद्देश्य के लिए [; या]

[(viii) भूमि के किसी भी मौजूदा अनुमेय उपयोग से किसी अन्य उद्देश्य के लिए, जैसा कि राज्य सरकार निर्धारित कर सकती है:]

बशर्ते कि विभिन्न क्षेत्रों के लिए और विभिन्न उद्देश्यों के लिए रूपांतरण शुल्क की दरें भिन्न हो सकती हैं।

(4) जहां राज्य सरकार या उसके द्वारा उप-धारा (3) के तहत अधिकृत कोई प्राधिकरण संतुष्ट है कि जिस व्यक्ति को इस धारा के तहत अनुमति या नियमितीकरण के लिए आवेदन करना चाहिए था, उसने आवेदन नहीं किया है और ऐसी अनुमति दी जा सकती है या भूमि के उपयोग को नियमित किया जा सकता है, यह उचित नोटिस के बाद रूपांतरण शुल्क निर्धारित करने के लिए आगे बढ़ सकता है और पार्टी या पार्टियों को सुनवाई कर सकता है और निर्धारित किया जा सकता है, नगर पालिका के कारण हो जाएगा और उप-धारा (6) के तहत वसूली योग्य होगा। नगर पालिका इस कार्य में तेजी लाने के लिए शिविर लगा सकती है और किसी भी एजेंसी की सहायता भी ले सकती है:

बशर्ते कि भूमि उपयोग परिवर्तन को नियमित करने की अनुमति उन मामलों में नहीं दी जाएगी जहां मूल भूमि उपयोग सार्वजनिक उद्देश्य जैसे शिक्षा, चिकित्सा या किसी धर्मार्थ उद्देश्य के लिए था और आवंटन किसी भी रियायती दर पर किया गया था जब तक कि आवंटन की मूल दर में अंतर न हो और प्रचलित का भुगतान कर दिया गया है और मूल आवंटन करने वाले प्राधिकारी की विशिष्ट सहमति प्राप्त कर ली गई है।

(5) इस प्रकार वसूल किए गए परिवर्तन शुल्क को नगर पालिका की निधि में जमा किया जाएगा।

(6) इस धारा के तहत प्रभार भूमि के संबंध में ऐसे शुल्कों का भुगतान करने के लिए उत्तरदायी व्यक्ति के हित पर पहला प्रभार होगा, जिसका उपयोग बदल दिया गया है, और भू-राजस्व के बकाया के रूप में वसूली योग्य होगा।

183. पब्लिक स्ट्रीट की नियमित लाइन। -

(1) प्रत्येक नगरपालिका नगरपालिका के भीतर किसी सार्वजनिक सड़क के दोनों ओर या दोनों ओर एक लाइन निर्धारित करेगी और समय-समय पर इस प्रकार निर्धारित किसी भी लाइन या उसके किसी भाग के स्थान पर एक नई लाइन निर्धारित कर सकती है यदि नगरपालिका को लगता है कि ऐसी सार्वजनिक सड़क या उसके किसी भाग को चौड़ा करने के प्रयोजन के लिए आवश्यक होने के लिए ऐसी नई लाइन का विहित करना:

उसे उपलब्ध कराया-

(ए) ऐसी लाइन या नई लाइन, जैसा भी मामला हो, निर्धारित करने से कम से कम एक महीने पहले, नगर पालिका उस गली या गली के हिस्से में विशेष नोटिस लगाएगी जिसके लिए ऐसी लाइन या नई लाइन प्रस्तावित है निर्धारित किया जाएगा और इस तरह के संरेखण से प्रभावित भूमि के कब्जाधारियों के लिए मालिकों को नोटिस भी देगा;

(ख) नगर पालिका ऐसे प्रस्ताव के संबंध में किसी भी लिखित आपत्ति या सुझाव पर नगर पालिका के कार्यालय में ऐसे समय के भीतर विचार करेगी जो इस तरह के विशेष नोटिस में निर्दिष्ट किया जा सकता है; तथा

(ग) नगर पालिका उक्त लाइन के भीतर समाविष्ट क्षेत्र का एक नक्शा और संबंधित गली और उसमें संलग्न भूमि को निर्दिष्ट करने वाला एक विवरण तैयार करवाएगी, जो जनता के निरीक्षण के लिए खुला होगा।

(2) कुछ समय के लिए इस प्रकार निर्धारित लाइन को सार्वजनिक मार्ग की नियमित लाइन कहा जाएगा।

(3) कोई भी व्यक्ति सार्वजनिक मार्ग की नियमित लाइन के भीतर किसी भी भवन के किसी हिस्से का निर्माण या पुनर्निर्माण नहीं करेगा।

(4) यदि कोई व्यक्ति उप-धारा (3) के प्रावधानों का उल्लंघन करता है, तो वह जुर्माने से दंडनीय होगा जो दो हजार रुपये से कम नहीं होगा लेकिन जो पांच हजार रुपये तक हो सकता है और नगर पालिका

(ए) निर्देश दें कि ऐसे निर्माण या पुन: निर्माण को रोक दिया जाए; तथा

(बी) एक लिखित नोटिस द्वारा, भवन या उसके किसी भी हिस्से को इस प्रकार निर्मित या पुन: निर्मित करने की आवश्यकता होती है।

(5) उप-धारा (4) के तहत नगरपालिका के आदेश से व्यथित कोई भी व्यक्ति, ऐसे आदेश की तारीख से तीस दिनों के भीतर, उसकी एक प्रति प्राप्त करने के लिए अपेक्षित समय को छोड़कर, कलेक्टर को अपील कर सकता है और आदेश अपीलीय प्राधिकारी अंतिम होगा और किसी भी न्यायालय में प्रश्नगत होने के लिए उत्तरदायी नहीं होगा।

184. भूमिगत उपयोगिताओं के लिए रास्ते के अधिकार। -

भारतीय टेलीग्राफ अधिनियम, 1885 (1885 का केंद्रीय अधिनियम संख्या 13), विद्युत अधिनियम, 2003 (2003 का केंद्रीय अधिनियम संख्या 36) और ऐसे अन्य कानूनों के प्रावधानों के अधीन, जैसा कि उन्होंने राज्य सरकार द्वारा अधिसूचित किया जा सकता है।

इस धारा के प्रयोजनों के लिए, राज्य सरकार, नियमों द्वारा, इनके के लिए प्रावधान कर सकती है,

185. भूमिगत उपयोगिताओं के मानचित्र। -

मुख्य नगरपालिका अधिकारी नगरपालिका क्षेत्रों में सभी भूमिगत उपयोगिताओं के संपूर्ण सर्वेक्षण मानचित्र, रेखाचित्र और विवरण और अग्नि हाइड्रेंट और सीवरेज मैन-होल के नक्शे ऐसे रूप में और इस तरह से बनाए रखेगा, जैसा कि उप द्वारा प्रदान किया जा सकता है -कानून, और सूचना के अधिकार से संबंधित किसी भी कानून के प्रावधानों के अनुरूप उसी की गोपनीयता सुनिश्चित करेंगे।

186. केन्द्र या राज्य सरकार की सड़कों के संबंध में विशेष प्रावधान। -

(1) यदि कोई राष्ट्रीय राजमार्ग, राज्य राजमार्ग या सड़क केंद्र सरकार या राज्य सरकार में निहित है, जैसा भी मामला हो, -

(ए) नगर पालिका, ऐसे राष्ट्रीय राजमार्ग, राज्य राजमार्ग, या सड़क के संबंध में, किसी भी कार्य को करने की अनुमति नहीं देगी, जिसे करने की अनुमति के बिना, लिखित रूप में, इस अधिनियम के प्रावधानों का उल्लंघन होगा, सिवाय इसके कि केंद्र सरकार या राज्य सरकार, जैसा भी मामला हो, की मंजूरी; तथा

(बी) यदि केंद्र सरकार या राज्य सरकार द्वारा ऐसा आवश्यक है, तो नगर पालिका इस अधिनियम या ऐसी सड़क से संबंधित किसी भी उप-नियमों द्वारा प्रदत्त शक्तियों का प्रयोग करेगी।

(2) राज्य सरकार में निहित और नगरपालिका क्षेत्र से गुजरने वाली सड़कों के मामले में, जहां तक अस्थायी कब्जे और वहां से अतिक्रमण हटाने की अनुमति का संबंध है, नगरपालिका का ऐसी सड़कों पर नियंत्रण होगा, लेकिन उनका रखरखाव ऐसी सड़कें राज्य सरकार के पास रहेंगी।

187. त्योहारों के दौरान सड़कों पर अस्थायी निर्माण। - (1) मुख्य नगरपालिका अधिकारी, समारोहों और त्योहारों के अवसर पर किसी भी सार्वजनिक स्थान पर बूथ, पांडा! शर्तों, जैसा कि नगर पालिका द्वारा उप-नियमों द्वारा निर्धारित किया जा सकता है, और ऐसी अवधि के लिए जैसा कि अनुमति पत्र में उल्लेख किया जा सकता है:

परन्तु इस धारा के अन्तर्गत नगर निगम क्षेत्र के यातायात प्रभारी पुलिस अधिकारी से परामर्श किये बिना अनुमति नहीं दी जायेगी।

(2) जिस व्यक्ति को ऐसी अनुमति दी गई है, वह मुख्य नगरपालिका अधिकारी की संतुष्टि के अनुसार, अनुमति पत्र में उल्लिखित अवधि के भीतर जमीन को भरेगा और उसे बहाल करेगा।

188. सड़क, नाले या परिसर के निर्माण या मरम्मत के दौरान सावधानियां।

- उप-नियमों द्वारा विनिर्दिष्ट निबंधन एवं शर्तों के अधीन रहते हुए, मुख्य नगरपालिका अधिकारी, किसी सार्वजनिक सड़क या किसी नगरपालिका नाले या नगर पालिका में निहित

किसी परिसर के निर्माण या मरम्मत के दौरान -

(ए) इसे बाड़ और संरक्षित करने का कारण बनता है;

(बी) सार्वजनिक सड़क या आसपास के भवनों को प्रभावित करने वाली दुर्घटना के खिलाफ उचित सावधानी बरतें;

(सी) अपनी लिखित अनुमति के बिना, किसी भी सार्वजनिक सड़क पर किसी भी निर्माण सामग्री को जमा करने या किसी मचान की स्थापना या किसी भी अस्थायी निर्माण को प्रतिबंधित करना;

(डी) किसी भी सड़क को पूरी तरह या आंशिक रूप से यातायात के लिए बंद कर दें;

(ई) जहां कहीं आवश्यक हो, यातायात के आवश्यक मोड़ की व्यवस्था करना;

189. बिना अनुमति के गली में न तो सामग्री जमा करनी है और न ही गड्ढा। -

(1) कोई भी व्यक्ति नगर पालिका की लिखित अनुमति के बिना या उसमें निर्धारित शर्तों के अनुसार अन्यथा किसी गली में छेद नहीं करेगा या खड़ा नहीं करेगा या उस पर कोई इमारती लकड़ी, पत्थर, ईंट, मिट्टी या अन्य सामग्री जमा नहीं करेगा। इमारतों के लिए इस्तेमाल किया गया है या करने का इरादा है और ऐसी अनुमति नगर पालिका के विवेक पर समाप्त हो जाएगी और जब किसी व्यक्ति को ऐसी अनुमति दी जाती है, तो वह अपने खर्च पर ऐसी सामग्री या ऐसे छेद का कारण बन जाएगा जब तक सामग्री को हटा नहीं दिया जाता है या छेद को भर दिया जाता है या अन्यथा नगर पालिका की संतुष्टि के लिए सुरक्षित नहीं किया जाता है, तब तक पर्याप्त रूप से बाड़ और घेर लिया जाता है और रात के दौरान पर्याप्त रूप से जलाया जाता है।

(2) जो कोई उप-धारा (1) के किसी भी प्रावधान का उल्लंघन करता है, उसे जुर्माने से दंडित किया जाएगा जो एक हजार रुपये से कम नहीं होगा, लेकिन जो दो हजार रुपये तक हो सकता है और एक और जुर्माना जो पचास से कम नहीं होगा। रुपये लेकिन जो हर दिन या रात के लिए एक सौ रुपये तक हो सकता है, जैसा भी मामला हो, जिस पर ऐसा उल्लंघन पहली सजा की तारीख के बाद जारी रहता है।

190. फुटपाथों का अनिवार्य प्रावधान। -

(1) नगर पालिका, उचित समय के भीतर, और संसाधनों की उपलब्धता के अधीन, यह सुनिश्चित करेगी कि ऐसी चौड़ाई की सभी सार्वजनिक सड़कों पर, जैसा कि निर्धारित किया जा सकता है, ऐसी सार्वजनिक सड़कों से सटे फुटपाथ हैं।

(2) मौजूदा स्थिति के बावजूद, भवन अनुमति और निर्माण समिति फुटपाथों के लिए अलग-अलग न्यूनतम चौड़ाई निर्दिष्ट करेगी ताकि किसी भी मामले में प्रत्येक तरफ डेढ़ मीटर से कम न हो:

बशर्ते कि सार्वजनिक सड़क की प्रत्येक श्रेणी से लगे फुटपाथ के लिए एक से अधिक न्यूनतम चौड़ाई निर्दिष्ट की जा सकती है ताकि विभिन्न भूमि उपयोगों के कारण विभिन्न आवश्यकताओं को पूरा किया जा सके:

परन्तु यह और कि किसी सार्वजनिक मार्ग की किसी नियमित लाइन को निर्धारित या संशोधित करते समय यह निर्धारित किया जाएगा कि फुटपाथों के लिए न्यूनतम चौड़ाई के विनिर्देश का अनुपालन किया जाएगा।

(3) उप-धारा (2) में निर्दिष्ट न्यूनतम चौड़ाई को भवन अनुमति और निर्माण समिति द्वारा संशोधित किया जा सकता है।

191. सड़कों के कोने पर भवन। -

(1) नगर पालिका किसी भी इमारत को दो गलियों के कोने पर खड़ा करने के लिए इरादा कर सकती है या उसे इतनी ऊंचाई तक और इतनी हद तक या अन्यथा जो वह निर्धारित करे, और साइट के ऐसे हिस्से को अधिग्रहित कर सकती है। सार्वजनिक सुविधा या सुविधा के लिए आवश्यक समझे जाने वाले कोने।

(2) इस प्रकार अर्जित की गई किसी भी भूमि के लिए, नगर पालिका मुआवजा देगी।

(3) ऐसे मुआवजे के निर्धारण में, सड़कों के सुधार से उक्त भवन को होने वाले किसी भी लाभ के लिए भत्ता दिया जाएगा।

192. प्रोजेक्टिंग भवनों को वापस स्थापित करना। -

193. भवनों का स्तर।

- इसके बाद कोई भी भवन निचले स्तर पर नहीं बनाया जाएगा, जो उसके जल निकासी को किसी सार्वजनिक सीवर या नाले में डालने की अनुमति देगा या तो मौजूदा या नगरपालिका द्वारा प्रक्षेपित या किसी धारा या किसी उपकर पूल या अन्य उपयुक्त स्थान पर जिसे नगर पालिका अनुमोदित किया जा सकता है

194. सभी प्रकार के भवनों के निर्माण से संबंधित प्रावधान। -

(1) नगर पालिका की सीमा के भीतर, कोई भी व्यक्ति जो इरादा रखता है,

(ए) एक नया भवन बनाने के लिए; या

(बी) एक इमारत में फिर से खड़ा करने या सामग्री जोड़ने के लिए; या

(ग) भवन के किसी प्रक्षेपित भाग को खड़ा करना या फिर से खड़ा करना; या

(डी) किसी भी प्रकार के कुएं या बोरिंग को बनाने या बढ़ाने के लिए [; या]

[(ई) किसी भूमि या भवन पर किसी टावर या समान संरचना को खड़ा करना या फिर से खड़ा करना।]

निर्माण शुरू करने से पहले उप-धारा (2) के तहत आवश्यक दस्तावेजों के साथ नगर पालिका को निर्धारित प्रपत्र में एक आवेदन जमा करना होगा।

व्याख्या। - "मटेरियल एडिशन" शब्द का अर्थ मौजूदा सेट बैक, कवरेज, ऊंचाई, भूमि उपयोग और पार्किंग क्षेत्रों में कोई भी बदलाव है जहां कानून के तहत ऐसे पार्किंग क्षेत्र अनिवार्य हैं।

(2) (ए) उप-धारा (1) में उल्लिखित आवेदन के साथ निम्नलिखित होना चाहिए, अर्थात्: -

(i) भूमि या भवन पर स्वामित्व के समर्थन में सभी दस्तावेज, जैसा भी मामला हो, दस्तावेजों की वास्तविकता और भूमि या भवन पर निर्विवाद शीर्षक के संबंध में शपथ पर व्यक्तिगत हलफनामे के साथ;

(ii) नगर पालिका के पास जमा किए गए निर्धारित शुल्क की रसीद की एक फोटोकॉपी;

195. निवासियों के संघ द्वारा अपार्टमेंट परिसरों का रखरखाव। -

(1) कॉम्प्लेक्स की इकाइयों के मालिकों के साथ बिल्डर या डेवलपर की यह जिम्मेदारी होगी कि वह कॉम्प्लेक्स के रखरखाव के लिए, जैसे ही कॉम्प्लेक्स ऑक्यूपेंसी के लिए तैयार हो, एक रेजिडेंट एसोसिएशन की स्थापना करें। बिल्डर की अन्य जिम्मेदारियां होंगी

(i) निर्माण के लिए अनुमति के लिए आवेदन करते समय, मालिक और निवासियों के लिए पार्किंग स्थल सहित सामान्य सुविधाओं के विवरण का खुलासा करना;

(ii) कॉम्प्लेक्स के रखरखाव के लिए एक कॉर्पस फंड का गठन करना और जैसे ही यह चालू होता है, इसे एसोसिएशन को सौंप देना;

(iii) सुरक्षा, भवन में प्रदान की जाने वाली सामान्य सुविधाओं और उनके रखरखाव को संघ को सौंपना, जैसे ही यह चालू हो जाता है; तथा

(iv) एसोसिएशन को निम्नलिखित दस्तावेज सौंपने के लिए:

(ए) अनुमोदित भवन योजना की प्रति और परिसर के निर्माण के लिए अनुमति देने वाले पत्र;

(बी) भवन में स्थापित लिफ्ट, जल आपूर्ति उपकरण, जनरेटर या किसी अन्य महत्वपूर्ण उपकरण के लिए वारंटी दस्तावेजों की प्रतियां;

(सी) भूमि के मालिक के साथ समझौते की प्रति, यदि कोई हो; तथा

(डी) भवन में स्थापित सीवरेज और पानी की आपूर्ति के डिजाइन।

(2) नगर पालिका पूर्णता प्रमाण पत्र तब तक जारी नहीं करेगी जब तक कि उप-धारा (1) में उल्लिखित औपचारिकताएँ बिल्डर या विकासकर्ता द्वारा पूरी नहीं की जाती हैं।

196. अनुमति और निर्माण का विवरण प्रमुखता से प्रदर्शित किया जाए। -

(1) नगरपालिका क्षेत्र के भीतर निर्माण करने वाला प्रत्येक व्यक्ति या एजेंसी, किसी भी निर्माण को शुरू करने से पहले, प्रस्तावित निर्माण से संबंधित निम्नलिखित विवरणों को भवन स्थल पर एक प्रमुख स्थान पर प्रदर्शित करेगा, जब तक कि अन्यथा निर्दिष्ट न हो, बनाए गए डिस्प्ले बोर्ड पर 4x4 फीट के आकार के कार्ड बोर्ड या सादे कागज को छोड़कर, किसी भी मजबूत सामग्री द्वारा, जब तक कि नगर पालिका द्वारा अन्यथा निर्दिष्ट न किया गया हो: -

(i) निर्माण को बढ़ाने वाले व्यक्ति या एजेंसी का नाम, पता और टेलीफोन नंबर, यदि कोई हो, सहित;

(ii) मालिक का नाम, पता और टेलीफोन नंबर, यदि कोई हो, सहित भवन स्थल का विवरण;

(iii) नगर पालिका या किसी अन्य प्राधिकरण या शहरी सुधार ट्रस्ट से प्राप्त की गई

अनुमति की संख्या और तारीख, यदि आवश्यक हो;

(iv) प्रस्तावित निर्माण का विस्तृत विवरण अर्थात प्रस्तावित उपयोग, मंजिलों की कुल संख्या, इकाइयों की संख्या, वर्ग फुट में निर्माण का प्रस्तावित क्षेत्र, सार्वजनिक पार्किंग इकाइयों की संख्या;

(v) निर्माण शुरू करने और पूरा करने की तारीख; तथा

(vi) यदि भवन अनुमति की आवश्यकता नहीं है तो कारण।

(2) जो कोई उप-धारा (1) के प्रावधानों का उल्लंघन करेगा, वह जुर्माने से दण्डनीय होगा जो पचास हजार रुपये तक हो सकता है।

<u>197. मरम्मत आदि के दौरान लगाए जाने वाले होर्डिंग्स</u> -

(1) प्रत्येक व्यक्ति, जो किसी भवन को बनाने या गिराने या किसी भवन के बाहरी हिस्से को बदलने या मरम्मत करने का इरादा रखता है, ऐसी स्थिति में या ऐसी परिस्थितियों में कि कार्य किसी गली में रुकावट, खतरा या असुविधा होने की संभावना है या हो सकता है, ऐसे कार्य को शुरू करने से पहले

(ए) पहले ऐसा करने के लिए नगर पालिका से लिखित रूप में लाइसेंस प्राप्त करें, और

(बी) भवन को अलग करने के लिए पर्याप्त होर्डिंग या बाड़ लगाने के लिए जहां इस तरह के काम सड़क से किए जा रहे हैं और ऐसे होर्डिंग या बाड़ को ऐसे समय के दौरान नगरपालिका की संतुष्टि के लिए अच्छी स्थिति में बनाए रखेंगे सार्वजनिक सुरक्षा या सुविधा की आवश्यकता है और रात के दौरान इसे पर्याप्त रूप से रोशन करेगा और नगर पालिका द्वारा निर्देशित होने पर इसे हटा देगा।

(2) जो कोई भी इस धारा के किसी भी प्रावधान का उल्लंघन करता है, उसे जुर्माने से दंडित किया जाएगा जो एक हजार रुपये से कम नहीं होगा, लेकिन जो दो हजार रुपये तक हो सकता है और अतिरिक्त जुर्माना जो पचास रुपये से कम नहीं होगा, लेकिन जिसे बढ़ाया जा सकता है। हर दिन या रात के लिए एक सौ रुपये, जैसा भी मामला हो, जिस पर ऐसा उल्लंघन पहली सजा की तारीख के बाद जारी रहता है।

<u>198. सुख-सुविधाओं को बनाए रखने की जिम्मेदारी लेना</u>। -

तत्समय प्रवृत्त किसी अन्य कानून में किसी बात के होते हुए भी, नगर पालिका किसी भी प्राधिकरण, एजेंसी या व्यक्ति द्वारा विकसित किसी भी योजना या कॉलोनी में प्रदान की जाने वाली सुविधाओं को बनाए रखने के लिए कोई जिम्मेदारी नहीं लेगी, जब तक कि

(i) ऐसी सुविधाओं की योजनाओं, विशिष्टताओं और डिजाइनों सहित सभी प्रासंगिक अभिलेख नगर पालिका को प्रस्तुत किए जाते हैं; तथा

(ii) नगर पालिका इस बात से संतुष्ट है कि ऐसी सुविधाओं का विकास या निर्माण इस संबंध में तत्समय लागू किसी कानून के प्रावधानों के अनुसार किया गया है:

बशर्ते कि यदि नगर पालिका, उसे प्रस्तुत किए गए अभिलेखों की जांच करने पर, या सुविधाओं के निरीक्षण पर, यह पाती है कि सुविधाओं के निर्माण या संचालन में ऐसी कमियां

हैं, जिन्हें सुधारा जा सकता है, तो उसे प्राधिकरण, एजेंसी या की आवश्यकता हो सकती है। व्यक्ति जिसने ऐसी योजना या कॉलोनी विकसित की है, नगर पालिका की संतुष्टि के लिए कमी को सुधारने के लिए या नगर पालिका को ऐसे कमी शुल्क का भुगतान करने के लिए, जो नगर पालिका ऐसी कमी को सुधारने के लिए उचित समझे, और कमी के सुधार पर, या के रूप में मामला हो सकता है, कमी शुल्क का भुगतान, नगर पालिका ऐसी सुविधाओं को बनाए रखने की जिम्मेदारी फिर से शुरू कर सकती है।

व्याख्या। - इस खंड के प्रयोजनों के लिए "सुविधाओं" में सड़कें, पुल, संचार का कोई अन्य साधन, परिवहन, सड़कें, खुले स्थान, पार्क, मनोरंजन के मैदान, खेल के मैदान, पानी, गैस और बिजली की आपूर्ति, और ऊर्जा का स्रोत, स्ट्रीट लाइटिंग शामिल हैं। सीवरेज, जल निकासी, संरक्षण, सार्वजनिक कार्य और ऐसी अन्य सुविधाएं, सेवाएं और सुविधा जो राज्य सरकार, नगर पालिका के परामर्श से, आधिकारिक राजपत्र में अधिसूचना द्वारा, इस अधिनियम के उद्देश्य के लिए एक सुविधा के रूप में निर्दिष्ट कर सकती है।

199. अन्य एजेंसियों द्वारा विकसित कॉलोनियों को सौंपना या अधिग्रहण करना।-

कोई भी नगर पालिका किसी अन्य प्राधिकरण द्वारा विकसित किसी योजना या कॉलोनी को अपने अधिकार में नहीं लेगी; एजेंसी या व्यक्ति, जब तक कि इसकी योजनाओं को नगर पालिका द्वारा अग्रिम रूप से अनुमोदित नहीं किया गया था और अन्य मामलों में योजना या कॉलोनी मौजूदा कानूनों और नियमों के अनुसार है। नगर पालिका स्वयं को भी संतुष्ट करेगी कि धारा 198 में निर्दिष्ट के अनुसार निर्धारित सुविधाएं पहले ही प्रदान की जा चुकी हैं या आवश्यक कमी शुल्क का भुगतान किया गया है और सभी प्रासंगिक रिकॉर्ड, जिसमें शीर्षक, योजनाओं, विनिर्देशों और ऐसी योजनाओं या कॉलोनी के डिजाइन के प्रमाण शामिल हैं, को प्रस्तुत किया जाता है नगर पालिका। इस तरह के अधिग्रहण के बाद नगर पालिका को योजना के प्रावधानों के अनुसार कॉलोनी में शामिल सभी संपत्तियों के निपटान का पूरा अधिकार होगा। ऐसी सभी योजनाएं, कॉलोनियां और सुविधाएं, इस तरह के अधिग्रहण के बाद, नगर पालिका में निहित होंगी।

अध्याय X।।

नगरपालिका शक्तियां और अपराध

200. नालों आदि पर नगर निगम का नियंत्रण -

(1) नगर पालिका के भीतर सभी सीवर, नालियां, प्रिवीज, वाटर क्लोसेट्स, हाउस-गली और सेस-पूल, नगर पालिका के सर्वेक्षण और नियंत्रण के अधीन होंगे।

(2) सभी ढके हुए सीवर और नालियां और सभी उपकर-पूल, चाहे वह सार्वजनिक हो या निजी, नगर पालिका या अन्य व्यक्ति द्वारा उपलब्ध कराए जाएंगे, जिनसे वे गंभीर रूप से संबंधित हैं, उचित जाल या अन्य कवरिंग या वेंटिलेशन के साधन हैं, और नगरपालिका लिखित रूप से कर सकती है ऐसे किसी भी ढके हुए सीवर, नालियों या उपकर-पूल के मालिक को तदनुसार प्रावधान करने के लिए नोटिस बुलाएं।

201. नालियां आदि बनाने की शक्तियाँ -

(1) किसी भी जल निकासी योजना को चलाने के लिए, नगरपालिका के लिए यह वैध होगा कि वह किसी भी नाली, सीवर, नाली, सुरंग, पुलिया, पाइप या जलमार्ग को पार या पार ले जाए। किसी गली के नीचे, या किसी गली के लिए या किसी गली के लिए, या किसी तहखाने या तिजोरी के नीचे, जो किसी भी गली के नीचे हो, और, मालिक या अधिभोगी को लिखित में उचित नोटिस देने के बाद, किसी भी भूमि में या उसके नीचे रखी गई जगह के नीचे नगर पालिका के भीतर जो भी हो।

(2) नगरपालिका या उसके द्वारा इस तरह के प्रयोजन के लिए नियुक्त कोई अधिकारी किसी भी भूमि में मौजूदा नाले के स्थान पर किसी भी नए नाले में प्रवेश कर सकता है और निर्माण कर सकता है, जिसमें नगरपालिका में निहित कोई नाला पहले से ही बनाया गया है, या किसी की मरम्मत या परिवर्तन कर सकता है नाली नगर पालिका में निहित है।

(3) इस धारा के तहत किसी भी शक्ति के प्रयोग में कोई अनावश्यक नुकसान नहीं किया जाएगा, और मुआवजा, जो कि विवाद के मामले में धारा 295 में निर्धारित तरीके से निर्धारित और निर्धारित किया जाएगा, का भुगतान 'नगर पालिका द्वारा किसी भी व्यक्ति को किया जाएगा। जो व्यक्ति ऐसे फूल के प्रयोग से नुकसान उठाता है।

202. भवन का प्रभावी जल निकासी। -

(1) किसी भवन का निर्माण करना, या किसी भवन का पुनर्निर्माण करना, या किसी नवनिर्मित भवन पर कब्जा करना, या जब तक और जब तक पुनर्निर्माण नहीं किया जाना वैध नहीं होगा।

(ए) एक नाले का निर्माण ऐसे आकार, सामग्री और विवरण के, ऐसे स्तर पर और ऐसे पतन के साथ किया जाना चाहिए जो नगर पालिका को ऐसे भवनों के प्रभावी जल निकासी के लिए आवश्यक प्रतीत हो;

(बी) ऐसे भवन में और उससे जुड़ी भूमि मे ऐसे सभी उपकरण और फिटिंग की व्यवस्था की गई है और स्थापित किए गए हैं, जो नगर पालिका को जल निकासी एकत्र करने और प्राप्त करने और परिवहन के प्रयोजनों के लिए आवश्यक प्रतीत होते हैं। उक्त भवन और उक्त भूमि को बंद करने और उक्त भवन के नाले को प्रभावी ढंग से प्रवाहित करने और उससे जुड़े प्रत्येक फिक्स्चर को हटाने के लिए।

(2) पूर्वोक्त रूप में निर्मित किया जाने वाला नाला नगरपालिका के नाले में या कानूनी रूप से अलग किए गए किसी स्थान में खाली होगा, जो ऐसे भवन से पचास फीट से अधिक की दूरी पर स्थित जल निकासी के निर्वहन के लिए अलग नहीं होगा, लेकिन यदि उसके भीतर ऐसी कोई नाली या जगह नहीं है दूरी तो ऐसी नाली ऐसे उपकर-पूल में खाली हो जाएगी जो नगर पालिका निर्देश देती है।

(3) पूर्व की उप-धाराओं में किसी बात के होते हुए भी, किसी भवन या भूमि के प्रत्येक स्वामी या अधिभोगी के लिए यह अनिवार्य होगा कि जैसे ही वह उस क्षेत्र में किसी भी व्यक्ति द्वारा

सीवरेज प्रणाली बिछाई जाती है, निर्धारित तरीके से कनेक्शन लिया जाए। शौचालय, रसोई और बाथरूम से अपशिष्ट जल के उचित निर्वहन के लिए एजेंसी।

(4) जहां कोई व्यक्ति उप-धारा (1) के तहत दिए गए नगर पालिकाओं के निर्देशों की अवहेलना करता है, उसे दोषसिद्धि पर, जुर्माने से दंडित किया जाएगा, जो दो हजार रुपये से कम नहीं होगा, लेकिन जो पांच हजार रुपये तक हो सकता है।

203. भवनों या भूमि के मालिकों और कब्जाधारियों का नगरपालिका नालों में बहने का अधिकार। - नगरपालिका के भीतर किसी भवन या भूमि का स्वामी या अधिभोगी अपने नाले को नगरपालिका के सीवरों में खाली कराने का केवल तभी हकदार होगा जब वह पहले नगर पालिका की लिखित अनुमति प्राप्त करे और वह ऐसी शर्तों का अनुपालन करे जो नगरपालिका विहित करे उस तरीके के बारे में जिसमें और अधीक्षण के तहत नगर पालिका में निहित नालियों और इस प्रकार निहित नालियों के बीच संचार किया जाना है।

204. सीवेज और बारिश के पानी की नालियों का अलग-अलग होना। -

जब कभी अधिनियम में यह प्रावधान किया जाता है कि किसी परिसर के प्रभावी जल निकासी के लिए कदम उठाए जा सकते हैं, तो नगर पालिका यह अपेक्षा कर सकती है कि एक नाला आपत्तिजनक पदार्थ और सीवेज के लिए और दूसरी नाली वर्षा-जल और अदूषित उप-मृदा जल के लिए हो, प्रत्येक को अलग, नगरपालिका नालों या नगरपालिका द्वारा अलग किए गए अन्य स्थानों में जल निकासी के निर्वहन के लिए या अन्य उपयुक्त स्थानों में खाली करना।

205. किसी अन्य व्यक्ति की भूमि के माध्यम से या नाली में नाली ले जाने का अधिकार-कैसे और किन शर्तों पर नगर पालिका द्वारा अधिकृत किया जाए।-

(1) यदि किसी भवन या भूमि का स्वामी या अधिभोगी नगरपालिका की संतुष्टि के अनुसार यह सिद्ध कर देता है कि वह उसे किसी नगरपालिका के नाले से नहीं जोड़ सकता, सिवाय इसके कि वह भूमि के माध्यम से निर्मित होने वाली या उसके कब्जे वाली भूमि के माध्यम से नाली के माध्यम से बनायी जाए। किसी अन्य व्यक्ति के उपयोग में, नगर पालिका, ऐसे अन्य व्यक्ति को ऐसे आवेदन पर कोई आपत्ति व्यक्त करने का एक उचित अवसर देने के बाद, यदि कोई आपत्ति नहीं की जाती है या यदि कोई आपत्ति उठाई जाती है, जो उसकी राय में अपर्याप्त है, लिखित में आदेश, मालिक या अधिभोगी को पहले उल्लेखित अपनी नाली को उक्त भूमि में या उसके नीचे या उक्त नाली में, जैसा भी मामला हो, इस तरह से और ऐसी शर्तों पर किराए या मुआवजे के भुगतान के लिए ले जाने के लिए अधिकृत करता है। और रखरखाव, मरम्मत, फ्लशिंग के लिए पार्टियों की संबंधित जिम्मेदारियों के रूप में,उक्त नाले की सफाई और खाली करना, जो उसे पर्याप्त और न्यायसंगत प्रतीत हो।

(2) ऐसा प्रत्येक आदेश उस व्यक्ति को, जिसके पक्ष में यह किया गया है या उसके द्वारा इस प्रयोजन के लिए नियोजित किसी एजेंट या अन्य व्यक्ति को, उक्त भूमि या नाले के स्वामी या अधिभोगी को देने या निविदा देने के बाद पूर्ण प्राधिकार होगा। उक्त आदेश में

निर्दिष्ट मुआवजा या किराया, यदि कोई हो, और अन्यथा जहां तक संभव हो उक्त आदेश की शर्तों को पूरा करना, और उक्त मालिक या अधिभोगी को लिखित में उचित नोटिस देने के बाद, निर्दिष्ट भूमि पर प्रवेश करने के लिए सूर्योदय और सूर्यास्त के बीच किसी भी समय सहायकों और कामगारों के साथ उक्त आदेश और इस अधिनियम के सभी प्रावधानों के अधीन, ऐसे सभी कार्य करने और ऐसे सभी कार्यों को निष्पादित करने के लिए जो आवश्यक हो सकते हैं

(ए) नाली के निर्माण या कनेक्शन के लिए जैसा कि उक्त आदेश द्वारा अधिकृत किया जा सकता है; या

(ख) उक्त नाले या उसके किसी भाग के रखरखाव, मरम्मत, फ्लशिंग, सफाई या खाली करने के संबंध में आदेश की शर्तों के तहत उसे संलग्न किसी भी जिम्मेदारी का निर्वहन करने के लिए।

206. कार्य, कैसे किया जाए। -

धारा 205 के तहत किसी भी कार्य को निष्पादित करने में जितना संभव हो उतना कम नुकसान किया जाएगा, और जिस भवन या भूमि के लाभ के लिए काम किया जाता है उसका मालिक या कब्जाधारी होगा

(ए) काम को कम से कम व्यावहारिक देरी के साथ निष्पादित करने का कारण बनता है,

(बी) अपनी लागत पर भरना, बहाल करना और अच्छा बनाना और कम से कम व्यावहारिक देरी के साथ उक्त कार्य को निष्पादित करने के उद्देश्य से जमीन या किसी भवन या अन्य निर्माण के किसी हिस्से को खोला, तोड़ा या हटाया गया, और

(सी) किसी भी व्यक्ति को मुआवजे का भुगतान करें जो उक्त कार्य के निष्पादन से क्षति को सहन करता है।

207.उस भूमि के मालिक का अधिकार जिसके माध्यम से नालियों को उस पर बाद के भवन के संबंध में ले जाया जाता है।-

यदि किसी भूमि का स्वामी, जिसके माध्यम से धारा 205 के तहत या जिसके तहत एक नाला किया गया है, जबकि ऐसी भूमि पर निर्माण नहीं किया गया था, बाद में किसी भी समय उस पर एक भवन का निर्माण करने की इच्छा होगी, नगरपालिका, यदि वह मंजूरी दे सकती है ऐसे भवन के निर्माण के लिए लिखित सूचना के द्वारा उस भवन या भूमि के स्वामी या अधिभोगी की आवश्यकता होती है जिसके लाभ के लिए ऐसी नाली का निर्माण किया गया था, उसे बंद करने, हटाने या मोड़ने और भूमि को भरने, पुनः स्थापित करने और अच्छी बनाने की आवश्यकता है। प्रस्तावित भवन के निर्माण या सुरक्षित आनंद को स्वीकार करने के लिए आवश्यक समझे जाने वाले तरीके से और लिखित नोटिस द्वारा, भवन के निर्माण के इच्छुक व्यक्ति से भवन के स्थान में इस तरह के परिवर्तन करने की आवश्यकता हो सकती है। नाली के संदर्भ में भवन,या भवन के निर्माण के ब्यौरे में और ऐसी शर्तों पर जो नगर पालिका जल निकासी कनेक्शन के रखरखाव के लिए आवश्यक समझे।

208. प्रिवीज़ आदि का प्रावधान -

(1) यदि नगर पालिका की यह राय हो कि कोई प्रिवी या सेस-पूल या अतिरिक्त प्रिवीज़ या सेस-पूल, किसी भवन या भूमि में या उस पर उपलब्ध कराया जाना चाहिए, या, में कोई नगर पालिका जिसमें जल-कोठरी प्रणाली शुरू की गई है, कि किसी भवन या भूमि में या उस पर मौजूदा निजी के स्थान पर जल-कोठरी को प्रतिस्थापित किया जाना चाहिए, या उसमें अतिरिक्त जल-कोठरी उपलब्ध कराई जानी चाहिए या उस पर नगरपालिका लिखित सूचना द्वारा ऐसे भवन या भूमि के स्वामी से ऐसे निजी, उपकर-पूल या जल-कोठरी उपलब्ध कराने का आह्वान करें जैसा कि नगर पालिका उचित समझे।

(2) नगर पालिका लिखित नोटिस द्वारा किसी भी व्यक्ति या व्यक्तियों को कामगारों या श्रमिकों को नियोजित करने वाले या बीस से अधिक संख्या में श्रमिकों, या किसी बाजार, स्कूल या थिएटर या सार्वजनिक रिसॉर्ट के अन्य स्थान का मालिक या प्रबंधन करने के लिए, ऐसे शौचालय और मूत्रालय प्रदान करने की अपेक्षा कर सकती है, जैसा कि नगरपालिका कर सकती है सीधे और उसे उचित क्रम में रखने और दैनिक साफ करने के लिए।

(3) नगरपालिका लिखित नोटिस द्वारा किसी भी भूमि के मालिक या अधिभोगी की आवश्यकता हो सकती है, जिस पर एक पर्याप्त छत और एक दीवार या बाड़ से इस तरह के प्रिवी को पास से गुजरने वाले या निवासी व्यक्तियों की दृष्टि से बंद कर दिया जाए। , या बदलने के लिए क्योंकि यह किसी भी गली में खुलने वाले किसी भी गुप्त दरवाजे या जाल के दरवाजे को निर्देशित कर सकता है और जिसे वह एक उपद्रव मानता है।

(4) किसी भी व्यक्ति को अपनी प्रिवी से रात की मिट्टी को नगरपालिका के निकास नाली में या अपने निजी नाले में डालने की अनुमति नहीं दी जाएगी।

(5) इस धारा के तहत दिए गए नगर पालिका के निर्देश की अवहेलना करने वाले किसी भी व्यक्ति को दोषसिद्धि पर साधारण कारावास से दंडित किया जाएगा, जो एक महीने से कम नहीं होगा, लेकिन जिसे दो महीने तक बढ़ाया जा सकता है और जुर्माना जो कम से कम नहीं होगा दो हजार रुपये लेकिन जो पांच हजार रुपये तक हो सकता है।

209. कारखानों, स्कूलों और सार्वजनिक स्थानों में शौचालय और मूत्रालय का निर्माण। -

(1) नगर पालिका वाणिज्यिक परिसरों, स्कूलों, निजी अस्पतालों, होटलों, रेस्तरां विश्राम गृहों, बाज़ारों, सामुदायिक केंद्रों, विवाह हॉलों, सिनेमा हॉलों, सभागारों, क्लबों, मनोरंजन केन्द्रों, मनोरंजन केन्द्रों के स्वामी, अधिभोगी या नियंत्रक को नोटिस दे सकती है। पार्कों और अन्य निजी स्थानों की तरह ऐसे स्थानों के उपयोगकर्ताओं की सुविधा के लिए पर्याप्त शौचालय और मूत्रालय स्थापित करने के लिए जैसा कि नगरपालिका प्राधिकरण उचित समझे। ऐसे शौचालयों और मूत्रालयों को साफ और गंधहीन रखने के लिए ऐसे स्थानों के प्रबंधन को निर्देश देना मुख्य नगरपालिका अधिकारी के लिए भी वैध होगा। मुख्य नगर पालिका अधिकारी ऐसे स्थानों के प्रबंधन को महिलाओं के लिए अलग से शौचालय और मूत्रालय बनाए रखने के निर्देश भी दें।

(2) मुख्य नगरपालिका अधिकारी या उनके द्वारा अधिकृत कोई अन्य अधिकारी समय-समय पर ऐसे शौचालयों/मूत्रालयों का दौरा करेगा ताकि यह सुनिश्चित हो सके कि स्वच्छता और स्वच्छता के लिए आवश्यक कदम उठाए जा रहे हैं।

(3) ऐसे स्थानों का प्रबंधन इस संबंध में मुख्य नगरपालिका अधिकारी के आदेशों और निर्देशों का पालन करने के लिए बाध्य होगा।

(4) ऐसे स्थानों के प्रभारी व्यक्ति को दोषसिद्धि पर, जुर्माने से दंडित किया जाएगा, जो दस हजार रुपये से कम नहीं होगा, लेकिन जो प्रमुख के आदेशों या निर्देशों का पालन न करने की स्थिति में बीस हजार रुपये तक हो सकता है। नगर अधिकारी।

<u>210. बदलने, मरम्मत करने और उचित क्रम में रखने आदि की लागत। -</u>

(1) नगर पालिका के भीतर सभी सीवरों, नालों, नालों, पानी-कोठरियों, घर-गली और उपकर-पूल, जब तक कि नगर पालिका की लागत पर निर्माण नहीं किया जाता है, बदल दिया जाएगा, मरम्मत की जाएगी और लागत और शुल्क पर उचित क्रम में रखा जाएगा। उस भूमि या भवन के स्वामी की, जिससे वह संबंधित है, या जिसके उपयोग के लिए उनका निर्माण किया गया है या जारी रखा गया है और नगर पालिका लिखित नोटिस द्वारा ऐसे मालिक से इस तरह से बदलने, मरम्मत करने और उसे अच्छे क्रम में रखने की अपेक्षा कर सकती है। यह ठीक सोचता है।

(2) नगरपालिका लिखित नोटिस द्वारा मालिक से किसी प्रिवी या सेस-पूल को, चाहे वह इस अधिनियम के लागू होने से पहले या बाद में बनाया गया हो, को गिराने या बंद करने की अपेक्षा कर सकती है, जो कि नगर पालिका की राय में, एक उपद्रव है या है इस प्रकार निर्मित किया गया है कि ठीक से साफ करने या अच्छे क्रम में रखने में असमर्थ हो।

<u>211. मौजूदा निजी नालों को बंद करने की शक्ति -</u>

जब नगरपालिका के भीतर किसी भवन या भूमि में किसी उपकर-पूल या सीवर से जोड़ने वाला नाला हो, तो नगर पालिका, यदि वह मानती है कि ऐसा नाला, हालांकि यह ऐसे भवन की निकासी के लिए पर्याप्त हो सकता है या भूमि और यद्यपि यह अन्यथा आपत्तिजनक हो सकती है, नगर पालिका के सामान्य सीवरेज के अनुकूल नहीं है, ऐसी नाली और ऐसे सेस-पूल या सीवर को बंद कर सकता है, चाहे वह नगरपालिका में निहित भूमि पर हो या नहीं, एक नाली प्रदान करने पर या ऐसे भवन या भूमि की निकासी के लिए समान रूप से प्रभावी नालियां और नगर पालिका इस प्रयोजन के लिए आवश्यक कोई भी कार्य करेगी।

<u>212. अनाधिकृत तरीके से निर्मित सीवर आदि के संबंध में शक्ति, पुनर्निर्माण या बिना रुके। -</u>

नगर पालिका लिखित नोटिस द्वारा यह अपेक्षा कर सकती है कि नगरपालिका सीमा के भीतर किसी भी भूमि पर निर्मित या पुनर्निर्मित या बिना रुके किसी भी सीवर, नाली, प्रिवी, वाटर-कोठरी, हाउस-गली जीआर सेस-पूल

(ए) या तो सहमति के बिना या नगर पालिका के आदेशों, निर्देशों, सामान्य उप-नियमों या

उप-नियमों के विपरीत, या उस समय लागू किसी भी अधिनियम के प्रावधानों के विपरीत, जब इसे इस तरह बनाया गया, फिर से बनाया गया या रोका गया, तथा

(बी) ऐसी भूमि के नगर पालिका का हिस्सा बनने के बाद,

उस व्यक्ति द्वारा, जिसके द्वारा इसे इस प्रकार बनाया गया, फिर से बनाया गया या बंद नहीं किया गया था, ध्वस्त, संशोधित या बदल दिया जाएगा, और प्रत्येक व्यक्ति इस तरह के किसी भी सीवर, नाली, प्रिवी, वाटर-कोठरी, घर का निर्माण, पुनर्निर्माण या रोक नहीं सकता है। गली या सेस-पूल चाहे वह ऐसा नोटिस प्राप्त करता है या नहीं करता है, या उसका अनुपालन करता है या नहीं करता है, किसी भी दंड के अतिरिक्त, जिसके लिए वह ऐसे गैर-अनुपालन के लिए उत्तरदायी हो सकता है, जुर्माने से दंडित किया जाएगा जो नहीं होगा एक हजार रुपये से कम लेकिन जो दो हजार रुपये तक हो सकता है।

213. नगर निगम की नालियों आदि पर अतिक्रमण -

(1) जो कोई नगर पालिका की लिखित सहमति के बिना नगर पालिका में निहित किसी भी सीवर या नालियों में से किसी भी नाली में या बाहर कोई नाली बनाता है या बनाता है, उसे दंडित किया जाएगा जुर्माना जो एक हजार रुपये तक हो सकता है, और नगर पालिका लिखित नोटिस द्वारा ऐसे व्यक्ति से ऐसी नाली को गिराने, बदलने, पुनर्निर्माण करने या अन्यथा व्यवहार करने की अपेक्षा कर सकती है जो वह ठीक समझे।

(2) नगर पालिका की लिखित सहमति के बिना नगर पालिका में निहित किसी भी सीवर, नाली, पुलिया या नाली पर कोई भी भवन नवनिर्मित या पुनर्निर्माण नहीं किया जाएगा, और नगरपालिका लिखित नोटिस द्वारा उस व्यक्ति की आवश्यकता कर सकती है जिसने ऐसे भवन का निर्माण या पुनर्निर्माण किया हो नीचे खींचना या अन्यथा उसी के साथ व्यवहार करना जो वह उचित समझे।

214. नालों आदि का निरीक्षण-

(1) मुख्य नगरपालिका अधिकारी या उसके द्वारा इस प्रयोजन के लिए प्राधिकृत कोई अन्य अधिकारी इस अधिनियम के उपबंधों के अधीन रहते हुए किसी भी सीवर, नाली, प्रिवी, वाटर-कोठरी, हाउस-गली का निरीक्षण कर सकता है। या उपकर-पूल और उस प्रयोजन के लिए, सूर्योदय और सूर्यास्त के बीच किसी भी समय, सहायकों और कामगारों के साथ किसी भी भूमि या भवन में प्रवेश करें और जमीन को खोल दें जहां वह उचित समझे, जितना कम नुकसान हो सकता है।

(2) इस तरह के निरीक्षण और जमीन को पहले की तरह बंद और अच्छा बनाने का खर्च नगर पालिका द्वारा वहन किया जाएगा जब तक कि सीवर, नाली, प्रिवी, वाटर-कोठरी, हाउस-गली, या सेस-पूल नहीं पाया जाता है खराब स्थिति या स्थिति में हो या उस समय लागू नगर पालिका के किसी भी अधिनियम या किसी भी उप-नियमों के प्रावधानों के उल्लंघन में बनाया गया हो, इस मामले में इस तरह के खर्च के साथ प्रशासनिक और पर्यवेक्षण शुल्क के दस प्रतिशत की दर से ऐसे सीवर, नाली, प्रिवी, वाटर-कोठरी, हाउस-गली

या सेस-पूल के मालिक द्वारा कुल खर्च का भुगतान किया जाएगा और इस अधिनियम के तहत वसूली योग्य किसी भी कर के कारण दावा की गई राशि के समान ही वसूली योग्य होगी।

215. मालिक को ऐसा करने की अनुमति के बिना कुछ कार्यों को निष्पादित करने के लिए नगरपालिका की शक्ति। -

(1) नगर पालिका, यदि वह ठीक समझे, उस प्रकृति के किसी भी कार्य को, जिस पर यह अध्याय लागू होता है, किसी नगरपालिका या अन्य एजेंसी द्वारा अपने स्वयं के आदेशों के तहत निष्पादित करने के लिए, सबसे पहले उस व्यक्ति को दिए बिना, जिसके द्वारा वह कार्य करेगा अन्यथा ऐसा करने का विकल्प निष्पादित करना होगा।

(2) इस प्रकार किए गए किसी भी कार्य का व्यय प्रशासनिक एवं पर्यवेक्षण प्रभारों सहित कुल व्यय के दस प्रतिशत की दर से उक्त व्यक्ति द्वारा भुगतान किया जाएगा, जब तक कि नगर पालिका, सामान्य या विशेष आदेश या संकल्प द्वारा, मंजूरी, जैसा कि इसके द्वारा नगरपालिका निधि के प्रभार में ऐसे कार्य के निष्पादन को मंजूरी देने का अधिकार दिया गया है।

(3) निजी भवनों या भूमि के जल निकासी के लिए या उससे जुड़े किसी भी पाइप, फिटिंग, पात्र, या अन्य उपकरण, यदि नगरपालिका की कीमत पर आपूर्ति, निर्माण या निर्माण किया जाता है, तो नगर पालिका को तब तक नगरपालिका संपत्ति माना जाएगा जब तक कि नगर पालिका ऐसी इमारतों या भूमि के मालिक को अपना हित हस्तांतरित कर दिया है।

216. पानी की मुख्य धारा आदि ले जाने की शक्ति - राज्य सरकार या नगर पालिका, जैसा भी मामला हो, का जल आपूर्ति विभाग, जिसमें नगर पालिका को पानी की आपूर्ति के लिए जल कार्यों के निर्माण और रखरखाव का कर्तव्य निहित होगा। नगर पालिका के भीतर या उसके बिना पानी के मेन, पाइप और नलिकाओं को ले जाने, नवीनीकरण करने और मरम्मत करने के लिए समान शक्तियों और समान प्रतिबंधों के अधीन होना चाहिए और इस अधिनियम में निहित प्रावधानों के तहत नालियों को ले जाने, नवीनीकरण और मरम्मत के अधीन है। नगर पालिका।

217. व्यापार बहिःस्राव से संबंधित विशेष प्रावधान। -

इस अधिनियम के प्रावधानों और इसके तहत बनाए गए उप-नियमों और या किसी अन्य कानून के अधीन, किसी भी व्यापार परिसर का कब्जा, नगर पालिका के अनुमोदन से या जहां तक अनुमति दी जा सकती है, इस अधिनियम या उसके अधीन बनाए गए उप-नियमों या तत्समय प्रवृत्त कोई अन्य कानून, ऐसी स्वीकृति के बिना, ऐसे परिसरों से किसी भी व्यावसायिक बहिःस्राव को नगर निगम में बहा देता है।

218. व्यापार बहिःस्राव की निकासी के संबंध में विशेष प्रावधान। -

इस अधिनियम या उसके अधीन बनाए गए नियमों या उपविधियों या किसी प्रथा, रूढ़ि या करार में किसी बात के होते हुए भी, जहां, मुख्य नगरपालिका अधिकारी की राय में -

219. भवन, रेलवे और निजी सड़कों को बिना अनुमति के जलमार्गों या नगरपालिका नालों पर नहीं बनाया जाना है। -

(1) मुख्य नगर पालिका अधिकारी की अनुमति के बिना, कोई भवन, दीवार, बाड़ या अन्य संरचना नहीं बनाई जाएगी, और किसी भी नगरपालिका नाले पर कोई रेलवे या निजी सड़क का निर्माण या रखरखाव नहीं किया जाएगा, या इसमें निहित है, नगर पालिका।

(2) यदि पूर्वोक्त अनुज्ञा के बिना किसी नाले या जल निर्माण पर कोई भवन, दीवार, बाड़ या अन्य संरचना खड़ी की जाती है, या कोई रेलवे या निजी सड़क बनाई जाती है, तो मुख्य नगरपालिका अधिकारी ऐसे को हटा सकता है या अन्यथा कार्रवाई कर सकता है निर्माण या निर्माण इस तरह से करें जैसा कि वह ठीक समझे।221. परिसर के मालिक की अन्य व्यक्तियों की भूमि के माध्यम से पाइप और नालियां लगाने की शक्ति।

(3) उप-धारा (2) के प्रयोजनों को पूरा करने के लिए मुख्य नगरपालिका अधिकारी द्वारा किए गए खर्च का भुगतान निजी सड़क या भवन, बाड़, दीवार या अन्य संरचना या, जैसा भी मामला हो, के मालिक द्वारा किया जाएगा। रेलवे प्रशासन या जिम्मेदार व्यक्ति द्वारा हो, और इस अधिनियम के तहत कर के बकाया के रूप में वसूली योग्य होगा।

220. कतिपय मामलों में रेल प्रशासन को सूचित किया जाना। -

यदि मुख्य नगरपालिका अधिकारी किसी रेलवे लाइन के पार कोई पाइप या नाली रखना या पानी की आपूर्ति या जल निकासी से जुड़ा कोई अन्य कार्य करना चाहता है, तो वह रेल प्रशासन को सूचित करेगा, जो उसे लागत पर निष्पादित कर सकता है। नगर पालिका।

221. परिसर के मालिक की अन्य व्यक्तियों की भूमि के माध्यम से पाइप और नालियां लगाने की शक्ति। -

(1) यदि मुख्य नगरपालिका अधिकारी को यह प्रतीत होता है कि किसी परिसर के जल निकासी का एकमात्र या सबसे सुविधाजनक साधन किसी अन्य व्यक्ति की अचल संपत्ति के ऊपर, नीचे, साथ या उसके पार कोई पाइप या नाली रखना या ले जाना है, मुख्य नगरपालिका अधिकारी, लिखित में आदेश द्वारा, ऐसे परिसर के मालिक को ऐसी अचल संपत्ति के ऊपर, नीचे, साथ या उसके पार ऐसे पाइप या नाली को रखने या ले जाने के लिए अधिकृत कर सकता है:

परन्तु ऐसा कोई आदेश करने से पूर्व, मुख्य नगरपालिका अधिकारी, अचल संपत्ति के स्वामी को, ऐसे समय के भीतर, जो उसके द्वारा लिखित में आदेश द्वारा विनिर्दिष्ट किया जाए, कारण बताने का युक्तियुक्त अवसर देगा कि आदेश क्यों न दिया जाए बनाया गया:

परन्तु यह और कि परिसर का स्वामी, उपयोगकर्ता के अधिकार के अलावा, ऐसी अचल संपत्ति में, जिसके ऊपर, नीचे, साथ या उस पार ऐसी कोई पाइप या नाली रखी जाती है या ले जाया जाता है, कोई अधिकार प्राप्त नहीं करेगा।

(2) उप-धारा (1) के तहत आदेश पर, परिसर का मालिक, ऐसा करने के अपने इरादे की एक उचित सूचना देने के बाद, सूर्योदय से सूर्यास्त के बीच किसी भी समय सहायकों और

कामगारों के साथ ऐसी अचल संपत्ति में प्रवेश कर सकता है। ऐसी अचल संपत्ति के ऊपर, नीचे, साथ में या उस पार पाइप या नाली रखने का उद्देश्य या ऐसे पाइप या नाली की मरम्मत के उद्देश्य से।

(3) इस धारा के तहत एक पाइप या नाली रखने या ले जाने में, ऐसी अचल संपत्ति को जितना संभव हो उतना कम नुकसान होगा, और परिसर के मालिक को

<u>222. मुख्य नगरपालिका अधिकारी की उत्तरदायी व्यक्ति को नोटिस देकर कार्य निष्पादित करने की शक्ति</u>। -

(1) जब, इस अधिनियम के प्रावधानों के तहत, जब किसी व्यक्ति को नगरपालिका क्षेत्र के भीतर जल निकासी और सीवरेज के संबंध में किसी भी कार्य को निष्पादित करने की आवश्यकता होती है, या उत्तरदायी है, तो मुख्य नगरपालिका अधिकारी, इस के प्रावधानों के अनुसार अधिनियम और उसके अधीन बनाए गए उपनियम, ऐसे व्यक्ति को ऐसे कार्य को ऐसे समय के भीतर निष्पादित करने का अवसर देने के बाद, जो उसके द्वारा इस उद्देश्य के लिए निर्दिष्ट किया जा सकता है, ऐसे कार्य को निष्पादित करने का कारण बनता है।

(2) ऐसे किसी भी कार्य के निष्पादन में मुख्य नगरपालिका अधिकारी द्वारा उपगत या उपगत होने की संभावना का व्यय ऐसे व्यक्ति द्वारा देय होगा, और मुख्य नगरपालिका अधिकारी द्वारा ऐसे कार्य के अनुरक्षण के संबंध में किये गये व्यय अथवा ऐसे कार्य से जो सुख-सुविधाएं और सुख-सुविधाएं संभव होती हैं, उनका भुगतान ऐसी सुख-सुविधाओं और सुख-सुविधाओं का उपभोग करने वाले व्यक्ति या व्यक्तियों द्वारा किया जाएगा।

(3) उप-धारा (2) में निर्दिष्ट व्यय इस अधिनियम के तहत कर के बकाया के रूप में उत्तरदायी व्यक्ति या व्यक्तियों से वसूली योग्य होंगे।

<u>223. अनुज्ञप्त प्लम्बर द्वारा किया जाने वाला कार्य।</u> -

(1) नगर पालिका ऐसी तकनीकी योग्यता या अनुभव रखने वाले किसी भी व्यक्ति को लाइसेंस प्रदान कर सकती है जो लाइसेंस प्राप्त प्लंबर के रूप में कार्य करने के लिए उप-नियमों द्वारा निर्धारित किया जा सकता है।

(2) लाइसेंसशुदा प्लंबर के अलावा कोई भी व्यक्ति, इस अध्याय में वर्णित किसी भी कार्य को निष्पादित नहीं करेगा, और कोई भी व्यक्ति लाइसेंसशुदा प्लंबर के अलावा ऐसे किसी भी कार्य को निष्पादित करने की अनुमति नहीं देगा:

परन्तु यदि मुख्य नगरपालिका अधिकारी की राय में कार्य तुच्छ प्रकृति का है तो वह अनुज्ञप्तिधारी प्लंबर के अतिरिक्त किसी अन्य व्यक्ति द्वारा ऐसे कार्य के निष्पादन के लिए लिखित रूप में अनुज्ञा दे सकेगा।

(3) नगर पालिका, उप-नियमों द्वारा, प्रदान करेगी:

(ए) ऐसे लाइसेंस प्राप्त प्लंबर की नियुक्ति के नियम और शर्तें;

(बी) उनके कर्तव्यों और जिम्मेदारियों, और उनके कार्यों के लिए दिशानिर्देश;

(सी) विभिन्न प्रकार के कार्यों के लिए उन्हें भुगतान किए जाने वाले शुल्क;

(डी) किसी भी परिसर के मालिकों या कब्जाधारियों द्वारा उनके काम के संबंध में की गई शिकायतों की सुनवाई और निपटान; तथा
(e) ऐसे किसी प्लम्बर द्वारा ऐसे किसी उप-नियमों के उल्लंघन के मामले में, इस तरह के लाइसेंस को निलंबित या रद्द करना, चाहे उस पर इस अधिनियम के तहत मुकदमा चलाया जाए या नहीं।

224. कतिपय कृत्यों का प्रतिषेध। -

225. सीवरेज कार्यों के संचालन एवं अनुरक्षण तथा बिलिंग एवं सीवरेज प्रभारों के संग्रहण का कार्य सौंपना। -

नगर पालिका, राज्य सरकार के अनुमोदन से, नगरपालिका क्षेत्र में सीवरेज कार्यों के संचालन और रखरखाव का काम और बिलिंग और सीवरेज चार्ज या सीवरेज सेस के संग्रह का काम किसी भी एजेंसी को फिलहाल किसी भी कानून के तहत सौंप सकती है। बल में या कोई निजी एजेंसी।

226. ठोस अपशिष्ट प्रबंधन और प्रबंधन के संबंध में नगर पालिका का कर्तव्य। -

धारा 4 के प्रावधानों के अधीन, नगरपालिका, नगर क्षेत्र के भीतर, पर्यावरण (संरक्षण) अधिनियम, 1986 (केंद्रीय) द्वारा प्रदत्त शक्तियों का प्रयोग करते हुए केंद्र सरकार द्वारा बनाए गए नियमों के कार्यान्वयन के लिए जिम्मेदार होगी। 1986 का अधिनियम संख्या 29) नगरपालिका ठोस कचरे के प्रबंधन और संचालन को विनियमित करने और ऐसे ठोस कचरे के संग्रह, भंडारण, परिवहन, प्रसंस्करण और निपटान के लिए एक बुनियादी ढांचे के विकास के लिए।

227. ठोस अपशिष्ट के प्रबंधन और संचालन और बिलिंग और प्रभार के संग्रह का कार्य सौंपना। -

इस अधिनियम में अन्यत्र किसी बात के होते हुए भी, नगरपालिका ठोस अपशिष्ट के प्रबंधन और प्रबंधन के प्रयोजनों के लिए और बुनियादी ढांचे के विकास के लिए, यदि कोई हो, ऐसे ठोस कचरे के संग्रह, भंडारण, पृथक्करण, परिवहन, प्रसंस्करण और निपटान के लिए, एक शुल्क होगा लगाया जाता है, और उसका भुगतान उस दर से किया जाएगा जो नगरपालिका समय-समय पर नियत करे:

बशर्ते कि पूर्वोक्त प्रभार, जहां तक संभव हो, ऐसा होगा जो नगरपालिका ठोस कचरे के प्रबंधन और प्रबंधन और संग्रह, भंडारण, अलगाव, परिवहन, प्रसंस्करण और निपटान के लिए बुनियादी ढांचे के विकास, यदि कोई हो, की लागत को कवर करेगा। उसके और ऋण-सेवा की लागत, संयंत्र और मशीनरी का मूल्यह्रास, और अन्य शुल्क, यदि कोई हो:

परन्तु यह और कि मुख्य नगरपालिका अधिकारी, नगर पालिका के पूर्व अनुमोदन से, ठोस अपशिष्ट के संग्रहण, भंडारण, पृथक्करण, परिवहन, प्रसंस्करण और निपटान के लिए बुनियादी ढांचे के विकास और नगरपालिका ठोस अपशिष्ट के प्रबंधन और प्रबंधन और बिलिंग का कार्य सौंप सकता है। और किसी भी एजेंसी को किसी भी कानून के तहत या किसी

अन्य एजेंसी को पूर्वोक्त आरोपों का संग्रह।

228. ठोस अपशिष्ट का नगर पालिका की संपत्ति होना। -

धारा 226 के तहत उपलब्ध कराए गए या नियुक्त किए गए सार्वजनिक रिसेप्टेकल्स, डिपो और स्थानों में जमा किए गए सभी ठोस अपशिष्ट और नगरपालिका कर्मचारियों या ठेकेदारों या इस संबंध में अधिकृत किसी अन्य एजेंसी द्वारा एकत्र किए गए सभी ठोस अपशिष्ट नगर पालिका की संपत्ति होंगे और नगर पालिका इसका निपटान कर सकती है। जैसा कि यह उचित समझ सकता है।

229. ठोस अपशिष्ट के निपटान और अंतिम निपटान के लिए स्थानों की नियुक्ति। -

नगर पालिका, या तो स्वयं या किसी अन्य एजेंसी के माध्यम से, ठोस कचरे को नगरपालिका क्षेत्र के भीतर या बाहर ऐसे स्थान या स्थानों पर, और इस तरह से, जैसा वह उपयुक्त समझे, ठोस अपशिष्ट का निपटान करवा सकती है:

बशर्ते कि कोई भी स्थान जो इस अधिनियम के प्रारंभ से पहले इस धारा में निर्दिष्ट उद्देश्य के लिए उपयोग नहीं किया गया है, का उपयोग इस प्रकार नहीं किया जाएगा, सिवाय इसके कि

(i) विकास योजना और भूमि उपयोग नियंत्रण या उससे संबंधित किसी अन्य कानून से संबंधित किसी भी राज्य कानून के प्रावधानों के अनुरूप, या।

(ii) ऐसे किसी कानून के अभाव में, राज्य सरकार के अनुमोदन से:

परन्तु यह और कि ठोस अपशिष्टों का अंतिम रूप से निपटान किसी भी तरीके से नहीं किया जाएगा, जिसे राज्य सरकार अस्वीकार करना उचित समझे।

230. ठोस अपशिष्ट को उत्पादन के स्रोत पर संग्रहित करने के लिए परिसर के मालिकों और अधिभोगियों का कर्तव्य। -

231. सहकारी आवास समिति, अपार्टमेंट मालिक संघ, आदि का कर्तव्य..

सहकारी आवास समितियों, अपार्टमेंट मालिकों के संघों, आवासीय और गैर आवासीय भवन परिसरों, शैक्षिक भवनों, व्यापारिक भवनों के प्रबंधन का यह कर्तव्य होगा औद्योगिक भवनों, भंडारण भवनों और खतरनाक इमारतों को उनके परिसर में कचरे के अस्थायी भंडारण (पुनर्नवीनीकरण योग्य कचरे के अलावा), खतरनाक कचरे और जैव-चिकित्सा कचरे के लिए नगरपालिका द्वारा निर्दिष्ट उचित आकार के सामुदायिक डिब्बे या निपटान बैग उपलब्ध कराने के लिए और नगर पालिका द्वारा उनके बाद के संग्रह और हटाने के लिए।

232. निषेध। -

कोई भी व्यक्ति और किसी भूमि या भवन का स्वामी या अधिभोगी नहीं होगा

(ए) किसी भी सार्वजनिक स्थान पर कूड़े या जमा कोई ठोस कचरा,

(बी) किसी सार्वजनिक सड़क, सार्वजनिक स्थान या खुली भूमि में या उसके किनारे इमारत का कचरा जमा करना,

(सी) किसी भी गंदी बात को सार्वजनिक स्थानों पर बहने दें, या

(डी) शव या किसी मृत जानवर के किसी भी हिस्से को ऐसे स्थान पर जमा करना या अन्यथा निपटाना जो इस तरह के उद्देश्य के लिए प्रदान या नियुक्त नहीं किया गया हो।

233. सड़कों पर कूड़ा-करकट डालने और कोई ठोस कचरा जमा करने या फेंकने पर दण्ड। -

जो कोई भी इस अधिनियम के प्रावधानों के उल्लंघन में किसी भी सड़क या सार्वजनिक स्थान को जमा करता है या फेंकता है या किसी भी स्थान पर कोई ठोस कचरा या भवन कचरा जमा करने या फेंकने की अनुमति देता है, या अपने परिसर से किसी भी गंदे पदार्थ के प्रवाह की अनुमति देता है इस संबंध में नगर पालिका द्वारा अधिकृत किसी अधिकारी द्वारा लगाए जाने के लिए मौके पर ही पांच सौ रुपये से अनधिक जुर्माना अदा करने के लिए उत्तरदायी होगा।

234. जैव चिकित्सा अपशिष्ट। -

पर्यावरण (संरक्षण) द्वारा प्रदत्त शक्तियों का प्रयोग करते हुए केंद्र सरकार द्वारा बनाए गए नियमों के प्रावधानों को लागू करने के लिए, नगरपालिका का यह कर्तव्य होगा कि वह स्वयं या इसके द्वारा अधिकृत किसी अन्य एजेंसी के माध्यम से पर्यावरण (संरक्षण) द्वारा प्रदत्त शक्तियों का प्रयोग करे। अधिनियम, 1986 (1986 का केंद्रीय अधिनियम संख्या 29) जैव-चिकित्सीय कचरे के प्रबंधन और प्रबंधन को उस सीमा तक विनियमित करने के लिए, जिस हद तक ऐसे नियम नगर पालिका पर लागू होते हैं।

235. खतरनाक अपशिष्ट। -

पर्यावरण (संरक्षण) द्वारा प्रदत्त शक्तियों का प्रयोग करते हुए केंद्र सरकार द्वारा बनाए गए नियमों के प्रावधानों को लागू करने के लिए, नगरपालिका का यह कर्तव्य होगा कि वह स्वयं या इसके द्वारा अधिकृत किसी अन्य एजेंसी के माध्यम से पर्यावरण (संरक्षण) द्वारा प्रदत्त शक्तियों का प्रयोग करे। अधिनियम, 1986 (1986 का केंद्रीय अधिनियम संख्या 29) खतरनाक कचरे के प्रबंधन और प्रबंधन को उस सीमा तक विनियमित करने के लिए जिस हद तक ऐसे नियम नगरपालिका पर लागू होते हैं।

236. कुछ अनुमानों के लिए अनुमति आवश्यक है।-

(1) नगर पालिका, यातायात की मात्रा और सार्वजनिक सुविधा को ध्यान में रखते हुए, सार्वजनिक गलियों में भवनों के मालिकों या अधिभोगियों को उनकी किसी ऊपरी मंजिल से खुले बरामदे, बालकनियाँ या कमरे बनाने की लिखित अनुमति दे सकती है। इस संबंध में बनाए गए उपनियमों के प्रावधानों के साथ।

(2) ऐसा कोई स्वामी या अधिभोगी, जो बिना अनुमति के या ऐसे आदेशों का उल्लंघन करते हुए पूर्वोक्त ऐसा कोई प्रक्षेपण करता है, जुर्माने से दंडित किया जाएगा जो पांच हजार रुपये से कम नहीं होगा, लेकिन जो दस हजार रुपये तक हो सकता है और, यदि कोई हो। ऐसा स्वामी या अधिभोगी पूर्वोक्त किसी ऐसे प्रक्षेपण को हटाने में विफल रहता है जिसके संबंध में उसे इस धारा के तहत दोषी ठहराया गया है, तो उसे और जुर्माने से दंडित किया जाएगा जो

पचास रुपये से कम नहीं होगा लेकिन जो प्रत्येक दिन के लिए एक सौ रुपये तक हो सकता है। जिस पर ऐसी विफलता या उपेक्षा जारी है।

(3) नगर पालिका, लिखित सूचना द्वारा, किसी भवन के स्वामी या अधिभोगी से किसी प्रक्षेपण, अतिक्रमण या अवरोध को हटाने या बदलने की अपेक्षा कर सकती है, चाहे वह ऐसे भवन के क्षेत्र से पहले या बाद में नगर पालिका का हिस्सा बन गया हो, ऐसी इमारत के सामने या उसके सामने खड़ा या रखा गया, और जो

(ए) किसी सार्वजनिक सड़क पर किसी भी तरह से लटकता है या कूदता है या किसी भी तरह से परियोजनाओं या अतिक्रमण करता है ताकि ऐसी सड़क के साथ सुरक्षित और सुविधाजनक मार्ग में बाधा हो, या

(बी) ऐसी गली में किसी भी खुले जलसेतु, नाली या सीवर में या उस पर अतिक्रमण करता है ताकि इस तरह के एक्वाडक्ट, नाली या सीवर या उसके उचित कामकाज में बाधा या हस्तक्षेप हो या किसी भी तरह से बिल्डिंग लाइन को कम किया जा सके:

बशर्ते कि नगर पालिका, यदि ऐसा प्रक्षेपण, अतिक्रमण या रुकावट किसी भी स्थान पर उस तारीख से पहले की गई हो, जब वह स्थान नगरपालिका का हिस्सा बन गया हो या ऐसी तारीख के बाद नगर पालिका की लिखित अनुमति के साथ, प्रत्येक को उचित मुआवजा देगा व्यक्ति जो इस तरह के निष्कासन या परिवर्तन से नुकसान उठाता है और, यदि इस तरह के मुआवजे की राशि को लेकर कोई विवाद उत्पन्न होता है, तो उसका पता लगाया जाएगा और धारा 295 में प्रदान किए गए तरीके से निर्धारित किया जाएगा।

<u>237. वर्षा जल के लिए कुंड और पाइप</u>। -

(1) नगर पालिका, लिखित नोटिस द्वारा, किसी भी गली में प्रत्येक भवन के मालिक से यह अपेक्षा कर सकती है कि वह ऐसी इमारत की छत और अन्य भागों से पानी को पकड़ने और ले जाने के लिए उचित कुंडों और पाइपों को अच्छी स्थिति में रखे, और उसे ऐसे तरीके से निर्वहन करना जो वह ठीक समझे, ताकि वह सड़क से गुजरने वाले व्यक्तियों पर न गिरे या सड़क को नुकसान न पहुंचाए।

(2) जहां भवन का कोई मालिक या अधिभोगी उप-धारा (1) के तहत नोटिस में परिकल्पित आवश्यकताओं का पालन करने में विफल रहता है और इस तरह उसके प्रावधानों का उल्लंघन करता है, उसे दोष सिद्ध होने पर जुर्माने से दंडित किया जाएगा जो कम नहीं होगा एक हजार रुपये से अधिक लेकिन जो दो हजार रुपये तक हो सकता है।

<u>238. वर्षा जल संचयन का प्रावधान -</u>

<u>239. घरों में कोष्ठक आदि लगाना।</u> -

नगर पालिका तेल या गैस से जलाए जाने वाले लैंप के लिए या बिजली से संबंधित किसी भी कानून के प्रावधानों के अधीन, बिजली से या अन्यथा, या विषय के तहत दीपक के लिए किसी भी भवन कोष्ठक के बाहर स्थापित या ठीक कर सकती है। टेलीग्राफ से संबंधित कानून के प्रावधानों के लिए, टेलीग्राफ तारों या टेलीफोन तारों के लिए, या लोकोमोटिव या

अन्य उद्देश्यों के लिए बिजली के संचालन के लिए या ऐसे पाइप जो सीवर और पानी के कार्यों और ऐसे ब्रैकेट के उचित वेंटिलेशन के लिए आवश्यक हो सकते हैं। और पाइप लगाए जाएंगे ताकि उक्त भवन या पड़ोस में किसी अन्य को कोई असुविधा या उपद्रव न हो।

240. सड़कों का नामकरण और घरों की संख्या। -

(1) नगर पालिका समय-समय पर प्रत्येक गली और सार्वजनिक स्थान के प्रत्येक छोर, कोने या प्रवेश द्वार पर या उसके निकट किसी भी भवन के सहज दृश्य भाग पर उस नाम से पेंट या पेंट कर सकती है जिससे ऐसी गली या सार्वजनिक स्थान जाना जाता है :

परन्तु राज्य सरकार के लिए किसी गली, कॉलोनी, मोहला, बाजार, बाजार, पुल, फ्लाईओवर, उद्यान या किसी अन्य सार्वजनिक स्थान या रास्ते का नाम विशिष्ट नाम से रखने के लिए नगर पालिका को निर्देश जारी करना विधिसम्मत होगा और ऐसे निर्देश होंगे नगर पालिका पर बाध्यकारी

(2) नगर पालिका समय-समय पर भवन के बाहरी भाग के मुख्य प्रवेश द्वार पर एक विशिष्ट स्थान पर नंबर प्लेट लगा सकती है और प्लेट की लागत गृह स्वामी द्वारा वहन की जाएगी।

(3) कोई भी व्यक्ति जो ऐसे किसी नाम या नंबर प्लेट को नष्ट करता है, गिराता है या विकृत करता है या नगर पालिका द्वारा लगाए गए नाम या नंबर से अलग कोई नाम या नंबर डालता है, तो उसे दोषी ठहराए जाने पर जुर्माने से दंडित किया जाएगा जो कि अयस्क हजार रुपये से कम नहीं होगा। लेकिन जो दो हजार रुपये तक हो सकता है।

241. मूर्तियों की स्थापना। -

(1) राज्य सरकार या उसके द्वारा अधिकृत किसी प्राधिकरण के पूर्वानुमोदन के बिना किसी भी गली या सार्वजनिक स्थान पर किसी भी मूर्ति को स्थापित करने की अनुमति नहीं दी जाएगी या स्थापित करने की अनुमति नहीं दी जाएगी।

(2) कोई भी व्यक्ति जो उप-धारा (1) के अनुसार नगर पालिका की सीमा के भीतर स्थापित या खड़ी की गई किसी भी मूर्ति को नष्ट, गिराता या विरूपित करता है या कोई भी व्यक्ति या प्राधिकरण जो राज्य सरकार की पूर्व स्वीकृति के बिना मूर्ति स्थापित करता है। इसके द्वारा निर्धारित शर्तों का उल्लंघन, या दोषसिद्धि, साधारण कारावास से दंडित किया जाएगा, जिसकी अवधि दो महीने से कम नहीं होगी, लेकिन जो छह महीने तक हो सकती है और जुर्माने से जो पच्चीस हजार रुपये से कम नहीं होगा, लेकिन जो पचास हजार रुपए तक हो सकता है।

242. बाड़ों, पेड़ों आदि को हटाना और काटना -

(1) नगरपालिका लिखित सूचना द्वारा किसी भूमि के स्वामी या अधिभोगी से किसी सार्वजनिक सड़क की सीमा से लगे बाड़ों की छँटाई या छँटाई करने की अपेक्षा कर सकती है ताकि उक्त बाड़े गली के स्तर से इतनी ऊंचाई और इतनी चौड़ाई से अधिक जो नगरपालिका निर्देश दे और सभी पेड़ों या झाड़ियों को काट, काट या ट्रिम कर दे, जो किसी भी तरह से

ऊपर लटके, खतरे में पड़ें या बाधा डालें, या जिसके ऊपर लटकने, खतरे में डालने या बाधित होने की संभावना हो कोई सार्वजनिक सड़क या उसे नुकसान पहुँचाने के लिए, या जो किसी सार्वजनिक टैंक, कुएँ या पानी की आपूर्ति के लिए अन्य प्रावधान को इस तरह से प्रदूषित करता है, या उसके जल को प्रदूषित करने की संभावना है।

(2) यदि मालिक या कब्जाधारी नोटिस में निर्दिष्ट अवधि के भीतर उप-धारा (1) के तहत उसे जारी नोटिस का पालन करने में विफल रहता है, तो नगर पालिका ऐसे हेज को ट्रिम या ट्रिम कर सकती है और ट्रिमिंग और प्रूनिंग की लागत वसूल कर सकती है। साथ ही नगर निगम का बकाया भी वसूल किया जाता है।

243. खतरनाक इमारतें। -

(1) यदि कोई भवन या उस पर चिपकाई गई कोई चीज नगर पालिका द्वारा जर्जर अवस्था में या गिरने या किसी अन्य तरीके से ऐसी इमारत या किसी पड़ोसी भवन के किसी निवासी के लिए खतरनाक होने की संभावना के रूप में समझी जाती है, या किसी भी अधिभोगी या यात्रियों के लिए, नगर पालिका तत्काल, यदि यह आवश्यक प्रतीत होता है, यात्रियों की सुरक्षा के लिए एक उचित होर्डिंग या बाड़ लगवाएगा। इस उप-धारा के तहत नगर पालिका द्वारा किए गए सभी खर्चों का भुगतान ऐसे भवन के मालिक या अधिभोगी द्वारा किया जाएगा और इस अधिनियम के तहत वसूली योग्य किसी भी कर के कारण दावा की गई राशि के समान ही वसूली योग्य होगी:

बशर्ते कि यदि खतरा प्रति घंटा आसन्न न हो, तो यह नगर पालिका के विवेक पर होगा कि वह स्वयं एक होर्डिंग या बाड़ लगाने के बजाय, मालिक या अधिभोगी को लिखित रूप में नोटिस जारी करे। एक उचित होर्डिंग या बाड़ लगाने के लिए और, 4-वह मालिक या कब्जा करने में विफल होने की स्थिति में इस तरह के नोटिस की तामील से दो दिनों के भीतर, एक होर्डिंग या बाड़ जिसे नगरपालिका मामले की परिस्थितियों में पर्याप्त समझती है, नगर पालिका तुरन्त इस तरह के होर्डिंग या बाड़ लगाने का कारण बनेगी और उसके बाद इस उप-धारा में प्रदान किए गए अनुसार नगरपालिका द्वारा किए गए खर्चों की वसूली के लिए आगे बढ़ेगी।

(2) नगरपालिका, मालिक या अधिभोगी को लिखित में नोटिस भी देगी, जिसमें ऐसे मालिक या अधिभोगी से ऐसी इमारत या उस पर चिपकाई गई वस्तु, जैसी भी स्थिति हो, को तुरंत नीचे ले जाने, सुरक्षित करने या मरम्मत करने की अपेक्षा की जाएगी, और यदि ऐसा स्वामी या अधिभोगी तीन दिनों के भीतर ऐसी इमारत या चीज की मरम्मत, उतारना या सुरक्षित करना शुरू नहीं करता है, और आपात स्थिति में, इस तरह के नोटिस की तामील के तुरंत बाद और इस तरह के काम को उचित परिश्रम के साथ पूरा करने के लिए, नगर पालिका सभी या अधिक का कारण बनेगी ऐसी इमारत या चीज, जिसे वह आवश्यक समझे, गिराया जाए, मरम्मत की जाए या अन्यथा सुरक्षित की जाए।

(3) यदि मालिक या कब्जाधारी इस धारा के तहत जारी नोटिस का पालन करने में विफल

रहता है और इमारत गिर जाती है, तो भवन का मालिक और कब्जाधारी, इस अधिनियम के प्रावधानों के तहत उनके खिलाफ की जाने वाली किसी भी कार्रवाई पर प्रतिकूल प्रभाव डाले बिना या इस समय लागू कोई अन्य कानून, ऐसी इमारत के मलबे से हुई किसी भी क्षति के लिए, संयुक्त रूप से और गंभीर रूप से उत्तरदायी होगा।

244. फुटपाथ आदि को विस्थापित करना-

(1) जो कोई किसी सार्वजनिक सड़क के फुटपाथ, गटर, तूफानी जल निकासी, झंडे या अन्य सामग्री, या बाड़, दीवारों या नगर पालिका या अन्य वैध प्राधिकारी की लिखित सहमति के बिना, उसके पदों, या किसी नगरपालिका दीपक, दीपक पोस्ट ब्रैकेट, जल-पोस्ट, दिशा पोस्ट, हाइड्रेंट, पानी के पाइप या उस पर या उसके नीचे कोई अन्य नगरपालिका संपत्ति, जुर्माना से दंडित किया जाएगा जो दो हजार रुपये से कम नहीं होगा, लेकिन जो पांच हजार रुपये तक हो सकता है और नगरपालिका को वास्तविक नुकसान की राशि और उसके दस प्रतिशत प्रशासनिक शुल्क के रूप में भुगतान करने के लिए भी उत्तरदायी होगा।

(2) कोई भी व्यक्ति, जिसने विस्थापित, क्षतिग्रस्त, लिया या परिवर्तन किया या किसी ऐसे फुटपाथ, गटर, तूफानी पानी की नाली, झंडे या अन्य सामग्री या बाड़, दीवारों, पोस्ट, नगरपालिका लैंप, लैंप-पोस्ट में हस्तक्षेप किया हो , कोष्ठक, जल-पोस्ट, दिशा पोस्ट, हाइड्रेंट; किसी भी सार्वजनिक सड़क के पानी के पाइप या अन्य नगरपालिका संपत्ति, ऐसा करने के लिए नोटिस के बाद नगर पालिका की संतुष्टि के लिए उसे बदलने या बहाल करने में विफल रहती है, उसे जुर्माने से दंडित किया जाएगा जो एक हजार रुपये से कम नहीं होगा लेकिन जो दो हजार तक हो सकता है। रुपये और किसी भी खर्च का भुगतान करेगा जो सड़क को बहाल करने में हो सकता है, और ऐसा खर्च उसी तरह से वसूली योग्य होगा जैसे इस अधिनियम के तहत किसी भी कर की वसूली के लिए दावा की गई राशि।

245. सार्वजनिक भूमि पर अतिक्रमण या बाधा। -

(1) जो कोई किसी भूमि या स्थान में, जो निजी संपत्ति नहीं है, अतिक्रमण करता है, चाहे वह भूमि या स्थान नगरपालिका का हो या उसमें निहित हो या नहीं, किसी सार्वजनिक मार्ग में नाली के ऊपर सीढ़ियों को छोड़कर, दोषसिद्धि पर साधारण कारावास से दण्डित किया जाएगा। तीन महीने से कम नहीं होगा लेकिन जिसे तीन साल तक बढ़ाया जा सकता है और जुर्माने से जो तीस हजार रुपये से कम नहीं होगा लेकिन जो पचास हजार रुपये तक हो सकता है:

बशर्ते कि न्यायालय निर्णय में उल्लिखित किन्हीं पर्याप्त या विशेष कारणों से तीन महीने से कम अवधि के कारावास की सजा दे सकता है।

(2) जो कोई भी नगरपालिका की पूर्व अनुमति के बिना किसी भी भूमि या स्थान में, जो निजी संपत्ति नहीं है, चाहे वह भूमि या स्थान नगरपालिका का हो या उसमें निहित हो या नहीं, किसी सार्वजनिक मार्ग में नाली के ऊपर कदमों को छोड़कर, अस्थायी अवरोध भी करता है, दोष सिद्ध होने पर साधारण कारावास से, जो एक माह तक का हो सकेगा या

जुर्माने से, जो पांच हजार रुपए तक का हो सकेगा, या दोनों से दण्डित किया जा सकेगा।
(3) नगर पालिका या उसके द्वारा इस संबंध में अधिकृत किसी भी अधिकारी को ऐसी किसी भी बाधा या अतिक्रमण को हटाने की शक्ति होगी और ऐसे हटाने के खर्च का भुगतान उस व्यक्ति द्वारा किया जाएगा जिसने उक्त बाधा या अतिक्रमण किया है।
(4) जो कोई इस निमित्त सम्यक् रूप से प्राधिकृत नहीं होने पर पूर्वोक्त रूप में किसी भूमि या स्थान से मिट्टी, बालू या अन्य सामग्री को हटाता है, उसे दोषसिद्धि पर कारावास से दंडित किया जाएगा जो कम से कम दो महीने का होगा लेकिन जो छह महीने तक बढ़ाया जा सकता है या जुर्माना जो तीस हजार रुपये से कम नहीं होगा लेकिन जो पचास हजार रुपये तक हो सकता है या दोनों से हो सकता है।
(5) पूर्वगामी प्रावधानों में किसी भी बात के होते हुए भी, नगर पालिका या इस संबंध में उसके द्वारा अधिकृत अधिकारी, इस धारा में प्रदान की गई कार्रवाई के अलावा, उपकरण और वाहनों के साथ किसी भी संपत्ति को जब्त करने या संलग्न करने की शक्ति भी होगी। इस धारा में निर्दिष्ट भूमि या स्थान पर पाया जाता है या, जैसा भी मामला हो, ऐसी भूमि या स्थान से जुड़ा हुआ है या ऐसी भूमि या स्थान से जुड़ी किसी भी चीज़ से स्थायी रूप से जुड़ा हुआ है।
(6) जहां कोई संपत्ति नगर पालिका द्वारा अधिकृत किसी अधिकारी द्वारा जब्त या कुर्क की जाती है, तो वह तुरंत नगरपालिका को ऐसी जब्ती या कुर्की की रिपोर्ट देगा।
(7) जब्ती की कार्यवाही समाप्त होने तक, नगरपालिका जब्त या कुर्क की गई संपत्ति की उचित अभिरक्षा के लिए ऐसे आदेश दे सकती है, जैसा कि वह उचित समझे, और, यदि संपत्ति तेजी से और प्राकृतिक क्षय के अधीन है, या यह अन्यथा समीचीन है ऐसा करने के लिए, नगर पालिका इसे बेचने या अन्यथा निपटाने का आदेश दे सकती है।
(8) जहां कोई संपत्ति पूर्वोक्त रूप में बेची जाती है, वहां बिक्री से प्राप्त होने वाली किसी भी बिक्री या उससे संबंधित अन्य आकस्मिक खर्चों के खर्चों में कटौती के बाद,
(ए) जहां नगरपालिका द्वारा अंततः जब्ती का कोई आदेश पारित नहीं किया गया है; या
(बी) जहां अपील में पारित एक आदेश की आवश्यकता होती है, उसके मालिक या उस व्यक्ति को भुगतान किया जाना चाहिए जिससे इसे जब्त या संलग्न किया गया हो।
(9) जहां उप-धारा (5) के तहत कोई संपत्ति जब्त या कुर्क की जाती है, नगर पालिका ऐसी संपत्ति को जब्त करने का आदेश दे सकती है।
(10) उप-धारा (9) के तहत किसी संपत्ति को जब्त करने का कोई आदेश तब तक नहीं दिया जाएगा जब तक कि ऐसी संपत्ति का मालिक या जिस व्यक्ति से इसे जब्त या कुर्क किया गया हो -
(ए) लिखित रूप में एक नोटिस, उसे उन आधारों के बारे में सूचित करना जिन पर संपत्ति को जब्त करने का प्रस्ताव है;
(बी) जब्ती के आधार के खिलाफ नोटिस में निर्दिष्ट उचित समय के भीतर लिखित रूप में

प्रतिनिधित्व करने का अवसर; तथा

(सी) मामले में सुनवाई का एक उचित अवसर।

(11) इस धारा के तहत किसी भी जब्ती और अतिक्रमण को हटाने का आदेश किसी भी सजा को रोकने के लिए नहीं होगा जिसके लिए प्रभावित व्यक्ति इस अधिनियम के तहत उत्तरदायी है।

(12) उप-धारा (7) या उप-धारा (9) के तहत किए गए आदेश से व्यथित कोई भी व्यक्ति, उसे इस तरह के आदेश के बारे में सूचित करने की तारीख से एक महीने के भीतर, उसके खिलाफ जिला न्यायाधीश के पास अपील कर सकता है। जिला जिसमें ऐसी संपत्ति जब्त या कुर्क की गई है।

(13) ऐसी अपील पर, जिला न्यायाधीश, अपीलकर्ता और प्रतिवादी को सुनवाई का अवसर देने के बाद, आदेश को अपील के निपटारे तक रोके रखने का निर्देश दे सकता है, या आदेश को संशोधित, बदल या रद्द कर सकता है और आगे कोई आदेश दे सकता है। आदेश जो न्यायसंगत हो सकते हैं।

(14) जब भी कोई संपत्ति जब्त की जाती है या जब्त की जाती है, इस धारा के तहत जब्त की जाती है, तो नगर पालिका या जिला न्यायाधीश के पास, और किसी भी अन्य कानून में निहित कुछ भी विपरीत होने के बावजूद, किसी अन्य न्यायालय, न्यायाधिकरण या अन्य प्राधिकरण के पास ऐसी संपत्ति के कब्जे, वितरण, निपटान, रिहाई या वितरण के संबंध में आदेश देने का अधिकार क्षेत्र नहीं होगा।

(15) जहां किसी व्यक्ति पर उप-धारा (1), उप-धारा (2) या उप-धारा (4) के तहत अपराध का मुकदमा चलाया जाता है, यह साबित करने का भार उस पर होगा कि उसने अपराध नहीं किया है।

(16) इस धारा में निहित कुछ भी नगरपालिका को त्योहारों और समारोहों के अवसरों पर किसी भी सार्वजनिक सड़क पर किसी भी अस्थायी कब्जे या निर्माण की अनुमति देने या किसी भी गलियों और स्थानों में सात दिनों से अधिक समय तक ईंधन जमा करने से नहीं रोकेगा और ऐसे में ताकि जनता या किसी व्यक्ति को असुविधा न हो।

(17) इस धारा में निहित कुछ भी धारा 236 की उप-धारा (1) के तहत विधिवत अधिकृत किसी प्रक्षेपण पर या किसी भी मामले में जहां इस धारा की उप-धारा (16) के तहत अनुमति दी गई है, पर लागू नहीं होगा।

(18) जो कोई नगरपालिका का कर्मचारी होते हुए या सरकार के किसी विभाग से नगरपालिका में प्रतिनियुक्ति पर होते हुए, विशेष रूप से अतिक्रमण या बाधा को हटाने या रोकने या रोकने का कर्तव्य सौंपा गया है, वह स्वयं अतिक्रमण करता है या दूसरों की मदद करता है अतिक्रमण, या जानबूझकर या जानबूझकर, उपेक्षा या जानबूझकर ऐसे अतिक्रमण या बाधा को हटाने या रोकने या रोकने के लिए, दोषसिद्धि पर, कारावास से दंडित किया जाएगा, जिसकी अवधि तीन महीने से कम नहीं होगी, लेकिन जिसे तीन साल तक बढ़ाया

जा सकता है या जुर्माना जो तीस हजार रुपये तक हो सकता है या दोनों से हो सकता है:
बशर्ते कि कोई भी न्यायालय ऐसे कर्मचारी के खिलाफ इस उप-धारा के तहत दंडनीय अपराध के लिए नगर पालिका की पूर्व मंजूरी के बिना संज्ञान नहीं लेगा।

(19) इस धारा के तहत किसी अपराध की कोई जांच पुलिस उपाधीक्षक के पद से नीचे के अधिकारी द्वारा नहीं की जाएगी। हालांकि, ऐसी जांच पूरी की जाएगी और मुख्य नगरपालिका अधिकारी या उनके द्वारा अधिकृत अधिकारी द्वारा नगर पालिका की ओर से प्रथम सूचना रिपोर्ट दाखिल करने की तारीख से तीन महीने की अवधि के भीतर न्यायालय में रिपोर्ट दायर की जाएगी।

(20) इस अधिनियम की धारा 298 के प्रावधानों और अन्य प्रावधानों पर प्रतिकूल प्रभाव डाले बिना, मुख्य नगरपालिका अधिकारी के लिए संबंधित मजिस्ट्रेट के समक्ष किसी भी सरकारी या नगरपालिका भूमि पर अतिक्रमण करने की संभावना वाले व्यक्ति के खिलाफ कार्यवाही करना कानूनी होगा, उसे ऐसा कोई भी अतिक्रमण करने से रोकने के लिए और मजिस्ट्रेट के लिए यह सक्षम होगा कि वह मुख्य नगरपालिका अधिकारी की आशंका की तर्कसंगतता के बारे में संतुष्ट होने पर, ऐसे व्यक्ति से अपने अच्छे व्यवहार के लिए, जमानतदारों के साथ या बिना जमानत के एक बांड निष्पादित करने के लिए कह सकता है। ऐसी अवधि के लिए, जो एक वर्ष से अधिक न हो, जैसा कि मजिस्ट्रेट ठीक समझे। दंड प्रक्रिया संहिता, 1973 (1974 का केंद्रीय अधिनियम संख्या 2) के अध्याय आठ में निहित प्रक्रिया परिवर्तन सहित लागू होगी।इस उप-धारा के तहत मजिस्ट्रेट के समक्ष कार्यवाही के लिए जैसे कि ऐसी कार्यवाही दंड प्रक्रिया संहिता, 1973 (1974 का केंद्रीय अधिनियम संख्या 2) की धारा 107 के तहत कार्यवाही थी।

<u>246. खतरनाक उत्खनन।</u> -

यदि नगर पालिका की राय में किसी भी स्थान पर किसी खदान का कार्य करना या मिट्टी रो पत्थर, मिट्टी या अन्य सामग्री को हटाना उसके पड़ोस में रहने वाले या कानूनी पहुंच रखने वाले व्यक्तियों के लिए खतरनाक है या बनाता है या बनाने की संभावना है नगर पालिका, लिखित नोटिस द्वारा, उक्त खदान या स्थान के मालिक या ऐसे काम करने या हटाने के लिए जिम्मेदार व्यक्ति से, ऐसी खदान के काम को जारी रखने या अनुमति देने या ऐसी सामग्री को हटाने या ऐसी सामग्री लेने की अपेक्षा कर सकती है। ऐसी खदान या स्थान के साथ आदेश, जिसे नगर पालिका खतरे को रोकने या उससे उत्पन्न होने वाले या उत्पन्न होने वाले उपद्रव को कम करने के उद्देश्य से निर्देशित करेगी:

बशर्ते , यदि ऐसी खदान या स्थान राज्य सरकार में निहित है या यदि राज्य सरकार द्वारा या उसकी ओर से या उसकी अनुमति से या प्राधिकरण के अधिकार के तहत कार्य करने वाले किसी व्यक्ति द्वारा या उसकी ओर से ऐसा कार्य किया जा रहा है या वहां से हटाया जा रहा है। राज्य सरकार या राज्य सरकार के किसी भी अधिकारी के रूप में, नगर पालिका ऐसी कार्रवाई तब तक नहीं करेगी जब तक कि राज्य सरकार ने ऐसा करने के लिए सहमति नहीं

दी है:

परन्तु यह और कि नगर पालिका तत्काल ऐसी खदान या स्थान के पास यात्रियों की सुरक्षा के लिए उचित होर्डिंग या बाड़ लगवाएगी, यदि इस धारा में निर्दिष्ट किसी भी मामले में आसन्न को रोकने के लिए यह आवश्यक प्रतीत होता है इस धारा के तहत कार्रवाई करने में नगर पालिका द्वारा किए गए किसी भी खर्च का भुगतान इस अधिनियम के तहत ऐसे मालिक या अन्य व्यक्तियों द्वारा किया जाएगा और इस अधिनियम के तहत कर के बकाया के रूप में वसूल किया जाएगा।

247. बिना लाइसेंस के पशुओं, या मुर्गी पालन के लिए परिसर का उपयोग नहीं किया जाना।

-

कोई भी व्यक्ति किसी भी भूमि या परिसर को मवेशी, घोड़ा, सुअर, कुत्ता, या अन्य चौगुनी जानवर या किसी भी प्रकार के मुर्गी पालन के लिए किसी भी उद्देश्य के बिना, या अन्यथा, शर्तों के अनुरूप उपयोग करने की अनुमति नहीं देगा। नगरपालिका द्वारा उप-नियमों द्वारा निर्धारित शुल्क के भुगतान पर नगर पालिका द्वारा दिए गए लाइसेंस का:

परन्तु नगरपालिका लिखित आदेश द्वारा पशु या पक्षी के किसी भी वर्ग को ऐसे अनुज्ञप्ति से या किसी ऐसे उद्देश्य से छूट दे सकती है जिसके लिए ऐसे वर्ग के पशु या पक्षी को रखा जा सकता है।

248. कुछ जानवरों या पक्षियों की जब्ती। -

(1) यदि कोई मवेशी, घोड़ा, सुअर, कुत्ता, या अन्य चार पैरों वाला जानवर या पक्षी इस अध्याय के प्रावधानों के उल्लंघन में किसी भूमि या परिसर में रखा जाता है या किसी सड़क या सार्वजनिक स्थान पर घूमते या भटकते या बंधे पाए जाते हैं जगह या जनता के लिए उपद्रव या खतरा पैदा करने वाला पाया जाता है, तो मुख्य नगरपालिका अधिकारी नगर पालिका के किसी भी अधिकारी या कर्मचारी को ऐसे मवेशी, घोड़े, सुअर, कुत्ते या अन्य चार पैर वाले जानवर या पक्षी को जब्त करने का निर्देश दे सकता है और इसे जब्त कर सकता है या ऐसे स्थान पर हटाया और बनाए रखा जा सकता है जो इस प्रयोजन के लिए नगर पालिका द्वारा नियुक्त किया जा सकता है; और इस तरह की जब्ती और जब्त करने या हटाने और रखरखाव की लागत नीलामी द्वारा ऐसे जानवर या पक्षी की बिक्री से वसूली योग्य होगी:

बशर्ते कि ऐसे जानवर या पक्षी का दावा करने वाला कोई भी व्यक्ति, ऐसी जब्ती के सात दिनों के भीतर, नगर पालिका द्वारा ऐसे जानवर या पक्षी को पकड़ने, जब्त करने या हटाने, या बनाए रखने में किए गए सभी खर्चों का भुगतान करने और इस तरह के सबूत पेश करने पर उसे रिहा करवा सकता है। अपने दावे के समर्थन में जैसा कि मुख्य नगरपालिका अधिकारी पर्याप्त समझे।

(2) उप-धारा (1) के तहत नीलामी द्वारा किसी जानवर या पक्षी की बिक्री की आय ऐसे जानवर या पक्षी की जब्ती, जब्ती या हटाने और रखरखाव और ऐसी बिक्री के आयोजन के लिए किए गए खर्चों को पूरा करने में लागू की जाएगी और अधिशेष, यदि कोई हो, मुख्य

नगरपालिका अधिकारी द्वारा जमा किया जाएगा और यदि बिक्री की तारीख से नब्बे दिनों की अवधि के भीतर ऐसे जानवर या पक्षी के मालिक द्वारा दावा नहीं किया जाता है, तो उसे नगर निधि में जमा किया जाएगा।

249. संक्रमित कुत्तों या जानवरों से निपटने की शक्ति। -

मुख्य नगर पालिका अधिकारी

(ए) किसी कुत्ते या अन्य जानवर, जो रेबीज से पीड़ित है, या जिसे किसी कुत्ते या अन्य जानवर द्वारा काटा गया है, को नष्ट करने, या ऐसी अवधि के लिए सीमित करने का कारण बनता है, जैसा कि वह निर्देशित कर सकता है। पीड़ित या रेबीज से पीड़ित होने का संदेह;

(बी) सार्वजनिक नोटिस द्वारा निर्देश दिया जाता है कि नोटिस में निर्दिष्ट तिथि के बाद, कुत्ते जो बिना लाइसेंस के हैं, उन्हें निजी संपत्ति के रूप में अलग करते हैं और सड़कों पर या अपने मालिकों के घरों के बाड़ों से बाहर घूमते पाए जाते हैं, यदि कोई हो , सीमित किया जा सकता है और यदि आवश्यक हो तो उन्हें अन्यथा निपटाया या नष्ट किया जा सकता है।

250.परिसर **के भीतर पशुओं से होने वाले उपद्रव को रोकने की शक्ति।** -

(1) जब कभी मुख्य नगरपालिका अधिकारी की यह राय हो कि किसी भी पशु या पक्षी को रखने के लिए किसी परिसर का उपयोग करने वाला, भले ही लाइसेंस प्राप्त हो, उपद्रव कर रहा है और इस तरह के उपद्रव को तुरंत रोका जाना चाहिए, मुख्य नगरपालिका अधिकारी, आदेश द्वारा , ऐसे परिसर के मालिक या अधिभोगी से आदेश में निर्दिष्ट अवधि के भीतर इस तरह के उपद्रव को रोकने की अपेक्षा करता है।

(2) यदि, ऐसी अवधि के अंत में, उपद्रव को नहीं रोका जाता है, तो मुख्य नगर अधिकारी या उसके द्वारा इस संबंध में अधिकृत कोई अन्य अधिकारी, ऐसे परिसर के ऐसे उपयोग को ऐसे तरीकों से तुरंत रोक सकता है जैसा वह सोचता है और ऐसे मालिक या अधिभोगी को यह कारण बताने का निर्देश देता है कि पशु या पक्षी, जैसा भी मामला हो, को रखने का लाइसेंस रद्द क्यों नहीं किया जाएगा।

(3) यदि ऐसा स्वामी या अधिभोगी मुख्य नगरपालिका अधिकारी को संतुष्ट करने के लिए कारण नहीं बताता है या यदि उपद्रव को समाप्त नहीं किया जाता है, तो रद्दीकरण के बाद परिसर में पाए जाने वाले पशु या पक्षी की जब्ती और नीलामी द्वारा उपद्रव को रोका जाएगा। इसलिए लाइसेंस की।

251. डेयरियों को लाइसेंस देना। -

(1) कोई भी व्यक्ति व्यापार के प्रयोजनों के लिए, दुधारू पशुओं को रखने के लिए या दूध के भंडारण या बिक्री के लिए या मक्खन बनाने या बेचने के लिए किसी भी स्थान का उपयोग करने की अनुमति नहीं देगा, सिवाय लाइसेंस की शर्तों के तहत और उसके अनुसार नगर पालिका।

(2) नगरपालिका ऐसी शर्तों के अध्यधीन ऐसा अनुज्ञप्ति प्रदान कर सकती है जो वह ठीक समझे और अनुज्ञप्तिधारी को एक माह का नोटिस देकर किसी भी समय ऐसा अनुज्ञप्ति

वापस ले सकती है:
बशर्ते कि जहां लाइसेंसधारी ने लाइसेंस की किसी भी शर्त का उल्लंघन किया है, उसे बिना किसी नोटिस के वापस लिया जा सकता है।
(3) जो कोई भी उपरोक्त उद्देश्यों में से किसी के लिए किसी भी स्थान का उपयोग या उपयोग करने की अनुमति देता है, बिना या किसी भी शर्तों के उल्लंघन में, या वापस लेने के बाद, या इस तरह के लाइसेंस के निलंबन के दौरान, जुर्माने से दंडित किया जाएगा जो पांच हजार रुपये से कम नहीं होगा, लेकिन जो दस हजार रुपये तक हो सकता है और अतिरिक्त जुर्माना के साथ जारी अपराध के मामले में, जो प्रत्येक दिन के लिए पचास रुपये तक हो सकता है, जिसके दौरान ऐसा अपराध दोषसिद्धि की तारीख के बाद जारी रहता है। इस तरह का पहला अपराध।
(4) उप-धारा (3) के तहत किसी भी स्थान के संबंध में दोषसिद्धि प्राप्त होने पर, मजिस्ट्रेट मुख्य नगरपालिका अधिकारी या उनके द्वारा अधिकृत किसी अन्य अधिकारी के आवेदन पर, लेकिन अन्यथा नहीं, ऐसे स्थान को बंद करने का आदेश देगा और उसके बाद, व्यक्तियों को नियुक्त करें या ऐसे स्थान का इस प्रकार उपयोग होने से रोकने के लिए अन्य कदम उठाएं।

252. कुछ प्रकार के यातायात के लिए सार्वजनिक सड़कों के उपयोग को प्रतिबंधित करने की शक्ति। -

(1) नगर पालिका, नोटिस द्वारा, लिखित रूप में,
(ए) किसी भी सार्वजनिक सड़क या उसके किसी हिस्से में या तो अस्थायी या स्थायी रूप से वाहन यातायात को प्रतिबंधित या विनियमित करना ताकि जनता के लिए खतरे, बाधा या असुविधा को रोका जा सके या किसी इलाके में शांति सुनिश्चित की जा सके,
(बी) जल निकासी, जलापूर्ति या प्रकाश व्यवस्था से संबंधित किसी भी कार्य को करने के लिए या इस अधिनियम के किसी भी उद्देश्य के लिए मरम्मत या आदेश के लिए यातायात के लिए किसी भी सड़क को अस्थायी रूप से बंद कर दें:
बशर्ते कि ऐसा कार्य पूरा किया जाएगा और ऐसी सड़क को सभी उचित गति के साथ यातायात के लिए फिर से खोल दिया जाएगा।
(2) उप-धारा (1) के तहत कोई भी नोटिस, यदि ऐसा नोटिस किसी विशेष सार्वजनिक सड़क पर लागू होता है, तो ऐसी सार्वजनिक सड़क के दोनों सिरों पर या उसके पास या उसके किसी भी हिस्से में, जिस पर ऐसा नोटिस लागू होता है, या, यदि ऐसी सूचना आम तौर पर सभी सार्वजनिक सड़कों पर लागू होती है, विज्ञापित किया जाए।
(3) उप-धारा (1) में निहित कुछ भी होने के बावजूद, नगर पालिका लिखित रूप में नोटिस द्वारा घोषित कर सकती है कि किसी भी पैदल मार्ग, या उसके एक हिस्से का उपयोग साइकिल और पैदल मार्ग के रूप में किया जाएगा।
(4) उप-धारा (3) में निर्दिष्ट नोटिस को ऐसी सार्वजनिक सड़क या उसके किसी हिस्से के

दोनों सिरों पर या उसके पास विशिष्ट स्थानों पर चिपकाया जाएगा, जिस पर उप-धारा (3) के प्रावधान लागू होते हैं।

253. सार्वजनिक स्थानों पर निजी वाहनों की पार्किंग का विनियमन-

यातायात के सुचारू प्रवाह को सुनिश्चित करने और आम जनता की असुविधा को रोकने के लिए नगर पालिका फुटपाथों सहित सार्वजनिक स्थानों पर और सड़क के किनारे वाहनों की पार्किंग को विनियमित करेगी। किसी भी स्थिति में सार्वजनिक स्थान पर पार्किंग की अनुमति तब तक नहीं दी जाएगी जब तक कि पर्याप्त स्थान उपलब्ध न हो:

परन्तु नगर पालिका, पर्याप्त स्थान की उपलब्धता को ध्यान में रखते हुए, सामान्य या विशेष आदेश द्वारा सार्वजनिक स्थानों पर पार्किंग की अनुमति नगर पालिका द्वारा निर्धारित दर पर पार्किंग शुल्क के भुगतान के अधीन दे सकती है।

254. सार्वजनिक भूमि पर वाहनों या जानवरों को रोकना। -

जहां नगर पालिका या किसी सार्वजनिक स्थान में निहित कोई भूमि, नगर पालिका की लिखित अनुमति के बिना, किसी वाहन या जानवर या छावनी के स्थान के लिए एक पड़ाव स्थान के रूप में उपयोग की जाती है, वाहन या जानवर के मालिक या रखवाले या डेरा डाले हुए व्यक्ति, जैसा भी मामला हो, दोषसिद्धि पर जुर्माने के लिए उत्तरदायी होगा जो एक हजार रुपये से कम नहीं होगा, लेकिन जो दो हजार रुपये तक हो सकता है और लगातार उल्लंघन के मामले में एक और जुर्माना जो कम नहीं होगा पचास रुपये से अधिक लेकिन जो पहली दोषसिद्धि की तारीख के बाद प्रत्येक दिन के लिए एक सौ रुपये तक हो सकता है, जिसके दौरान अपराधी को अपराध करने के लिए जारी रखा गया है।

255. आग से बचाव की व्यवस्था। -

नगरपालिका, नगरपालिका क्षेत्र के सभी या किसी परिसर के मालिक या अधिभोगी को उप-नियमों द्वारा, नगरपालिका क्षेत्र में आग की रोकथाम और अग्नि सुरक्षा के लिए आवश्यक व्यवस्था करने की आवश्यकता हो सकती है और इसके लिए भी आवश्यकता हो सकती है मालिक या अधिभोगी को इस संबंध में अनापत्ति प्रमाण पत्र प्राप्त करने के लिए इस तरह के रूप में और इस तरह से और ऐसे प्राधिकरण से प्राप्त करने के लिए जैसा कि इस तरह के उप-नियमों में निर्दिष्ट किया जा सकता है।

256. फायर बिग्रेड की स्थापना एवं अनुरक्षण। -

नगर पालिका एक फायर ब्रिगेड की स्थापना और रखरखाव कर सकती है और आग की रोकथाम और विलुप्त होने के लिए आवश्यक समझी जाने वाली खुफिया जानकारी के लिए कोई उपकरण, मशीनरी या साधन प्रदान कर सकती है।

257. अग्नि शमन के लिए अग्निशमन दल और अन्य व्यक्तियों की शक्तियां। -

(1) नगर निगम क्षेत्र में आग लगने की स्थिति में कोई भी मजिस्ट्रेट, नगर पालिका का कोई सदस्य, मुख्य नगरपालिका अधिकारी, नगर पालिका का कोई अन्य अधिकारी, फायर ब्रिगेड का कोई भी सदस्य, जो इसके संचालन को निर्देशित करता हो या ऊपर कोई पुलिस

अधिकारी हो। एक कांस्टेबल का पद
(ए) किसी भी व्यक्ति को हटाने या हटाने का आदेश जो उसकी उपस्थिति से आग बुझाने या जीवन या संपत्ति को बचाने के लिए संचालन में हस्तक्षेप करता है या बाधित करता है;
(बी) किसी भी सड़क या मार्ग को बंद कर दें जिसमें या उसके पास आग जल रही हो;
(सी) किसी भवन या भूमि में या घर या अन्य उपकरणों के पारित होने के लिए आग-ब्रेक को बुझाने के लिए या उसके माध्यम से या नीचे खींचने या तोड़ने या तोड़ने या नीचे खींचने या उपयोग करने के उद्देश्य के लिए;
(डी) मुख्य और पाइप को बंद कर देगा ताकि आग लगने वाले स्थान में या उसके आस-पास पानी का अधिक दबाव दिया जा सके;
(e) दमकल इंजन के प्रभारी व्यक्ति को ऐसी सहायता प्रदान करने के लिए बुलाना जो संभव हो सके; तथा
(च) आम तौर पर ऐसे उपाय करें जो जीवन और संपत्ति के संरक्षण के लिए आवश्यक प्रतीत हों।
(2) कोई भी व्यक्ति उसके द्वारा उप-धारा (1) के तहत सद्भावपूर्वक किए गए कार्य के लिए हर्जाना देने के लिए उत्तरदायी नहीं होगा।

258. प्लास्टिक बैग के निर्माण आदि को प्रतिबंधित या प्रतिबंधित करने की शक्ति। -
(1) तत्समय प्रवृत्त किसी अन्य कानून और राज्य सरकार के किसी सामान्य या विशेष आदेश के अधीन रहते हुए, नगर पालिका को अधिकार होगा कि वह शासकीय राजपत्र में अधिसूचना द्वारा किसी भी वस्तु के निर्माण, बिक्री या उपयोग को प्रतिबंधित या प्रतिबंधित कर सकता है। किसी भी हिस्से या पूरे नगरपालिका क्षेत्र में प्लास्टिक की थैलियों का प्रकार।
(2) जो कोई उप-धारा (1) के तहत लगाए गए प्रतिबंध या प्रतिबंध का उल्लंघन करता है, उसे दोषसिद्धि पर, साधारण कारावास से, जो तीन महीने तक बढ़ाया जा सकता है, या जुर्माने से, जो एक सौ रुपये से कम नहीं होगा, लेकिन जो हो सकता है, दंडनीय होगा। एक हजार रुपये तक बढ़ाया जा सकता है, या दोनों के साथ, और अतिरिक्त जुर्माने के साथ, जो हर दिन या रात के लिए पचास रुपये तक हो सकता है, जैसा भी मामला हो, जिस पर ऐसा अपराध पहली सजा की तारीख के बाद जारी रहता है।

259. कनेक्शन न लेना या सीवेज का निर्वहन आदि। - जो कोई धारा 202 में प्रदान किए गए सीवरेज सिस्टम से कनेक्शन नहीं लेता है या किसी सिंक या सीवर के पानी, किसी अन्य तरल या अन्य पदार्थ का कारण बनता है या अनुमति देता है या जो संभावित है अपने नियंत्रण में किसी भी इमारत या भूमि से आक्रामक बनना, चलाना, नाली या फेंकना या किसी सड़क या खुली जगह पर रखना या किसी बाहरी दीवार से भिगोना, या किसी भी सीवर या प्रिवी से किसी भी आक्रामक पदार्थ को चलाने या चलाने की अनुमति देता है नगर पालिका की लिखित अनुमति के बिना किसी भी गली में नाली या सतही नाले में फेंकना, या जो ऐसी अनुमति में निर्धारित शर्तों का पालन करने में विफल रहता है, जुर्माने से दंडनीय

होगा जो पांच हजार से कम नहीं होगा।

<u>260. गंदी इमारत आदि..-</u>

(1) जो कोई, किसी भवन या भूमि का स्वामी या अधिभोगी होने के नाते, उसे गंदी और अस्वच्छ अवस्था में रहने देता है, या नगर पालिका की राय में, पड़ोस में रहने वाले व्यक्तियों के लिए एक उपद्रव होने की अनुमति देता है, या काँटेदार-नाशपाती या रैंक और शोर वनस्पति के साथ उग आया है और नगर पालिका द्वारा लिखित नोटिस के बाद उचित समय के भीतर साफ करने, साफ करने या अन्यथा इसे उचित स्थिति में रखने के लिए, इस तरह के नोटिस में निहित आवश्यकता का पालन नहीं करता है, जुर्माने से दंडित किया जाएगा जो एक हजार रुपये से कम नहीं होगा, लेकिन जो दो हजार रुपये तक हो सकता है और अतिरिक्त जुर्माना जो पचास रुपये से कम नहीं होगा, लेकिन जो हर दिन के लिए एक सौ रुपये तक हो सकता है, जिस पर ऐसा करने में विफलता उक्त नोटिस का अनुपालन प्रथम दोषसिद्धि की तिथि के बाद भी जारी है।

(2) यदि भवन की स्थिति नगर पालिका के निर्णय के अनुसार मानव निवास के लिए अनुपयुक्त बनाने के लिए है, तो वह लिखित सूचना द्वारा उस उद्देश्य के लिए उसके उपयोग को तब तक प्रतिबंधित कर सकती है जब तक कि इसे इस तरह से फिट नहीं किया जाता है।

(3) यदि कोई भवन, जीर्ण-शीर्ण, उपेक्षा, परित्याग या अनुपयोग या उसके गैर-किरायेदार रहने के कारण -

(ए) बेकार और उच्छृंखल व्यक्तियों या ऐसे व्यक्तियों का सहारा बनना जिनके पास निर्वाह का कोई स्पष्ट साधन नहीं है या जो स्वयं का संतोषजनक लेखा नहीं दे सकते हैं; या

(बी) किसी भी अस्वच्छ या अनैतिक उद्देश्यों के लिए उपयोग में आना; या

(सी) सांपों, चूहों या अन्य खतरनाक या आक्रामक जानवरों को आश्रय देना,

इस आपत्ति के लिए खुला है कि यह एक उपद्रव या इतना अहितकर या भद्दा है कि पड़ोस या ऐसे भवन से गुजरने वाले व्यक्तियों के लिए असुविधा, असुविधा या झुंझलाहट का स्रोत हो, तो नगर पालिका, यदि यह मानती है कि ऐसी आपत्ति किसी के तहत नहीं हो सकती है अन्य प्रावधान- इस अधिनियम के अन्य प्रावधानों को अन्यथा हटाया जा सकता है, यदि नगर पालिका के भीतर कोई ज्ञात या निवासी व्यक्ति है जो ऐसे व्यक्ति को निर्देशित लिखित नोटिस द्वारा या किसी अन्य मामले में लिखित नोटिस द्वारा ऐसे भवन का मालिक होने का दावा करता है- बाहरी दरवाजे या भवन के किसी अन्य विशिष्ट भाग पर लगाए गए, उसमें रुचि रखने वाले सभी व्यक्तियों को नोटिस में उल्लिखित अवधि के भीतर भवन के संबंध में ऐसे कदम उठाने की आवश्यकता होती है जो नोटिस में निर्दिष्ट किए जा सकते हैं।

(4) उसमें उल्लिखित अवधि के भीतर नोटिस की आवश्यकताओं के साथ गैर-अनुपालन की स्थिति में, नगर पालिका ऐसे आदेश का कारण बन सकती है, जैसा कि नोटिस में निर्दिष्ट किया जा सकता है, जो कि संबंधित भवन के खर्च पर लिया जा सकता है। मालिक या उसमें

रुचि रखने वाले व्यक्ति और, यदि भवन को गिरा दिया जाता है, तो उसकी सभी सामग्री को हटाकर तुरंत बेच दिया जाएगा।

(5) यदि किसी भवन की सामग्री बेची जाती है, तो बिक्री की आय को पहली बार में नगर पालिका द्वारा भवन को गिराने और उसकी सामग्री को हटाने और बेचने और ऐसे सभी खर्चों को चुकाने के लिए लागू किया जाएगा। इस अधिनियम के तहत वसूली योग्य किसी भी कर के कारण दावा की गई राशि के रूप में उसी तरह से वसूली योग्य नहीं होगी:

बशर्ते कि यदि इस तरह के खर्चों को चुकाने के बाद कोई अधिशेष राशि बनी रहती है, तो वह बिक्री की तारीख से छह महीने के भीतर मालिक या इच्छुक व्यक्तियों को आवेदन करने पर देय होगी।

261. स्नान स्थल। -

(1) नगर पालिका पर्याप्त सार्वजनिक स्थानों को स्नान स्थलों के रूप में इस्तेमाल करने के लिए अलग कर सकती है और निवासियों के लिए स्नान करने के लिए पर्याप्त संख्या में सुविधाजनक टैंक या पानी के रन भी उपलब्ध करा सकती है या अलग कर सकती है; और जानवरों या कपड़े धोने के लिए और निवासियों के स्वास्थ्य, स्वच्छता और आराम से जुड़े सभी उद्देश्यों के लिए टैंक या जलाशय या पानी के रन अलग कर सकते हैं, और किसी भी या सभी के इस खंड में वर्णित किसी भी उद्देश्य के लिए उपयोग को प्रतिबंधित कर सकते हैं। नगर पालिका के भीतर अन्य सार्वजनिक स्थान।

(2) इस धारा के तहत नगरपालिका द्वारा जारी किए गए सभी आदेशों और नोटिसों की प्रतियां नगरपालिका कार्यालय में रखी जाएंगी और जनता द्वारा सभी उचित समय पर निरीक्षण के लिए खुली रहेंगी।

262. दूषित जल।

- (क) जो कोई नगरपालिका के धारा 261 या किसी उपनियम के किसी आदेश की अवज्ञा करते हुए नगर पालिका के किसी तालाब, तालाब, जलाशय, कुएं, हौज, नाली या जलसेतु में स्नान करता है या धोता है या धोता है कोई जानवर या कुछ भी या कुछ भी फेंकता है, डालता है या उसमें प्रवेश करने का कारण बनता है कोई जानवर या कुछ भी या कारण बनता है या भागता है, नाली या उसमें लाया जाता है जो एक उपद्रव है या हो सकता है, या कुछ भी करता है जिससे उसमें कोई पानी हो किसी भी हद तक गलत या भ्रष्ट हो जाएगा, और

(बी) जो कोई भी, नगर पालिका की अनुमति के बिना, नगरपालिका के भीतर या सीमा पर किसी भी टैंक या खाई में, किसी भी जानवर, सब्जी या खनिज पदार्थ को ऐसे टैंक या खाई के पानी को आक्रामक या उपद्रव करने की संभावना है, जुर्माने से दंडित किया जाएगा जो एक हजार रुपये से कम नहीं होगा लेकिन जो दो हजार रुपये तक हो सकता है।

263. कुओं आदि से होने वाले उपद्रव का उपशमन -

(1) यदि नगर पालिका की राय में

(ए) कोई पूल, खाई, खदान, छेद, उत्खनन, टैंक, कुआं, पाउंड, नाली का पानी का कोर्स या

पानी का कोई संग्रह, या
(बी) किसी इमारत के भीतर या बाहर पानी के लिए कोई हौज या अन्य पात्र, या
(सी) कोई भूमि जिस पर पानी जमा हो जाता है और जो एक आवास घर के रूप में उपयोग की जाने वाली किसी भी इमारत से सौ मीटर की दूरी के भीतर स्थित है, मच्छरों के प्रजनन स्थल या किसी अन्य मामले में उपद्रव होने की संभावना है, नगर पालिका लिखित रूप में नोटिस द्वारा, उसके मालिक को उसे इस तरह से और ऐसी सामग्री से भरने, ढकने या निकालने की आवश्यकता हो सकती है, या उपद्रव को दूर करने या कम करने के लिए ऐसा आदेश लेने के लिए, जैसा कि नगर पालिका निर्देश दे सकती है।
(2) (क) नगर पालिका की लिखित पूर्व अनुमति के बिना कोई नया तालाब या तालाब खोदा या निर्माण नहीं किया जाएगा, और
(ख) यदि ऐसा कोई कार्य ऐसी अनुमति के बिना शुरू या पूरा किया जाता है, तो नगर पालिका या तो
(i) लिखित सूचना द्वारा स्वामी या अन्य व्यक्ति से, जिसने ऐसा कार्य किया है, ऐसे कार्य को ऐसी रीति से भरने या गिराने की अपेक्षा करता है जैसा कि नगर पालिका निर्देश दे; या
(ii) इस तरह के काम को बनाए रखने के लिए लिखित अनुमति दें, लेकिन ऐसी अनुमति ऐसे मालिक को इस उप-धारा के खंड (ए) के प्रावधानों के उल्लंघन के लिए कार्यवाही से छूट नहीं देगी।

264. कुछ प्रकार की खेती का विनियमन या निषेध। नगर पालिका, चिकित्सा एवं स्वास्थ्य सेवा निदेशक, मुख्य चिकित्सा एवं स्वास्थ्य अधिकारी या स्थानीय चिकित्सा अधिकारी की रिपोर्ट पर कि किसी भी प्रकार की फसल की खेती, या किसी भी प्रकार की खाद का उपयोग, या भूमि की सिंचाई नगर पालिका की सीमा के भीतर किसी भी स्थान पर सार्वजनिक स्वास्थ्य के लिए हानिकारक है, राज्य सरकार की पूर्व मंजूरी के साथ, सार्वजनिक नोटिस द्वारा खेती, खाद के उपयोग, या सिंचाई को इस तरह से हानिकारक होने की सूचना दी जा सकती है या प्रतिबंधित कर सकते हैं:
बशर्ते , जब ऐसी खेती, उपयोग या सिंचाई ऐसी सार्वजनिक सूचना की तारीख से पहले के पांच वर्षों के दौरान ऐसी निरंतरता के साथ की गई हो, जैसा कि पालन का सामान्य पाठ्यक्रम स्वीकार करता है, तो मुआवजे का भुगतान नगरपालिका निधि से उसमें रुचि रखने वाले सभी व्यक्तियों को किया जाएगा। पूर्ण शराबबंदी से उन्हें हुई कोई क्षति।

265. आपत्तिजनक खाद आदि का उपयोग करना -
जो कोई नगर पालिका की लिखित अनुमति के बिना और रास्ते में, यदि कोई हो, ऐसी अनुमति में शामिल होने के अलावा, रात की मिट्टी या अन्य खाद का उपयोग करने के लिए एक आक्रामक गंध उत्सर्जित करने के लिए दंडित किया जाएगा जुर्माना जो एक हजार रुपये से कम नहीं होगा लेकिन जो दो हजार रुपये तक हो सकता है।

266. झुंझलाहट पैदा करने वाला कोई खेल खेलना। - जो कोई लापरवाही से पतंग उड़ाता है,

या आतिशबाजी करता है या आग के गुब्बारे छोड़ता है या किसी खेल में शामिल होता है, इस तरह से, जिससे गुजरने वाले या रहने वाले या पड़ोस में काम करने वाले व्यक्तियों को खतरा या परेशानी हो सकती है या चोट लगने की संभावना हो सकती है। संपत्ति के लिए, जुर्माने से दंडनीय होगा जो एक सौ रुपये से कम नहीं होगा लेकिन जो पांच सौ रुपये तक हो सकता है।

267. अन्य उपद्रवों का प्रतिषेध। -

(1) नगर पालिका में, कोई भी व्यक्ति

(ए) किसी भी सार्वजनिक सड़क या सार्वजनिक स्थान पर

(i) खुद को आराम देना, या अपने प्रभारी किसी बच्चे को खुद को कम करने के लिए प्रेरित करना; या

(ii) सार्वजनिक दृश्य के सामने मांस ले जाना; या

(iii) जानवरों को धरना देना या गाड़ियां इकट्ठा करना; या

(iv) इस अधिनियम, या इसके तहत बनाए गए नियमों या उप-नियमों के अनुसार किसी भी विज्ञापन नोटिस या अन्य दस्तावेज को हटाना, नष्ट करना, विरूपित करना या अन्यथा मिटा देना; या

(v) किसी भी अपशिष्ट पदार्थ को खुले वाहन में ले जाना; या

(बी) कोई कब्र, मकबरा या स्मारक बनाना या किसी भी लाश को जलाना या किसी ऐसे स्थान पर दफनाना जो इस उद्देश्य के लिए अलग नहीं किया गया हो; या

(सी) किसी भी जानवर को ढीला छोड़ दें, या लापरवाही से जानवर को किसी व्यक्ति को चोट, खतरे, अलार्म या झुंझलाहट का कारण बनने दें; का

(घ) किसी ऐसे स्थान पर शौचालय के रूप में उपयोग या उपयोग करने की अनुमति जो उस प्रयोजन के लिए अभिप्रेत नहीं है।

(2) जो कोई उप-धारा (1) के प्रावधानों में से किसी का उल्लंघन करता है, वह जुर्माने से दण्डनीय होगा जो एक हजार रुपये से कम नहीं होगा लेकिन जो दो हजार रुपये तक हो सकता है।

268. धूम्रपान की खपत। -

(1) नगरपालिका के लिए सार्वजनिक नोटिस द्वारा यह निर्देश देना वैध होगा कि नगर पालिका की सीमाओं के भीतर किसी भी व्यापार या निर्माण के उद्देश्य से उपयोग किए जाने वाले किसी भी काम या भवन में नियोजित, या नियोजित होने वाली प्रत्येक भट्टी, चाहे भाप हो इंजन का उपयोग किया जाना चाहिए या नहीं किया जाना चाहिए या नियोजित किया जाना चाहिए, सभी मामलों में, भट्टी से उत्पन्न होने वाले धुएं का उपभोग या जलाने या कम करने के लिए सभी मामलों में निर्माण, पूरक या परिवर्तित किया जाएगा।

(2) यदि कोई व्यक्ति, ऐसे निर्देश के बाद, किसी ऐसी भट्टी का उपयोग या उपयोग करने की अनुमति देगा जो इस प्रकार निर्मित, पूरक या परिवर्तित नहीं है, या किसी ऐसी भट्टी का लापरवाही से उपयोग या उपयोग करने की अनुमति देगा, तो उससे उत्पन्न होने वाला धुआँ

जहां तक संभव हो, प्रभावी रूप से उपभोग या जला नहीं किया जाएगा, प्रत्येक व्यक्ति जो इस तरह का उल्लंघन करता है, उक्त कार्यों या भवनों का मालिक या कब्जा करने वाला या एजेंट होने के नाते या ऐसे मालिक या अधिभोगी द्वारा उसी के प्रबंधन के लिए नियोजित अन्य व्यक्ति को दंडित किया जाएगा। जुर्माने से, जो एक हजार रुपये से कम नहीं होगा, लेकिन जो दो हजार रुपये तक हो सकता है, और किसी भी बाद की सजा पर, जो दो हजार रुपये से कम नहीं होगा, लेकिन जो पांच हजार रुपये तक हो सकता है:

बशर्ते कि इस धारा की कोई भी बात किसी रेलवे पर यातायात या सड़कों की मरम्मत के लिए इस्तेमाल किए जाने वाले लोकोमोटिव इंजनों पर लागू होने के लिए नहीं मानी जाएगी।

269. बाज़ारों, वध-गृहों और कतिपय व्यवसायों को अनुज्ञप्ति देना। -

(1) नगरपालिका के लिए यह निर्देश देना विधिसम्मत होगा कि धारा 340 की उप-धारा (1) के खंड (जे) में निर्दिष्ट उद्देश्यों के लिए किसी भी स्थान का उपयोग नहीं किया जाएगा, जो इसमें निहित या निहित नहीं है, इसके तहत और इसके अलावा नगर पालिका से लाइसेंस की शर्तों के अनुसार जो समय-समय पर ऐसे लाइसेंसों को सामान्य रूप से या व्यक्तिगत मामलों में अनुदान, निलंबित, रोक या वापस ले सकता है।

(2) जो कोई भी इस तरह के निर्देश के विपरीत किसी भी जगह का उपयोग करता है या अनुमति देता है, बिना लाइसेंस के, जैसा कि पूर्वोक्त आवश्यक है, या किसी भी शर्त के उल्लंघन में या निलंबन के दौरान या ऐसे लाइसेंस को वापस लेने के बाद जुर्माना से दंडित किया जाएगा जो कि एक हजार रुपये से कम नहीं हो सकता है लेकिन जो दो हजार रुपये तक हो सकता है।

(3) इस धारा की उप-धारा (2) के तहत किसी भी स्थान के संबंध में दोष सिद्ध होने पर, मजिस्ट्रेट नगर पालिका के आवेदन पर, लेकिन अन्यथा नहीं, ऐसे स्थान को बंद करने का आदेश देगा, और उसके बाद व्यक्तियों को नियुक्त करेगा या ऐसे स्थान का इस प्रकार उपयोग होने से रोकने के लिए अन्य उपाय करना और प्रत्येक व्यक्ति जो इस प्रकार बंद करने के आदेश के बाद स्थान का उपयोग करता है या उपयोग करने की अनुमति देता है, उसे जुर्माने से दंडित किया जाएगा जो पचास रुपये से कम नहीं होगा लेकिन जो एक तक हो सकता है। प्रत्येक दिन के लिए सौ रुपये, जिसके दौरान वह ऐसा उपयोग करना जारी रखता है, या उस स्थान के ऐसे उपयोग की अनुमति देता है जब उसे बंद करने का आदेश दिया गया हो।

(4) कोई भी व्यक्ति, उप-धारा (1) के तहत नगरपालिका के आदेश से व्यथित है, किसी भी लाइसेंस को देने, निलंबित करने, रोकने या वापस लेने के लिए, ऐसे आदेश के तीस दिनों के भीतर, उसकी एक प्रति प्राप्त करने के लिए आवश्यक समय को छोड़कर अपील कर सकता है कलेक्टर एवं अपीलीय प्राधिकारी का आदेश अंतिम होगा तथा किसी भी न्यायालय में इस पर प्रश्नचिह्न नहीं लगाया जा सकेगा।

270. बाजार और बूचड़खानों को खोलना, बंद करना और किराये पर देना। -

(1) नगर पालिका समय-समय पर किसी भी सार्वजनिक बाजार या बूचड़खाने को खोल या बंद कर सकती है। यह या तो ऐसे किसी बाजार या बूचड़खाने के किसी व्यक्ति द्वारा उपयोग किए जाने वाले स्टॉल या अन्य किराए या शुल्क का प्रभार ले सकता है या समय-समय पर सार्वजनिक नीलामी द्वारा बेचा जा सकता है या अन्यथा किसी स्टाल या स्थान पर कब्जा करने का विशेषाधिकार, या अन्यथा ऐसे किसी बाजार या वधशाला का उपयोग करना।

(2) कोई भी व्यक्ति, जो नगर पालिका की अनुमति या लाइसेंस के बिना उक्त बाजार में किसी भी वस्तु को बेचेगा या बिक्री के लिए उजागर करेगा या उक्त बूचड़खाने का उपयोग करेगा, उसे जुर्माने से दंडित किया जाएगा जो एक हजार रुपये से कम नहीं होगा, लेकिन जो हो सकता है दो हजार रुपए तक बढ़ाया जाए।

(3) सार्वजनिक नीलामी या निजी अनुबंध द्वारा उप-धारा (1) के तहत लगाए जाने वाले किसी भी किराए या शुल्क की वसूली के लिए नगरपालिका के लिए एक बार में एक वर्ष से अधिक की अवधि के लिए पट्टे पर देना वैध होगा।

<u>271. बूचड़खाने आदि नगरपालिका सीमा से बाहर</u>। - नगर पालिका के लिए ऐसे अधिकारी की स्वीकृति से, जो इस निमित्त राज्य सरकार द्वारा नियुक्त या प्राधिकृत हो, नगर पालिका की सीमा से बाहर पशुओं के शवों के निपटान के लिए बूचड़खाने या स्थान स्थापित करना वैध होगा, और इस अधिनियम के सभी प्रावधान और इसके तहत लागू उप-नियमों का नगरपालिका सीमा के भीतर ऐसे स्थानों से संबंधित पूर्ण बल होगा, जैसे कि ऐसे स्थान नगरपालिका सीमा के भीतर थे।

<u>272. नए बूचड़खाने खोलना।</u> -

इस अधिनियम में किसी बात के होते हुए भी नगर पालिका, नया बूचड़खाने की स्थापना या स्थापना की अनुमति देते समय, जनता की सुविधा और आम जनता की राय को ध्यान में रखेगी और जनता से प्राप्त उचित आपत्ति पर विचार करेगी। -

<u>273. खतरनाक बीमारियों को रोकने के लिए प्रयोग की जा सकने वाली शक्तियां। -</u>

(1) प्रत्येक नगर पालिका, ऐसी सीमाओं, प्रतिबंधों और शर्तों के अधीन, जो इस संबंध में निर्धारित की जा सकती हैं, खतरनाक बीमारियों की रोकथाम के लिए उप-धारा (2) में निर्दिष्ट सभी या किसी भी शक्ति का प्रयोग कर सकती हैं।

(2) पूर्ववर्ती उप-धारा के तहत जिन शक्तियों का प्रयोग किया जा सकता है वे हैं:

(ए) आदेश द्वारा शक्ति जो या तो विशेष या सामान्य आवेदन की हो सकती है, यह निर्देश देने के लिए कि प्रत्येक चिकित्सक जो जानता है या विश्वास करने का कारण हो सकता है कि कोई भी व्यक्ति जिसे उसने अपनी पेशेवर क्षमता में किसी भी आवास में देखा है, वह अस्पताल नहीं है या प्रत्येक किसी कारखाने या शैक्षणिक संस्थान का प्रबंधक या घर का हर मुखिया जो जानता है या विश्वास करने का कारण है कि कोई भी व्यक्ति जो किसी ऐसे प्रबंधक या घर के मुखिया के प्रबंधन या नियंत्रण के तहत किसी भी आवास में रहता है, खतरनाक बीमारी से पीड़ित है, की जानकारी देगा ऐसे व्यक्ति के लिए कम से कम

व्यावहारिक देरी के साथ जो उस संबंध में नगर पालिका द्वारा नामित किया जा सकता है;
(बी) निरीक्षण को निर्देशित या अधिकृत करने की शक्ति, बिना किसी नोटिस के या इस तरह की नोटिस के साथ कि निरीक्षण करने के लिए निर्देशित या अधिकृत व्यक्ति, उचित प्रतीत होता है, किसी भी स्थान पर जहां किसी भी खतरनाक बीमारी की सूचना दी गई है या मौजूद होने का संदेह है और उपाय करने के लिए ऐसे स्थान से परे रोग के प्रसार को रोकना;
(सी) किसी भी कुएं, टैंक या अन्य स्थान से पीने के उद्देश्य से पानी निकालने पर रोक लगाने की शक्ति, जो कि नगर पालिका को दिखाई दे, चिकित्सा और स्वास्थ्य विभाग के अधिकारियों, स्वास्थ्य अधिकारी की सलाह पर, जिसके कारण होने की संभावना है किसी भी खतरनाक बीमारी का प्रसार;
(डी) नगर पालिका के स्वास्थ्य अधिकारी या इस संबंध में नगर पालिका द्वारा अधिकृत किसी भी विधिवत योग्य चिकित्सा व्यवसायी द्वारा हस्ताक्षरित प्रमाण पत्र पर किसी भी व्यक्ति, जो उचित आवास या आवास के बिना है, या जो है, के प्रमाण पत्र पर निर्देश देने या हटाने का कारण एक कमरे या एक से अधिक परिवारों के कब्जे वाले अपार्टमेंट के सेट में, या ऐसे स्थान पर जहां उसकी उपस्थिति पड़ोस के लिए खतरा हो सकती है, और जो संक्रामक बीमारी से पीड़ित है, किसी भी अस्पताल या स्थान पर जहां व्यक्ति पीड़ित हैं उक्त रोग चिकित्सा उपचार के लिए प्राप्त हुए हैं और इस प्रकार हटाए गए व्यक्ति को नगर पालिका की अनुमति के बिना ऐसे अस्पताल या स्थान को छोड़ने से प्रतिबंधित करना;
(ई) लिखित नोटिस द्वारा, किसी भवन या भवन के भाग के स्वामी या अधिभोगी या उसमें किसी वस्तु के स्वामी या प्रभारी व्यक्ति को अपने स्वयं के खर्च पर ऐसे भवन या उसके भाग या वस्तु को साफ और कीटाणुरहित करने की अपेक्षा करने की शक्ति या गरीबी के मामले में या किसी अन्य कारण से, जिसे नगरपालिका मामले की स्थिति में उचित समझे, नगर पालिका के खर्च का;
(च) किसी होटल, धर्मशाला या मुसाफिरखाना में, जिसमें कोई व्यक्ति रहा हो, या जिसमें यह विश्वास करने का कारण है कि किसी व्यक्ति ने किसी खतरनाक बीमारी से पीड़ित देखा है, किराये पर देने या आवास प्रदान करने पर रोक लगाने की शक्ति जब तक और जब तक ऐसा करने या आवास प्रदान करने के इच्छुक व्यक्ति के पास भवन या उसका भाग और उसमें किसी भी वस्तु को नगर पालिका या किसी ऐसे अधिकारी की संतुष्टि के लिए कीटाणुरहित बनाए रखने की संभावना होगी जिसे नगर पालिका इस संबंध में नियुक्त करती है;
(छ) किसी भी अस्वच्छ झोपड़ियों या शेड को नष्ट करने के लिए मजिस्ट्रेट के प्रत्येक मामले में पूर्व अनुमति के साथ शक्ति जिसमें यह विश्वास करने का कारण है कि व्यक्ति किसी खतरनाक बीमारी से पीड़ित हैं;
(ज) किसी खतरनाक बीमारी से संक्रमण के संपर्क में आने वाले कपड़े, या अन्य वस्तुओं को कीटाणुरहित करने या धोने के लिए साधन प्रदान करने और स्थान निर्धारित करने की

शक्ति या उसके विनाश का निर्देश देने की शक्ति;
(स **** पावर
(i) खतरनाक बीमारियों से पीड़ित व्यक्तियों की मुफ्त ढुलाई के लिए उपयुक्त वाहन उपलब्ध कराना और उनका रखरखाव करना;
(ii) जहां इस तरह का प्रावधान किया गया है, ऐसे व्यक्तियों के सभी या किसी भी सार्वजनिक वाहन में परिवहन को प्रतिबंधित करने के लिए; तथा
(iii) यह निर्देश देना कि ऐसे व्यक्तियों को ले जाने के लिए किसी भी समय उपयोग किए जाने वाले वाहनों को तुरंत कीटाणुरहित किया जाएगा;
(जे) निषिद्ध करने की शक्ति
(i) कोई भी व्यक्ति जो खतरनाक बीमारी से पीड़ित है, किसी गली या किसी स्कूल या कारखाने में या किसी होटल, धर्मशाला, मुसाफिरखाना या सार्वजनिक रिसॉर्ट के अन्य स्थान में उक्त बीमारी के प्रसार के खिलाफ बिना उचित सावधानियों के जानबूझकर खुद को उजागर करता है; तथा
(ii) पीड़ित व्यक्ति को इस प्रकार उजागर करने से पीड़ित व्यक्ति का कोई प्रभारी व्यक्ति; तथा
(के) किसी भी व्यक्ति को कीटाणुशोधन के उद्देश्य के अलावा किसी अन्य स्थान पर हटाने, या किसी अन्य व्यक्ति को स्थानांतरित करने से रोकने की शक्ति, कोई भी वस्तु जिसे प्रतिबंधित व्यक्ति जानता है या विश्वास करने का कारण है कि किसी खतरनाक से किसी भी प्रकार के संक्रमण के संपर्क में आया है बीमारी।
(3) नगर पालिका इस धारा के तहत किसी भी संपत्ति के विनाश से पर्याप्त नुकसान उठाने वाले किसी भी व्यक्ति को मुआवजा दे सकती है, लेकिन नगर पालिका द्वारा अनुमति के अलावा, मुआवजे का कोई दावा किसी भी अभ्यास के कारण होने वाली किसी भी हानि या क्षति के लिए नहीं होगा उसमें निर्दिष्ट शक्तियाँ।
(4) कोई भी व्यक्ति जो नगरपालिका में किसी ऐसे आदेश की अवज्ञा करता है जो उस समय लागू है और जिसे नगरपालिका द्वारा इस धारा द्वारा प्रदत्त शक्तियों का प्रयोग करते हुए पारित किया गया है, या नगरपालिका के किसी अधिकारी या अन्य व्यक्ति को बाधित करता है ऐसे किसी भी आदेश को अमल में लाने के लिए नगर पालिका के अधिकार के तहत कार्य करते हुए, जुर्माने से दंडित किया जाएगा जो दो हजार रुपये से कम नहीं होगा लेकिन जो पांच हजार रुपये तक हो सकता है।
(5) राज्य सरकार किसी भी समय
(ए) इस धारा द्वारा या इसके तहत किसी नगर पालिका को प्रदत्त किसी भी शक्ति को वापस ले लें, या
(बी) ऐसी किसी भी शक्ति के संबंध में निर्धारित किसी सीमा, प्रतिबंध या शर्त को रद्द या संशोधित करें, या

(ग) ऐसी किसी शक्ति का प्रयोग करते हुए नगर पालिका द्वारा पारित किसी भी आदेश को रद्द करना।

274. विशेष शक्तियां जो राज्य सरकार द्वारा अधिसूचित अधिक भीड़-भाड़ वाले क्षेत्रों के संबंध में राज्य सरकार द्वारा प्रदान की जा सकती हैं। -

(1) यदि राज्य सरकार की यह राय है कि बीमारी का खतरा उत्पन्न हो गया है या उत्पन्न होने की संभावना है, या तो किसी अधिभोगी को या किसी क्षेत्र के आस-पास के निवासियों को, निम्नलिखित में से किसी भी दोष के कारण, अर्थात्

(ए) जिस तरीके से या तो इमारतों, या इमारतों के ब्लॉक, पहले से मौजूद या अनुमानित हैं, या एक साथ भीड़ होने की संभावना है, या

(बी) पहले से मौजूद या अनुमानित इमारतों के ऐसे किसी भी भवन या ब्लॉक को साफ करने की अव्यवहारिकता, या

(सी) जल निकासी या मैला ढोने की कमी या पूर्वोक्त किसी भी ऐसे भवन या ब्लॉक के जल निकासी या मैला ढोने की व्यवस्था करने में कठिनाई, या

(डी) सड़कों या भवनों या भवनों के समूहों की संकीर्णता, निकटता, खराब व्यवस्था या खराब स्थिति, राज्य सरकार आधिकारिक राजपत्र में अधिसूचना द्वारा नगरपालिका को उप-धारा (2 में निर्दिष्ट सभी या कोई भी शक्ति प्रदान कर सकती है)) और नगर पालिका, इस संबंध में निर्धारित सीमाओं, प्रतिबंधों, संशोधनों, शर्तों या उपनियमों, यदि कोई हो, के अधीन, उस क्षेत्र के भीतर प्रदत सभी शक्तियों का प्रयोग कर सकती हैं।

(2) उप-धारा (1) के तहत नगरपालिका को सभी या इनमें से कोई भी शक्तियाँ प्रदान की जा सकती हैं: -

(ए) शक्ति, जब कोई इमारत या ब्लॉक पहले से मौजूद है या निर्माण के दौरान, उप-धारा (1) में निर्दिष्ट किसी भी दोष के कारण, नगर पालिका की राय में, इस तरह के जोखिम को जन्म देने की संभावना है जैसा कि पूर्वोक्त है, लिखित नोटिस द्वारा ऐसी इमारत या ब्लॉक के कुछ विशिष्ट भाग पर लगाने की अपेक्षा करना और जिसे नगरपालिका ठीक समझे या तो उसके मालिकों को या उस भूमि के मालिकों को संबोधित करना जिस पर ऐसा भवन या ब्लॉक बनाया गया है या निर्माण के क्रम में है, कि इस प्रकार संबोधित व्यक्ति, एक उचित समय के भीतर, जैसा कि नोटिस में निर्दिष्ट किया जाएगा, उक्त भवन को या तो नीचे गिराएगा या हटा देगा या ब्लॉक करेगा या ऐसे कार्यों को निष्पादित करेगा या इसके संबंध में ऐसी कार्रवाई करेगा जैसा कि नगर पालिका मानती है बीमारी के ऐसे सभी जोखिम को रोकने के लिए आवश्यक;

(बी) नगरपालिका या अन्य एजेंसी द्वारा उक्त भवन या ब्लॉक को गिराने या हटाने या ऐसे कार्यों को निष्पादित करने या ऐसी कार्रवाई करने की शक्ति, यदि उक्त नोटिस में संबोधित व्यक्ति उसमें निर्दिष्ट समय के भीतर ऐसा करने की उपेक्षा करता है;

(सी) शक्ति, एक अधिकारी को अपील के अधिकार के अधीन, जिसे इस संबंध में राज्य

सरकार द्वारा सशक्त किया जा सकता है और जिसका निर्णय निर्णायक होगा, ऐसी किसी भी साइट या स्थान के मालिक और कब्जा करने वाले को लिखित नोटिस द्वारा प्रतिबंधित करने के लिए और सामान्य नोटिस द्वारा, किसी भी भवन या किसी भवन का निर्माण ऐसे आयामों से अधिक हो जो निर्दिष्ट किया जा सकता है

(i) किसी ऐसे भवन के स्थल पर जिसे खंड (क) में निर्दिष्ट शक्ति का प्रयोग करते हुए पूर्ण रूप से या आंशिक रूप से गिराया गया हो, या

(ii) किसी ऐसे स्थान पर जो भवनों के कब्जे में नहीं है, चाहे वह स्थान निजी संपत्ति हो या नहीं और चाहे वह संलग्न हो या नहीं,

यदि नगर पालिका यह मानती है कि पूर्वोक्त जोखिम को रोकने के लिए ऐसे स्थल या स्थान का निर्माण नहीं किया जाना चाहिए और या तो

(ए) ऐसी साइट या स्थान हासिल करने के लिए, या

(बी) ऐसी शर्त निर्धारित करने के लिए जो आवश्यक समझी जा सकती है, जो कि मालिक या अधिभोगी द्वारा किए जाने वाले उपयोग के लिए आवश्यक हो सकती है या बनाने की अनुमति दे सकती है:

बशर्ते कि हर मामले में मुआवजे की राशि, विवाद के मामले में, धारा 295 में प्रदान की गई तरीके से निर्धारित और निर्धारित की जाएगी, किसी भी व्यक्ति को भुगतान किया जाएगा, जिसके अधिकार इस तरह के निषेध से प्रभावित हैं।

(3) जब उप-धारा (2) के तहत किसी भी नोटिस के अनुसरण में किसी भवन को गिरा दिया गया है, तो नगर पालिका, जब तक कि इसे इस अधिनियम के किसी भी प्रावधान या इसके तहत लागू किसी भी उप-नियमों के विपरीत नहीं बनाया गया है, भुगतान करेगा ऐसे मालिक या अधिभोगी को, जिन्हें स्थायी क्षति हो सकती है, जिससे उचित मुआवजा दिया जा सकता है, जिसकी राशि, विवाद के मामले में, धारा 295 में दिए गए तरीके से निर्धारित या निर्धारित की जाएगी।

(4) राज्य सरकार किसी भी समय, इस तरह की अधिसूचना द्वारा, इस धारा के तहत उसके द्वारा प्रदत्त किसी भी शक्ति को वापस ले सकती है, या ऐसी किसी भी शक्ति के संबंध में किसी भी सीमा, प्रतिबंध, संशोधन, शर्त या विनियमन को रद्द या संशोधित कर सकती है।

275. दफन और कब्रगाह। -

नगर पालिका होगी जिम्मेदार

(ए) कब्रिस्तान और श्मशान भूमि का निर्माण और रखरखाव; तथा

(बी) मृतकों के निपटान के लिए स्थानों का अधिग्रहण, रखरखाव, परिवर्तन और विनियमन।

276. दफनाने और जलाने के स्थानों के संबंध में शक्ति। -

(1) नगर पालिका, सार्वजनिक नोटिस द्वारा, नगरपालिका सीमा के भीतर या उसके एक किलोमीटर के भीतर स्थित किसी भी दफन या जलती हुई जमीन का आदेश दे सकती है,

जो कि स्वास्थ्य के लिए खतरनाक होने के लिए सार्वजनिक स्वास्थ्य निदेशक या जिला चिकित्सा और स्वास्थ्य अधिकारी द्वारा प्रमाणित है। आस-पड़ोस में रहने वाले व्यक्तियों को नोटिस में निर्दिष्ट तिथि से बंद कर दिया जाएगा और ऐसे मामले में यदि उचित दूरी के भीतर दफनाने और जलाने के लिए कोई उपयुक्त स्थान मौजूद नहीं है, तो उक्त तिथि से पहले इस उद्देश्य के लिए एक उपयुक्त स्थान प्रदान करेंगे।

(2) नगर पालिका की लिखित अनुमति के बिना और इस तरह की अनुमति के नियमों और शर्तों के अनुसार कोई नया दफन या बर्निंग ग्राउंड नहीं बनाया जाएगा।

(3) क्या कोई व्यक्ति, नगर पालिका की अनुमति के बिना, किसी भी शव को दफनाने या जलाने की अनुमति देता है या दफनाने या जलाने की अनुमति देता है, जो कि दफन या जलती हुई भूमि नहीं है या किसी भी जलती हुई या कब्रगाह में इसके विपरीत बनाया या बनाया गया है इस धारा के प्रावधानों के अनुसार या इसके तहत निर्धारित तिथि के बाद उसे बंद करने के लिए, उसे जुर्माने से दंडित किया जाएगा जो एक हजार रुपये से कम नहीं होगा लेकिन जो दो हजार रुपये तक हो सकता है।

(4) इस धारा द्वारा प्रदत्त शक्ति के तहत नगर पालिका द्वारा किए गए किसी भी आदेश से व्यथित कोई व्यक्ति, ऐसे आदेश की तारीख से तीस दिनों के भीतर, उसकी एक प्रति प्राप्त करने के लिए अपेक्षित समय को छोड़कर, कलेक्टर से अपील कर सकता है और ऐसी अपील के अलावा कोई भी ऐसा आदेश प्रश्नगत होने के लिए उत्तरदायी नहीं होगा।

(5) अपील प्राधिकारी, यदि वह उचित समझे, अपील के लिए उप-धारा (4) के तहत अनुमत अवधि को बढ़ा सकता है।

(6) अपील प्राधिकारी द्वारा अपील की गई सूचना या आदेश की पुष्टि करने, रद्द करने या संशोधित करने का आदेश अंतिम होगा:

बशर्ते कि नोटिस या आदेश को तब तक संशोधित या रद्द नहीं किया जाएगा जब तक कि अपीलकर्ता और नगर पालिका को सुनवाई का उचित अवसर न मिल जाए।

(7) जब उप-धारा (4) के तहत एक अपील की गई है, तो ऐसे आदेश को लागू करने के लिए सभी कार्यवाही और उसके किसी भी उल्लंघन के लिए सभी अभियोजन अपील के निर्णय तक निलंबित कर दिए जाएंगे, और यदि ऐसा आदेश अपील पर रद्द कर दिया जाता है, उसकी अवज्ञा को अपराध नहीं माना जाएगा।

277. लाशों को हटाने का विनियमन। -

(1) नगर पालिका सार्वजनिक सूचना द्वारा मार्ग निर्धारित कर सकती है जिसके द्वारा अकेले लाशों को अलग-अलग दफन या जलने के मैदान में ले जाया जा सकता है।

(2) जो कोई भी किसी लाश को दफनाने या जलाने के लिए निर्धारित मार्ग के अलावा किसी अन्य मार्ग से हटाता है, वह जुर्माने से दण्डनीय होगा जो एक हजार रुपये से कम नहीं होगा लेकिन जो दो हजार रुपये तक हो सकता है।

278. जलती हुई जगहों पर ईंधन की दुकानों को लाइसेंस देने की शक्ति। -

(1) नगर पालिका अपने द्वारा बनाए जाने वाले उप-नियमों के अनुसार, धारा 340 में या उसके तहत निर्धारित तरीके से, इसके लिए आवेदन करने वाले व्यक्तियों को और ऐसे शुल्क के भुगतान पर जो वह तय कर सकती है, लाइसेंस दे सकती है और नवीनीकृत कर सकती है, लाशों के दाह संस्कार के लिए आवश्यक या उपयोग की जाने वाली ईंधन और अन्य वस्तुओं के सभी या किसी भी जलती हुई जगह पर बिक्री के लिए।
(2) नगरपालिका उप-धारा (1) के तहत दिए गए या नवीकृत किसी भी लाइसेंस को उचित और पर्याप्त कारण बताए जाने पर रद्द या वापस ले सकती है।
(3) जहां जलती हुई जमीन के संबंध में उप-धारा (1) के तहत कोई लाइसेंस दिया या नवीनीकृत किया गया है -
(ए) नगर पालिका, समय-समय पर, लाशों के दाह संस्कार के लिए आवश्यक या उपयोग की जाने वाली ईंधन और अन्य वस्तुओं की बिक्री के लिए दरों का एक पैमाना निर्धारित करेगी, और
(बी) कोई भी व्यक्ति, जो इतना अधिकृत नहीं है, ऐसे जलती हुई जमीन के तीन सौ मीटर के भीतर किसी भी तरह के ईंधन या अन्य वस्तु को बेच या बिक्री के लिए पेश नहीं करेगा।
(4) जो कोई भी
(ए) उप-धारा (1) के तहत दी गई या नवीनीकृत जलती हुई जमीन के संबंध में लाइसेंस धारक होने के नाते, उप-धारा के तहत नगर पालिका द्वारा निर्धारित दर से अधिक दर पर ईंधन या अन्य वस्तु की बिक्री के लिए शुल्क -सेक्शन (3), या
(बी) उप-धारा (2) के तहत अपने लाइसेंस के निरसन या वापसी के बावजूद, ऐसी बिक्री करता है, या
(ग) ऐसा व्यक्ति होने के नाते जो इस प्रकार अधिकृत नहीं है, जलती हुई जमीन के तीन सौ मीटर के भीतर ईंधन या अन्य वस्तु बेचता है, जिसके संबंध में उप-धारा (1) के तहत लाइसेंस दिया या नवीनीकृत किया जा रहा है,
जुर्माने से दंडनीय होगा जो एक हजार रुपये से कम नहीं होगा लेकिन जो दो हजार रुपये तक हो सकता है और खंड (ए) के तहत आने वाले मामले में लाइसेंस रद्द करने के लिए आगे उत्तरदायी होगा।

279. लाशों को दफनाने या जलाने की शक्तियाँ। -

(1) नगरपालिका, लावारिस निकायों के मामले में, व्यक्ति की मृत्यु से कम से कम चौबीस घंटे की समाप्ति के बाद और अप्राकृतिक मृत्यु के मामले में कानून के तहत औपचारिकताएं पूरी करने के बाद अस्थायी रूप से लागू हो सकती है, ऐसे व्यक्ति की लाश को दफनाना या जला देना।
(2) ऐसे मामले में, जहां तक संभव हो, लाश को मृतक के धार्मिक सिद्धांतों के अनुरूप तरीके से निपटाया जाएगा, जहां तक उनका पता लगाया जा सकता है।
(3) उप-धारा (4) में निहित प्रावधान के अधीन, इस धारा के तहत एक मृत व्यक्ति की लाश

को दफनाने या जलाने के लिए नगर पालिका द्वारा किए गए खर्च वसूली योग्य होंगे-ऐसी संपत्ति से देय ऋण के रूप में व्यक्ति।

(4) नगर पालिका समय-समय पर नगर पालिका की सीमा के भीतर कंगालों की लाशों को दफनाने या जलाने के लिए नगरपालिका निधि से प्रावधान कर सकती है।

280. नगरपालिका क्षेत्र में मृत पशुओं के शवों को हटाना-

(1) प्रत्येक नगरपालिका क्षेत्र में नगर पालिका पशुओं के शवों के निपटान के लिए उचित और सुविधाजनक स्थान उपलब्ध कराएगी।

(2) जब कभी किसी व्यक्ति के प्रभारी कोई जानवर बिक्री के लिए या धार्मिक उद्देश्य के लिए वध के अलावा किसी अन्य तरीके से मर जाता है, तो ऐसा व्यक्ति चौबीस घंटे के भीतर, या तो -

(ए) शवों को उप-धारा (1) के तहत प्रदान किए गए या नियुक्त स्थान पर या नगरपालिका की सीमा से दो किलोमीटर से अधिक के स्थान पर या आबादी क्षेत्र में जो भी दूर हो, या

(बी) नगर पालिका को मौत की सूचना दें, जिसके बाद शव को हटा दिया जाएगा और निपटाया जाएगा।

(3) किसी भी परिसर का अधिभोगी जिसमें या जिस पर कोई जानवर मर जाएगा या जिसमें किसी जानवर का शव पाया जाएगा, उप-धारा (2) के अनुसार ऐसे शव के संबंध में भी कार्रवाई करेगा।

(4) उप-धारा (2) के खंड (बी) या उप-धारा (3) के तहत नगरपालिका द्वारा हटाए गए और निपटाए गए मृत जानवर के प्रत्येक शव के संबंध में, नगरपालिका नोटिस देने वाले व्यक्ति से शुल्क ले सकती है मृत्यु के समय नगरपालिका को ऐसा शुल्क जो वह निर्धारित करे और यदि अग्रिम भुगतान न किया गया हो तो इस अधिनियम के तहत नगरपालिका के दावों की वसूली के लिए दिए गए तरीके से नोटिस देने वाले व्यक्ति से वसूल कर सकता है।

(5) जो कोई भी इस धारा की उप-धारा (2) या उप-धारा (3) के अनुसार कार्य करने के लिए बाध्य है, ऐसा करने में विफल रहता है, वह जुर्माने से दण्डनीय होगा जो एक हजार रुपये से कम नहीं होगा, लेकिन जिसे बढ़ाया जा सकता है। दो हजार रुपये

281. कुछ विकारों से पीड़ित व्यक्तियों द्वारा किए गए कृत्यों के लिए दंड -

जो कोई भी संक्रामक या संक्रामक विकार से पीड़ित होने पर

(ए) मानव उपभोग या दवा या दवा के लिए भोजन या पेय का एक लेख बनाता है या बिक्री के लिए पेश करता है, या

(बी) दूसरों द्वारा बिक्री के लिए उजागर होने पर ऐसी किसी भी वस्तु, दवा या दवा को जानबूझकर छूता है, या

(सी) गंदे कपड़े धोने या ले जाने के कारोबार में कोई हिस्सा लेता है, तो वह जुर्माने के लिए उत्तरदायी होगा जो एक हजार रुपये से कम नहीं होगा लेकिन जो दो हजार रुपये तक हो सकता है।

282. कुछ ट्रेडों का विनियमन। -

(1) यदि नगर पालिका इस बात से संतुष्ट है कि कोई भवन या स्थान जो किसी व्यक्ति द्वारा उपयोग किया जा रहा है या उपयोग में लाया जा रहा है,

(ए) ऑफल, रक्त, हड्डियों, आंत या लत्ता को उबालने या संग्रहीत करने के लिए,

(बी) मछली की छंटाई, इलाज या भंडारण के लिए,

(सी) खाल, सींग या खाल के भंडारण के लिए,

(डी) कमाना के लिए,

(ई) चमड़े के सामान के निर्माण के लिए,

(च) रंगाई के लिए,

(छ) साबुन बनाने के लिए,

(ज) ऊन या बालों को धोने या सुखाने के लिए,

(i) तेल उबालने के लिए,

(जे) लौंगो या सल्फर पिघलने के लिए,

(ट) ईंटों, मिट्टी के बर्तनों, चूना या सुरखी को जलाने या पकाने के लिए,

(एल) घास, पुआल, चारा, लकड़ी, कोयला या अन्य ज्वलनशील सामग्री के भंडारण के लिए,

(एम) व्यापार उद्देश्यों के लिए अनाज के भंडारण के लिए,

(एन) एक खदान के रूप में,

(ओ) एक गाड़ी स्टैंड के रूप में,

(पी) एक तेल मिल के रूप में,

(क्यू) एक आटा चक्की के रूप में बिजली से अलग काम करता है,

(आर) एक आसवनी के रूप में, [***]

(एस) किसी अन्य प्रकार के कारख़ाना या व्यवसाय के स्थान के रूप में जहां से आक्रामक या अस्वास्थ्यकर गंध, धूआं, कालिख या धूल निकलती है या जिसमें आग लगने का खतरा हो सकता है, [या]

[(टी) राज्य सरकार द्वारा समय-समय पर निर्धारित कोई अन्य गतिविधि,]

है, या इस तरह के उपयोग और इसकी स्थिति के कारण, पड़ोस के लिए एक उपद्रव बनने की संभावना है या ऐसा उपयोग किया जाता है या ऐसा स्थित है कि जीवन, स्वास्थ्य या संपत्ति के लिए खतरनाक होने की संभावना है, नगरपालिका लिखित नोटिस द्वारा , स्वामी या अधिभोगी की आवश्यकता है

(i) एक बार में उपयोग को बंद करने के लिए, या एक ही बार में ऐसे स्थान का उपयोग करने के इरादे को पूरा करने या करने की अनुमति देने से रोकने के लिए, या

(ii) इसे इस तरह से या ऐसे संरचनात्मक परिवर्तनों के बाद उपयोग करने के लिए जैसा कि नगरपालिका इस तरह के नोटिस में निर्धारित करती है ताकि यह जीवन, स्वास्थ्य या संपत्ति के लिए एक उपद्रव या खतरनाक न हो, या न हो, या

(iii) इसे ऐसे स्थान पर हटाना जो सीमांकित किया जाए:
बशर्ते कि खंड (i) में निर्दिष्ट प्रकृति की कोई भी मांग, खंड (ए) से (जे) में निर्दिष्ट किसी भी व्यवसाय के संबंध में स्वामी या कब्जेदार द्वारा या उसके परिवार के किसी सदस्य द्वारा एक के रूप में किए गए व्यवसाय के संबंध में नहीं की जाएगी। कुटीर उद्योग जब तक कि नगर पालिका इस तरह के व्यवसाय को चलाने के लिए कोई अन्य स्थान प्रदान नहीं करती है।
(2) जो कोई, उप-धारा (1) के तहत नोटिस दिए जाने के बाद, किसी स्थान का उपयोग करता है या उसे इस तरह से उपयोग करने की अनुमति देता है कि वह पड़ोस के लिए एक उपद्रव हो या जीवन, स्वास्थ्य या संपत्ति के लिए खतरनाक हो, उसे दंडित किया जाएगा जुर्माना जो दो हजार रुपये से कम नहीं होगा, लेकिन जो पांच हजार रुपये तक हो सकता है और अतिरिक्त जुर्माना जो हर दिन के लिए एक सौ रुपये तक हो सकता है, जिस पर पहली सजा की तारीख के बाद इस तरह का उपयोग या उपयोग करने की अनुमति जारी रहती है।
(3) इस धारा के तहत दोषसिद्धि प्राप्त होने पर, मजिस्ट्रेट, नगर पालिका के आवेदन पर, लेकिन अन्यथा नहीं, ऐसे स्थान को बंद करने का आदेश देगा और उसके बाद व्यक्तियों को नियुक्त करेगा या ऐसे स्थान को किसी भी उद्देश्य के लिए इस्तेमाल होने से रोकने के लिए अन्य कदम उठाएगा। उप-धारा (1) में उल्लिखित।
(4) जो कोई भी, बिना लाइसेंस के या निलंबन के दौरान या लाइसेंस वापस लेने के बाद, उप-धारा (1) में वर्णित किसी भी उद्देश्य के लिए किसी भी नगर पालिका में, जिसमें उप-कानून वर्तमान में निर्धारित करने के लिए उप-नियम लागू होते हैं, का उपयोग करता है। जिन शर्तों पर और जिन परिस्थितियों में और जिन क्षेत्रों और इलाकों के संबंध में इस तरह के उपयोग के लिए लाइसेंस दिया जा सकता है, अस्वीकार कर दिया, निलंबित और वापस ले लिया जा सकता है, जुर्माने से दंडित किया जाएगा जो एक हजार रुपये से कम नहीं होगा लेकिन जो दो हजार रुपए तक बढ़ाया जा सकता है और अतिरिक्त जुर्माने के साथ जो एक सौ रुपए से कम नहीं होगा, लेकिन जो प्रत्येक दिन के लिए पांच सौ रुपए तक हो सकता है, जिस पर ऐसा उपयोग पहली सजा की तारीख के बाद जारी रहता है।
(5) उप-धारा (1) के तहत किए गए नगर पालिका के किसी भी आदेश से व्यथित कोई भी व्यक्ति, ऐसे आदेश की तारीख से तीस दिनों के भीतर, उसकी एक प्रति प्राप्त करने के लिए अपेक्षित समय को छोड़कर, कलेक्टर को अपील कर सकता है और आदेश अपीलीय प्राधिकारी अंतिम होगा और किसी भी न्यायालय में पूछताछ के लिए उत्तरदायी नहीं होगा।

283. कामगारों को बुलाने या बर्खास्त करने के लिए सायरन का प्रयोग। -

(1) नगर पालिका से लाइसेंस की शर्तों के तहत और उसके अनुसार काम करने वाले कर्मचारियों या व्यक्तियों को बुलाने या बर्खास्त करने के उद्देश्य से किसी भी सायरन का उपयोग नहीं किया जा सकता है।
(2) नगरपालिका ऐसी शर्तों के अध्यधीन ऐसा लाइसेंस प्रदान कर सकती है जो वह ठीक

समझे और किसी भी समय लाइसेंसधारी को उसकी सुनवाई के बाद एक महीने का नोटिस देकर, यदि वह चाहे तो, प्रस्तावित वापसी के खिलाफ इस तरह के लाइसेंस को वापस ले सकता है।

(3) जो कोई भी इस तरह के सायरन का उपयोग या किसी भी शर्तों के उल्लंघन के बिना या उसके वापस लेने के बाद, ऐसे लाइसेंस का उपयोग या उपयोग करता है, तो वह जुर्माने से दंडित किया जाएगा जो दो हजार रुपये से कम नहीं होगा, लेकिन जिसे बढ़ाया जा सकता है पांच हजार रुपये।

284. व्यक्ति को संबोधित नोटिस आदि की तामील। -

(1) प्रत्येक नोटिस या आदेश की तामील और इस अधिनियम के तहत या इसके तहत बनाए गए नियम या उप-नियमों के तहत किसी भी व्यक्ति या किसी भी व्यक्ति को, जिसे नाम से संबोधित किया गया है, हर बिल की प्रस्तुति सभी मामलों में अन्यथा नहीं होगी इसके लिए विशेष रूप से प्रदान किया गया, एक नगरपालिका अधिकारी या नौकर या इस संबंध में नगर पालिका द्वारा अधिकृत अन्य व्यक्ति द्वारा प्रभावित किया जाएगा

(ए) जिस व्यक्ति को यह संबोधित किया गया है, उसे ऐसा नोटिस, आदेश या बिल देकर या निविदा देकर; या

(बी) यदि ऐसा व्यक्ति नहीं मिलता है, तो अपने अंतिम ज्ञात निवास स्थान पर नोटिस, आदेश या बिल छोड़कर, या अपने परिवार के किसी वयस्क सदस्य या नौकर को नोटिस, आदेश या बिल देकर या निविदा देकर; या

(ग) यदि ऐसा व्यक्ति नगरपालिका की सीमा के भीतर नहीं रहता है और उसका पता कहीं और नगर पालिका के अध्यक्ष या अधिकारी को पता है जो नोटिस, आदेश या बिल जारी करने का निर्देश देता है, तो नोटिस, आदेश या बिल को अग्रेषित करके ऐसे व्यक्ति को उक्त पते वाले कवर के तहत पंजीकृत डाक द्वारा व्यक्ति; या

(घ) यदि पूर्वोक्त साधनों में से कोई भी उपलब्ध नहीं है, या व्यक्ति स्वीकार करने से इंकार करता है, तो भवन या भूमि के किसी विशिष्ट भाग पर मुहल्ले के दो व्यक्तियों की उपस्थिति में बिल, आदेश या नोटिस चिपकाकर, यदि कोई भी, जिससे बिल, आदेश या नोटिस संबंधित है।

(2) जब कोई नोटिस, आदेश या बिल इस अधिनियम द्वारा या इसके तहत या इसके तहत बनाए गए नियम या उप-नियमों द्वारा किसी भवन या भूमि के मालिक या अधिभोगी को तामील करने की आवश्यकता या अनुमति दी जाती है, तो यह आवश्यक नहीं होगा कि मालिक या अधिभोगी का नाम और उसकी सेवा का नाम, यदि अन्यथा विशेष रूप से प्रदान नहीं किया गया है, लेकिन या तो किया जाएगा

(ए) मालिक या अधिभोगी को नोटिस, आदेश या बिल देकर या निविदा देकर या, यदि एक से अधिक मालिक या कब्जेदार हैं, तो उनमें से किसी को भी; या

(बी) यदि ऐसा कोई मालिक या कब्जाधारी नहीं पाया जाता है, तो परिवार के किसी वयस्क

सदस्य या नौकर या ऐसे किसी मालिक या अधिभोगी को नोटिस, आदेश या बिल देकर या प्रस्तुत करके, जैसा कि पूर्वोक्त किया गया है; या

(ग) यदि पूर्वोक्त साधनों में से कोई भी उपलब्ध नहीं है तो नोटिस, आदेश या बिल को दो व्यक्तियों की उपस्थिति में भवन या भूमि के किसी विशिष्ट भाग पर चिपका कर, जिससे वह संबंधित है।

(3) प्रत्येक नोटिस जो इस अधिनियम या उसके तहत बनाए गए नियम या उप-नियमों के तहत एक नगरपालिका को सार्वजनिक नोटिस के रूप में या आम तौर पर, या उन प्रावधानों द्वारा देने या सेवा करने की आवश्यकता होती है, जिन्हें स्पष्ट रूप से नोटिस देने की आवश्यकता नहीं होती है उसमें निर्दिष्ट व्यक्तियों को पर्याप्त रूप से दिया या तामील किया गया माना जाएगा यदि उसकी एक प्रति नगरपालिका कार्यालय के ऐसे विशिष्ट भाग में ऐसी अवधि के दौरान और ऐसे अन्य तरीके से रखी जाती है जैसा कि नगर पालिका, उप-नियमों द्वारा निर्देशित या निर्धारित कर सकती है।

(4) फॉर्म की खराबी के लिए कोई नोटिस, आदेश या बिल अमान्य नहीं होगा।

(5) जब किसी नोटिस या आदेश के लिए किसी ऐसे कार्य की आवश्यकता होती है जिसके लिए इस अधिनियम या उसके तहत बनाए गए किसी नियम या उप-नियमों द्वारा कोई समय निर्धारित नहीं किया जाता है, तो नोटिस या आदेश उसे करने के लिए एक उचित समय तय करेगा।

(6) नोटिस या आदेश की शर्तों का पालन न करने की स्थिति में, नगर पालिका के लिए ऐसी कार्रवाई या ऐसे कदम उठाना कानूनी होगा जो अधिनियम को पूरा करने के लिए आवश्यक हो, जिसके लिए आवश्यक हो, और नगर पालिका द्वारा किए गए सभी खर्चों का भुगतान उस व्यक्ति या व्यक्तियों द्वारा किया जाएगा जिन पर नोटिस या आदेश दिया गया था और धारा 296 में प्रदान की गई तरीके से वसूली योग्य होगी।

<u>285. व्यक्तिगत नोटिस की अवज्ञा। -</u>

यदि इस अधिनियम के प्रावधानों के तहत या इसके तहत बनाए गए नियम या उप-नियमों के तहत किसी व्यक्ति को किसी चल या अचल और सार्वजनिक या निजी संपत्ति के संबंध में कुछ कार्य निष्पादित करने की आवश्यकता के लिए कोई नोटिस या आदेश दिया गया है, या नोटिस या आदेश में निर्दिष्ट समय के भीतर कुछ भी प्रदान करना या करना या करने से बचना और यदि ऐसा व्यक्ति ऐसे नोटिस या आदेश का पालन करने में विफल रहता है तो

(ए) नगर पालिका इस तरह के काम को निष्पादित करने या ऐसी चीज प्रदान करने या करने के लिए कह सकती है और इस अधिनियम के तहत प्रदान किए गए तरीके से उक्त व्यक्ति से इस तरह के खाते पर उसके द्वारा किए गए सभी खर्चों की वसूली कर सकती है, और

(बी) उक्त व्यक्ति मजिस्ट्रेट द्वारा दोषसिद्धि पर दो हजार रुपये तक के जुर्माने के लिए उत्तरदायी होगा और लगातार उल्लंघन के मामले में, जो पहली सजा की तारीख के बाद हर दिन के लिए पचास रुपये तक हो सकता है। जिसके दौरान अपराधी उल्लंघन में बना हुआ

साबित होता है।

286. सार्वजनिक सूचना की अवज्ञा। -

जहां इस अधिनियम या इसके तहत जारी नोटिस या आदेश द्वारा जनता को कुछ भी करने या करने से परहेज करने की आवश्यकता होती है, एक व्यक्ति जो इस तरह की मांग का पालन करने में विफल रहता है, यदि ऐसी विफलता किसी अन्य धारा के तहत दंडनीय अपराध नहीं है, उत्तरदायी हों,

(3) किसी भवन या भूमि का कोई अधिभोगी इस अधिनियम द्वारा उसके स्वामी पर प्रभारित किन्हीं व्ययों के संबंध में भवन या भूमि के संबंध में ऐसे अधिभोगी से देय किराए की राशि से अधिक राशि का भुगतान करने के लिए उत्तरदायी नहीं होगा। जो इस तरह के खर्च उस पर की गई मांग के समय देय हैं या जो, ऐसी मांग और नोटिस के बाद किसी भी समय अपने मकान मालिक को भुगतान नहीं करने के लिए, अर्जित हो गया है और ऐसे अधिभोगी द्वारा देय हो गया है, जब तक कि वह उपेक्षा या मना नहीं करता है, नगर पालिका द्वारा उस प्रयोजन के लिए उसे किए गए आवेदन पर, वास्तव में उसके किराए की राशि और उस व्यक्ति के नाम और पते का खुलासा करने के लिए जिसे ऐसा किराया देय है, लेकिन सबूत का बोझ कि ऐसे किसी भी अधिभोगी की मांग की गई राशि से अधिक है ऐसी मांग के समय जो किराया उसके द्वारा देय था या जो तब से उपार्जित है, वह ऐसे अधिभोगी पर होगा:

बशर्ते कि इसमें निहित किसी भी बात को किसी ऐसे अधिभोगी और मालिक के बीच किए गए किसी विशेष अनुबंध को प्रभावित करने के लिए नहीं लिया जाएगा, जो पूर्वोक्त ऐसे किसी भी काम के खर्च के भुगतान के संबंध में है।

288. अधिभोगी, मालिक के व्यतिक्रम में, कार्यों को निष्पादित कर सकता है और किराए से खर्च घटा सकता है। -

जब कभी किसी भवन या भूमि के स्वामी द्वारा किसी ऐसे कार्य के निष्पादन में चूक की जाती है जिसे नगर पालिका उससे निष्पादित करने की अपेक्षा कर सकती है, तो ऐसे भवन या भूमि का अधिभोगी, नगर पालिका के अनुमोदन से, ऐसे कार्य को निष्पादित करवा सकता है। और उसके खर्चे का भुगतान मालिक द्वारा किया जाएगा या उसकी राशि ऐसे मालिक को उसके द्वारा देय होने वाले किराए में से काटी जा सकती है।

289. कार्यवाही यदि कोई अधिभोगी अधिनियम के निष्पादन का विरोध करता है।-

यदि किसी भवन या भूमि का अधिभोगी उसके स्वामी को ऐसे भवन या भूमि के संबंध में इस अधिनियम के किन्हीं उपबंधों को लागू करने से रोकता है, तो उन्हें इस प्रकार लागू करने के अपने आशय की सूचना के बाद स्वामी द्वारा ऐसे व्यक्ति को अधिभोगी, कोई भी मजिस्ट्रेट, उसके प्रमाण पर और मालिक के आवेदन पर, लिखित में आदेश दे सकता है कि ऐसे अधिभोगी को मालिक को ऐसे भवन या भूमि के संबंध में ऐसे सभी कार्यों को निष्पादित करने की अनुमति दी जाए जो प्रावधानों को लागू करने के लिए आवश्यक हो सकते हैं। और

यदि वह ठीक समझे तो अधिभोगी को आदेश दे सकता है कि वह स्वामी को ऐसे आवेदन या आदेश से संबंधित लागत का भुगतान करे; और यदि आदेश की तारीख से आठ दिन की समाप्ति के बाद, ऐसा अधिभोगी ऐसे स्वामी को ऐसे कार्य को निष्पादित करने की अनुमति देने से इंकार करना जारी रखता है, तो ऐसा अधिभोगी,

290. नगर पालिका द्वारा नियोजित व्यक्तियों में बाधा डालने के लिए शास्ति। -

(1) जो कोई इस अधिनियम के तहत नगर पालिका के साथ अनुबंध के तहत या उसके कर्तव्य के पालन में या उसके अनुबंध की पूर्ति में नियोजित व्यक्ति को बाधित या छेड़छाड़ करता है या किसी स्तर या दिशा को इंगित करने के उद्देश्य से स्थापित किसी भी निशान को हटा देता है इस अधिनियम द्वारा प्राधिकृत कार्य के निष्पादन के लिए आवश्यक, दोषसिद्धि पर जुर्माने के लिए उत्तरदायी होगा जो दो हजार रुपये से कम नहीं होगा लेकिन जो पांच हजार रुपये तक हो सकता है।

(2) जिस पुलिस अधिकारी के विचार में उप-धारा (1) के तहत अपराध किया गया है, उसे ऐसे अपराधी को गिरफ्तार करने की शक्ति होगी।

291. अधिनियम, नियमों और उपनियमों के उल्लंघन के लिए दंड जो अन्यथा प्रदान नहीं किया गया है। -

जो कोई भी इस अधिनियम या किसी नियम, उप-नियमों या उसके अधीन आदेश के किसी भी प्रावधान का उल्लंघन करता है या उसके तहत जारी या किए गए किसी नोटिस, आदेश या निर्देश का पालन करने में विफल रहता है, जिसके उल्लंघन या विफलता के लिए इस अधिनियम में या इसके तहत कहीं और कोई दंड प्रदान नहीं किया गया है। इसके तहत बनाए गए नियम या उपविधियां, जुर्माने के लिए उत्तरदायी होंगे जो दो हजार रुपये से कम नहीं होगा लेकिन जो पांच हजार रुपये तक हो सकता है।

292. अधिनियम के प्रयोजनों के लिए प्रवेश। -

मुख्य नगरपालिका अधिकारी या इस निमित्त नगर पालिका द्वारा प्राधिकृत किसी अधिकारी के लिए इस अधिनियम या उसके अधीन बनाए गए किसी नियम या उपविधियों के किसी प्रयोजन के लिए सूर्योदय और सूर्यास्त के बीच ऐसे सहायकों के साथ, जो वह आवश्यक समझे, प्रवेश करना वैध होगा। , किसी भवन या भूमि में और उस पर:

बशर्ते कि जब इसके बाद अन्यथा प्रदान किया गया हो, तब तक किसी भी भवन या भूमि पर कब्जा नहीं किया जा सकता है, उसके कब्जे वाले की सहमति के बिना, चौबीस घंटे की लिखित सूचना अधिभोगी को दी गई है:

परन्तु यह और कि, मानव आवास के रूप में उपयोग किए जाने वाले भवनों के मामले में, कब्जाधारियों के सामाजिक और धार्मिक रीति-रिवाजों को उचित ध्यान दिया जाएगा।

293. निवारक निरीक्षण। -

जहां यह विश्वास करने का कारण हो कि किसी भवन में या किसी भूमि पर, इस अधिनियम या बनाए गए नियमों या उप-नियमों के प्रावधानों के उल्लंघन में किसी नगरपालिका जल

निकासी कार्य या अन्य नगरपालिका उपक्रम के संबंध में कोई कार्य निष्पादित किया गया है। इसके अधीन अध्यक्ष, उपाध्यक्ष, मुख्य नगरपालिका अधिकारी या स्वास्थ्य अधिकारी किसी भी समय और बिना किसी सूचना के ऐसे भवन या भूमि का निरीक्षण कर सकते हैं: बशर्ते कि मानव आवास के रूप में उपयोग किए जाने वाले भवन के मामले में, उसमें रहने वालों के सामाजिक और धार्मिक रीति-रिवाजों का पूरा ध्यान रखा जाएगा।

294. प्रवेश करने की शक्ति। -

इस अधिनियम की धारा 292 या किसी अन्य प्रावधान के प्रावधानों के तहत अधिकृत व्यक्ति के लिए यह वैध होगा कि वह निरीक्षण या तलाशी के उद्देश्य से एक दरवाजा, गेट या अन्य अवरोध खोलने या खोलने के लिए प्रवेश करे।

(ए) यदि वह इस तरह के प्रवेश, निरीक्षण या तलाशी के उद्देश्य से इसके उद्घाटन को आवश्यक समझता है, और

(बी) यदि मालिक या कब्जाधारी अनुपस्थित है या उपस्थित है, तो ऐसे दरवाजे, गेट या बैरियर को खोलने से इनकार करता है।

295. कुछ मामलों में मुआवजे का निर्धारण। -

(1) यदि किसी मुआवजे या नुकसान के संबंध में कोई समझौता नहीं हुआ है, जो इस अधिनियम द्वारा भुगतान करने के लिए निर्देशित किया गया है, तो राशि और यदि आवश्यक हो, तो उसका विभाजन निर्धारित किया जाएगा और ऐसे अधिकारी द्वारा निर्धारित किया जाएगा जो नियुक्त किया जा सकता है या स्थानीय निकायों के निदेशक द्वारा इस संबंध में अधिकृत:

बशर्ते कि इस उप-धारा में कुछ भी पीड़ित पक्ष को सक्षम अधिकार क्षेत्र के सिविल कोर्ट में निवारण की मांग करने से नहीं रोकेगा।

(2) किसी भी मामले में जहां किसी भी भूमि के संबंध में मुआवजे का दावा किया जाता है, न्यायालय के निर्धारण के लिए निर्दिष्ट मामलों में कार्यवाही के लिए भूमि अधिग्रहण अधिनियम, 1894 (1894 का केंद्रीय अधिनियम संख्या 1) द्वारा निर्धारित प्रक्रिया के रूप में होगा जहाँ तक संभव हो, पालन करें।

296. लागत या व्यय कैसे निर्धारित और वसूल किया गया। -

यदि इस अधिनियम के तहत किसी भी व्यक्ति द्वारा भुगतान किए जाने के लिए निर्देशित किसी भी लागत या व्यय के संबंध में कोई विवाद उत्पन्न होता है, तो राशि और यदि आवश्यक हो तो इसका विभाजन, इस अधिनियम में अन्यथा स्पष्ट रूप से प्रदान किए जाने को छोड़कर, सुनिश्चित किया जाएगा। नगर पालिका द्वारा और उसी तरीके से वसूली योग्य होगा जैसे इस अधिनियम के तहत किसी भी कर की वसूली के लिए दावा की गई राशि।

297. राज्य नगरपालिका संघ का गठन और उसके कार्य। -

(1) राज्य में सभी या कोई भी नगर पालिका संघ बनाने के लिए राजस्थान राज्य नगरपालिका बोर्ड संघ कहला सकती है या किसी अन्य नाम से जो राज्य सरकार द्वारा

अधिसूचित किया जा सकता है, बशर्ते कि ऐसा कोई संघ नहीं होगा का गठन तब तक किया जाता है जब तक कि राज्य में आधे से अधिक नगरपालिकाएं सदस्य बनने के उनके इरादे को दर्शाते हुए एक प्रस्ताव पारित नहीं करती हैं।

(2) इस धारा की उप-धारा (1) के तहत गठित संघ के कार्य होंगे:

(i) नगर पालिकाओं के सामान्य हित के मुद्दों की जांच करना;

(ii) ऐसे मुद्दों के संबंध में सूचना का प्रसार करना;

(iii) सामान्य हित के मामलों पर राज्य सरकार और अन्य एजेंसियों को उपयुक्त अभ्यावेदन देना;

(iv) नगरपालिका प्रशासन के सुधार पर नगर पालिकाओं को सहायता और परामर्श सेवाएं प्रदान करना; तथा

(v) ऐसे अन्य कार्य करना जो राज्य सरकार समय-समय पर उसे सौंपे।

(3) निम्नलिखित मामले राज्य सरकार द्वारा बनाए गए नियमों द्वारा विनियमित और शासित होंगे, अर्थात्: -

(ए) संघ का संविधान और उद्देश्य और उद्देश्य;

(बी) संघ को नगर पालिकाओं द्वारा योगदान की राशि और विधि *;

(सी) खातों के रखरखाव और उनकी लेखा परीक्षा सहित संघ के वित्त का प्रबंधन और नियंत्रण; तथा

(डी) अन्य ऐसे मामले जो इस धारा के प्रयोजन के लिए आवश्यक हो सकते हैं:

बशर्ते कि कोई भी व्यक्ति संघ में प्रतिनिधित्व करने के लिए तब तक पात्र नहीं होगा जब तक कि वह उस समय किसी नगरपालिका का अध्यक्ष न हो।

<u>अध्याय XII-क</u>

<u>संपत्ति के विरूपण की रोकथाम</u>

297ए. संपत्ति के विरूपण के लिए दंड। -

(1) जो कोई सार्वजनिक दृश्य में नाम और पते को इंगित करने के उद्देश्य को छोड़कर, पैम्फलेट, पोस्टर आदि को हटाकर या थूक कर या पेशाब या चिपका कर या स्याही, चाक, पेंट या किसी अन्य सामग्री या विधि से लिखकर या चिह्नित करके किसी संपत्ति को विरूपित करता है। ऐसी संपत्ति के मालिक या अधिभोगी का, प्रथम अपराध की दशा में, कारावास से, जिसकी अवधि एक वर्ष तक की हो सकेगी, या जुर्माने से, जो पांच हजार रुपए से कम नहीं होगा, लेकिन जो दस हजार रुपए तक हो सकता है, दंडनीय होगा। या दोनों से, और प्रत्येक बाद के अपराध के मामले में, कारावास से, जिसकी अवधि दो वर्ष तक की हो सकती है या जुर्माने से, जो दस हजार रुपए से कम नहीं होगा, लेकिन जो बीस हजार रुपए तक हो सकता है या दोनों से दंडित किया जा सकता है।

(2) जहां उप-धारा (1) के तहत किया गया कोई अपराध किसी अन्य व्यक्ति या कंपनी या अन्य निकाय कॉर्पोरेट या व्यक्तियों के संघ (चाहे निगमित हो या नहीं) के लाभ के लिए है,

तो ऐसा अन्य व्यक्ति और प्रत्येक अध्यक्ष, अध्यक्ष , निदेशक, भागीदार, प्रबंधक, सचिव, एजेंट या कोई अन्य अधिकारी या उसके प्रबंधन से संबंधित व्यक्ति, जैसा भी मामला हो, जब तक कि वह यह साबित नहीं कर देता कि अपराध उसकी जानकारी या सहमति के बिना किया गया था, को दोषी माना जाएगा। ऐसा अपराध।

297बी. अपराध करने के प्रयास के लिए दंड। -

जो कोई भी इस अध्याय के तहत दंडनीय कोई अपराध करने का प्रयास करता है या ऐसा अपराध करता है और ऐसे प्रयास में अपराध करने की दिशा में कोई कार्य करता है, वह अपराध के लिए प्रदान किए गए दंड से दंडनीय होगा।

297सी. दुष्प्रेरक के लिए दंड। -

कोई भी व्यक्ति जो पैसे की आपूर्ति या याचना करके, परिसर प्रदान करके, सामग्री की आपूर्ति या किसी भी तरीके से, इस अध्याय के तहत किसी भी अपराध के कमीशन की खरीद, परामर्श, सहायता, प्रोत्साहन, या सहायक है अपराध के लिए प्रदान की गई सजा से दंडित किया जाए।

297डी. लेखन आदि को मिटाने की शक्ति -

धारा 297-ए के प्रावधानों पर प्रतिकूल प्रभाव डाले बिना, यह नगर पालिका या इसके द्वारा इस संबंध में अधिकृत किसी भी अधिकारी को किसी भी लेखन को मिटाने के लिए आवश्यक कदम उठाने के लिए सक्षम होगा। किसी संपत्ति से किसी निशान को हटाना या हटाना।

297ई. अपराध को कंपाउंड करने की शक्ति। -

यह नगरपालिका या इस निमित्त उसके द्वारा प्राधिकृत किसी अधिकारी के लिए इस अध्याय के अधीन किए गए किसी अभियोजन को वापस लेने या किए गए किसी अपराध का शमन करने के लिए ऐसे निबंधनों और शर्तों पर, जो विहित की जाएं, सक्षम होंगे।

297एफ. क्षतिपूर्ति। -

इस अध्याय के अधीन सद्भावपूर्वक या जनहित में की गई या किए जाने के लिए आशयित किसी बात के लिए सरकार, किसी स्थानीय प्राधिकारी या व्यक्ति के विरुद्ध कोई वाद, अभियोजन या अन्य कानूनी कार्यवाही नहीं होगी।

297जी. अन्य कानूनों को ओवरराइड करने के लिए अध्याय। -

इस अध्याय के उपबंध तत्समय प्रवृत्त किसी अन्य विधि में किसी प्रतिकूल बात के होते हुए भी प्रभावी होंगे।

297एच. परिभाषाएँ। -

अध्याय XIII

अभियोजन, वाद आदि।

<u>**298. नगर पालिका मुकदमा चला सकती है। -**</u>

(1) मुख्य नगरपालिका अधिकारी किसी भी सार्वजनिक उपद्रव के लिए या इस अधिनियम के तहत जारी किसी भी आदेश या निर्देशों के उल्लंघन के लिए किसी भी अभियोजन का

निर्देश दे सकता है और किसी भी दंड की वसूली के लिए और उल्लंघन करने वाले किसी भी व्यक्ति की सजा के लिए कार्यवाही करने का आदेश दे सकता है। इस अधिनियम या उसके अधीन किसी नियम या उपविधियों के उपबंध और ऐसे अभियोगों या अन्य कार्यवाहियों के खर्चों का भुगतान नगरपालिका निधि से करने का आदेश दे सकते हैं:

बशर्ते कि इस अधिनियम या इसके तहत बनाए गए नियम या उप-नियमों के तहत किसी अपराध के लिए कोई अभियोजन शुरू नहीं किया जाएगा, सिवाय ऐसे अपराध के छह महीने के भीतर।

(2) इस अधिनियम के तहत या इसके तहत बनाए गए किसी भी नियम या उप-नियमों के तहत किसी भी अभियोजन को, जैसा कि अन्यथा प्रदान किया गया है, किसी भी मजिस्ट्रेट के समक्ष स्थापित किया जा सकता है, और इस अधिनियम या किसी नियम या उप के तहत या उसके आधार पर लगाया गया हर जुर्माना या जुर्माना - इसके तहत कानून और मुआवजे या अन्य खर्चों के सभी दावे जिनकी वसूली के लिए इस अधिनियम में अन्यथा कोई विशेष प्रावधान नहीं किया गया है, ऐसे मजिस्ट्रेट के आवेदन पर किसी भी चल या अचल संपत्ति के संकट और बिक्री से उसकी सीमा के भीतर वसूल किया जा सकता है। उस व्यक्ति से संबंधित क्षेत्राधिकार जिससे धन का दावा किया जा सकता है।

<u>299. अपराधों के लिए मुकदमा चलाने के संबंध में शक्तियां</u>। -

एक नगर पालिका मई

(ए) किसी भी व्यक्ति के साथ समझौता, जिसने नगर पालिका की राय में इस अधिनियम या उसके तहत किसी भी उप-कानून के तहत दंडनीय अपराध किया है और इस तरह के समझौते पर ऐसे अपराध के संबंध में ऐसे व्यक्ति के खिलाफ कोई कार्यवाही नहीं की जाएगी;

(बी) इस अधिनियम के तहत या इसके तहत बनाए गए किसी भी उप-कानून के तहत अभियोजन वापस लेना;

(सी) इस अधिनियम के खिलाफ या इसके तहत बनाए गए किसी भी उप-कानून के खिलाफ किसी भी अपराध को कंपाउंड किया जा सकता है, जिसे राज्य सरकार द्वारा बनाए गए नियमों द्वारा कंपाउंडेबल घोषित किया जा सकता है।

बशर्ते कि राज्य सरकार इस धारा के तहत अपराधों से समझौता करने के लिए सशक्त व्यक्तियों की कार्यवाही को विनियमित करने के लिए नियम बना सकती है।

<u>300. नगर निगम की संपत्ति को नुकसान कैसे हुआ</u> । -

यदि किसी कृत्य, उपेक्षा या चूक के कारण किसी व्यक्ति को इस अधिनियम द्वारा या उसके अधीन कोई शास्ति लगानी पड़ी हो और नगर पालिका की संपत्ति को कोई नुकसान ऐसे व्यक्ति द्वारा किया गया हो, तो वह क्षतिपूर्ति करने के लिए उत्तरदायी होगा इस तरह के नुकसान के साथ-साथ इस तरह के दंड का भुगतान करने के लिए, और क्षति की राशि, विवाद के मामले में, मजिस्ट्रेट द्वारा निर्धारित की जाएगी, जिसके द्वारा इस तरह के दंड को लेने वाले व्यक्ति को दोषी ठहराया जाता है, और मांग पर इस तरह के नुकसान का

भुगतान न करने के मामले में, वही संकट से उद्गृहीत किया जाएगा, और ऐसा मजिस्ट्रेट तद्नुसार अपना वारंट जारी करेगा।

301. कुछ अपराधों का संज्ञेय और जमानती होना। -

दंड प्रक्रिया संहिता, 1973 (1974 का केंद्रीय अधिनियम संख्या 2) में किसी भी बात के होते हुए भी, इस अधिनियम की धारा 167, 236 [245, 297-ए, 297-बी और 297-सी] के तहत दंडनीय अपराध होगा। संज्ञेय और जमानती।

302. संकट वैध होते हुए भी रूप में दोषपूर्ण। -

इस अधिनियम के आधार पर लगाए गए किसी भी संकट को गैरकानूनी नहीं माना जाएगा, और न ही इसे बनाने वाले किसी भी पक्ष को किसी भी सम्मन, दोषसिद्धि या संकट के वारंट, या उससे संबंधित अन्य कार्यवाही के किसी भी दोष के कारण अतिचार माना जाएगा, न ही क्या ऐसे पक्ष को उसके द्वारा बाद में की गई किसी भी अनियमितता के कारण शुरू से ही अतिचारी माना जाएगा; लेकिन ऐसी अनियमितता से व्यथित सभी व्यक्ति सक्षम अधिकारिता वाले किसी न्यायालय में विशेष क्षति के लिए पूर्ण संतुष्टि की वसूली कर सकते हैं।

303. सूट द्वारा वैकल्पिक प्रक्रिया। -

इस अधिनियम के तहत या इसके तहत वसूली की किसी भी प्रक्रिया के बदले में या इस तरह की प्रक्रिया द्वारा वसूली में विफलता के मामले में इस अधिनियम के तहत वसूली योग्य किसी भी राशि का पूरा या कोई हिस्सा या इस अधिनियम के तहत देय किसी मुआवजे, खर्च, शुल्क या नुकसान की वसूली नगरपालिका के लिए यह वैध होगा कि वह सक्षम क्षेत्राधिकार वाले किसी भी न्यायालय में उस व्यक्ति के लिए वाद दायर करे जो उसे भुगतान करने के लिए उत्तरदायी है।

304. नगर पालिका या उसके अधिकारियों के विरुद्ध वाद।-

(1) किसी नगरपालिका के खिलाफ या नगरपालिका के अध्यक्ष, उपाध्यक्ष, सदस्य, अधिकारी या सेवक के खिलाफ या उनमें से किसी के निर्देश के तहत कार्य करने वाले किसी भी व्यक्ति के खिलाफ किए गए कार्य के संबंध में या करने के लिए कथित तौर पर कोई मुकदमा नहीं किया जाएगा। अपनी आधिकारिक क्षमता में किया गया है, जब तक कि लिखित नोटिस के बाद दो महीने की समाप्ति के बाद, नगरपालिका के मामले में, उसके कार्यालय में छोड़ दिया गया हो और अध्यक्ष, उपाध्यक्ष, सदस्य के मामले में, अधिकारी, नौकर या व्यक्ति को सुपुर्द किया गया या अपने कार्यालय या स्थान या निवास पर छोड़ दिया गया, जिसमें स्पष्ट रूप से कार्रवाई का कारण, मांगी गई राहत की प्रकृति, दावा की गई मुआवजे की राशि और इच्छुक वादी का नाम और निवास स्थान, और वादपत्र में यह कथन होगा कि ऐसा नोटिस दिया गया है या छोड़ दिया गया है।

(2) उप-धारा (1) में वर्णित कोई भी कार्रवाई, जब तक कि यह अचल संपत्ति की वसूली के लिए या उसके शीर्षक की घोषणा के लिए एक कार्रवाई नहीं है, तब तक शुरू नहीं होगी, जब

तक कि अगले छह महीने के भीतर नहीं। कार्रवाई के कारण।

(3) उप-धारा (1) में कुछ भी एक ऐसे सूट पर लागू होने के लिए नहीं लगाया जाएगा, जिसमें दावा किया गया एकमात्र राहत एक निषेधाज्ञा है, जिसका उद्देश्य नोटिस देकर या वाद या कार्यवाही के शुरू होने को स्थगित कर दिया जाएगा। .

<u>305. कुछ मामलों में दीवानी न्यायालय द्वारा अस्थायी निषेधाज्ञा न देना।</u> -

कोई भी दीवानी न्यायालय किसी वाद के दौरान कोई अस्थायी निषेधाज्ञा नहीं देगा या कोई अंतरिम आदेश नहीं देगा

<u>306. समझौतों की शक्ति</u>। -

(1) नगर पालिका इस अधिनियम के तहत उसके द्वारा किए गए किसी भी अनुबंध से उत्पन्न होने वाले किसी भी दावे या मांग के संबंध में या उसके खिलाफ या उसके खिलाफ लगाए गए किसी भी मुकदमे के संबंध में, ऐसी राशि या अन्य के लिए समझौता या समझौता कर सकती है। मुआवजे के रूप में यह पर्याप्त समझेगा:

परन्तु यह कि यदि इस अधिनियम द्वारा किसी संविदा के निर्माण में किसी स्वीकृति की आवश्यकता है, तो ऐसे अनुबंध से उत्पन्न होने वाले किसी दावे या मांग के कंपाउंडिंग या समझौता करने के लिए समान स्वीकृति प्राप्त की जाएगी।

(2) नगर पालिका इस अधिनियम के तहत अपने अधिकारियों और कर्मचारियों में निहित शक्तियों में से किसी के प्रयोग के कारण किसी भी क्षति को सहन करने वाले किसी भी व्यक्ति को नगरपालिका निधि से मुआवजा दे सकती है।

(3) नगरपालिका की ओर से मुकदमा चलाने या बचाव की किसी भी सिविल कार्यवाही के खर्च का भुगतान करने के लिए नगरपालिका निधि उत्तरदायी होगी।

<u>307. नगरपालिका के अभिलेखों के प्रमाण का तरीका। -</u>

किसी नगर पालिका के कब्जे में किसी रसीद, आवेदन, योजना, नोटिस, आदेश, एक रजिस्टर या अन्य दस्तावेज में प्रविष्टि की एक प्रति, उसके कानूनी रखवाले या इस संबंध में इसके द्वारा अधिकृत अन्य व्यक्ति द्वारा विधिवत प्रमाणित होने पर प्राप्त की जाएगी। प्रविष्टि या दस्तावेज के अस्तित्व के प्रथम दृष्टया साक्ष्य के रूप में और हर मामले में दर्ज किए गए मामलों और लेनदेन के साक्ष्य के रूप में स्वीकार किया जाएगा, और उसी हद तक, जैसे मूल प्रविष्टि या दस्तावेज, यदि प्रस्तुत किया जाता है, तो स्वीकार्य होगा ऐसे मामलों को साबित करें।

<u>308. नगरपालिका सेवकों को दस्तावेज प्रस्तुत करने के लिए बुलाने पर प्रतिबंध</u>। -

किसी भी नगरपालिका अधिकारी या सेवक को किसी भी कानूनी कार्यवाही में, जिसमें नगर पालिका पक्ष नहीं है, किसी भी रजिस्टर या दस्तावेज को प्रस्तुत करने की आवश्यकता नहीं होगी, जिसकी सामग्री को प्रमाणित प्रति द्वारा पूर्ववर्ती धारा के तहत साबित किया जा सकता है, या इस रूप में पेश किया जा सकता है। मामले को साबित करने के लिए एक गवाह और उसमें दर्ज लेनदेन जब तक कि विशेष कारण के लिए किए गए न्यायालय के आदेश से

नहीं।

अध्याय XIV

नियंत्रण

309. निदेशक, उप निदेशक और सहायक निदेशक की नियुक्ति और शक्तियां। -

(1) राज्य सरकार किसी अधिकारी को स्थानीय निकायों का निदेशक नियुक्त कर सकती है, चाहे वह किसी भी पद पर हो, जो ऐसे कृत्यों का पालन करेगा और ऐसी शक्तियों का प्रयोग करेगा जो इस अधिनियम या बनाए गए नियमों द्वारा या उसके अधीन उसे प्रत्यायोजित या प्रदत्त की जा सकती हैं। उसके नीचे।

(2) राज्य सरकार निदेशक की सहायता के लिए उतने अन्य अधिकारियों को भी नियुक्त कर सकती है, जो वह उचित समझे और वे निदेशक के निर्देश और नियंत्रण के अधीन होंगे।

(3) इस प्रकार नियुक्त अन्य अधिकारी ऐसी शक्तियों का प्रयोग और ऐसे कार्यों का पालन करेंगे और उनके पास ऐसा स्थानीय अधिकार होगा जो उन्हें निदेशक द्वारा सौंपा जा सकता है।

310. निरीक्षण और पर्यवेक्षण की शक्तियां। -

(1) सामान्य या विशेष आदेश द्वारा इस निमित्त राज्य सरकार द्वारा नियुक्त या प्राधिकृत किसी अधिकारी के पास शक्ति होगी

(2) ऐसे अधिकारी को जो उप-धारा (1) के तहत नियुक्त या अधिकृत किया जा सकता है, को दी गई सभी या कोई भी शक्तियाँ उसके द्वारा अपने अधीनस्थ किसी अधिकारी को दी जा सकती हैं जो उप-मंडल अधिकारी के पद से नीचे का न हो।

311. नगर पालिका के कार्यालय का निरीक्षण करने की शक्ति। -

इस निमित्त राज्य सरकार द्वारा नियुक्त या प्राधिकृत किसी अधिकारी को किसी नगरपालिका के कार्यालय का निरीक्षण करने और ऐसी किसी नगरपालिका के अभिलेख मंगवाने की शक्ति होगी।

312. नगरपालिका के आदेश आदि के निष्पादन को निलम्बित करने की शक्तियाँ। -

(1) यदि, किसी ऐसे अधिकारी की राय में, जो राज्य सरकार द्वारा इस निमित्त नियुक्त या प्राधिकृत किया जाए, किसी नगर पालिका के किसी आदेश या संकल्प का निष्पादन या कोई कार्य जो किया जाने वाला हो या किया जा रहा हो नगर पालिका द्वारा या उसकी ओर से किया जा रहा है, जिससे जनता को चोट या झुंझलाहट या शांति भंग होने की संभावना हो या होने की संभावना हो या गैरकानूनी या नगर पालिका के हित के लिए हानिकारक हो, वह अपने तहत लिखित आदेश द्वारा हस्ताक्षर करना, निष्पादन को निलंबित करना या उसके कार्य को प्रतिबंधित करना।

(2) जब कोई ऐसा अधिकारी इस धारा के तहत कोई आदेश देता है, तो वह तत्काल राज्य सरकार और उससे प्रभावित नगर पालिका को आदेश की एक प्रति, इसे बनाने के कारणों के विवरण के साथ अग्रेषित करेगा, और यह आदेश में होगा राज्य सरकार के विवेकाधिकार

को रद्द करने या निर्देश देने के लिए कि यह स्थायी रूप से या ऐसी अवधि के लिए, जो वह उचित समझे, संशोधन के साथ या बिना लागू रहेगा:

परन्तु इस धारा के अधीन पारित ऐसे अधिकारी का कोई भी आदेश राज्य सरकार द्वारा उक्त आदेश के विरूद्ध कारण बताने का उचित अवसर दिए बिना राज्य सरकार द्वारा पुष्टि, पुनरीक्षण या उपांतरण नहीं किया जाएगा।

<u>313. आपात स्थिति में असाधारण शक्तियां।</u> -

(1) आपात स्थिति में, जिला मजिस्ट्रेट किसी भी कार्य के निष्पादन या किसी भी कार्य को करने के लिए प्रदान कर सकता है, जिसे निष्पादित करने या करने के लिए नगरपालिका को अधिकार है और जिसका तत्काल निष्पादन या करना, उसकी राय में, जनता के स्वास्थ्य या सुरक्षा के लिए आवश्यक है, और निर्देश दे सकता है कि कार्य को निष्पादित करने या करने के लिए नियुक्त व्यक्ति को उचित पारिश्रमिक के साथ कार्य करने या कार्य करने का खर्च तुरंत नगर पालिका द्वारा भुगतान किया जाएगा।

(2) यदि व्यय और पारिश्रमिक का भुगतान नहीं किया जाता है, तो जिला मजिस्ट्रेट किसी ऐसे व्यक्ति को निर्देश दे सकता है, जिसके पास नगरपालिका की ओर से किसी भी धन की हिरासत है, ऐसे खर्च और पारिश्रमिक को ऐसे धन से भुगतान करने के लिए जैसा कि वह उसके हाथ में हो सकता है या समय-समय पर प्राप्त कर सकता है और ऐसा व्यक्ति ऐसे आदेश का पालन करने के लिए बाध्य होगा।

(3) धारा 312 की उप-धारा (2) के प्रावधान, इस धारा के तहत किए गए किसी भी आदेश पर, जहाँ तक हो सके, लागू होंगे।

<u>314. आपात के समय में सेवकों के लिए सरकार द्वारा मांग का नगरपालिका द्वारा अनुपालन</u>।-

युद्ध, अकाल, अभाव, खतरनाक बीमारी, बाढ़ या इसी तरह की किसी भी आपात स्थिति की स्थिति में, और मेलों या अन्य अवसरों के लिए लोगों की एक बड़ी भीड़ को शामिल करने के लिए, नगर पालिका तुरंत राज्य सरकार या एक द्वारा की गई किसी भी मांग का पालन करेगी। राज्य सरकार का वह अधिकारी जो सामान्य या विशेष आदेश द्वारा नगर पालिका के चिकित्सा, सार्वजनिक स्वास्थ्य, स्वच्छता, टीकाकरण, पशु चिकित्सा, विद्युत, जल कार्यों या सार्वजनिक कार्यों में पद धारण करने वाले किसी भी अधिकारी या अधिकारियों की सेवाओं के लिए मांग करने के लिए अधिकृत है। विभागों या नगरपालिका द्वारा नियोजित किसी वैद या हकीम की सेवाओं के लिए, और मांग से जुड़े प्रभार के उस अनुपात को पूरा करेगा जैसा कि राज्य सरकार नगर पालिका पर उचित प्रभार होने का निर्णय ले सकती है।

<u>315. सार्वजनिक कार्यों के निष्पादन के लिए एजेंसी</u>। - (1) ऐसे सार्वजनिक कार्य, जिनके लिए राज्य सरकार की राय में पेशेवर कौशल की एक डिग्री की आवश्यकता होती है, जो नगर पालिका के निपटान में नहीं हो सकता है, राज्य सरकार या ऐसी एजेंसी द्वारा किया जाएगा जो राज्य सरकार कर सकती है। प्रत्यक्ष।

(2) नगर पालिका के अन्य सभी कार्य ऐसी एजेंसी द्वारा और ऐसे पर्यवेक्षण के अधीन होंगे जो नगरपालिका इस संबंध में बनाए गए नियमों के अधीन उचित समझे।

(3) जब राज्य सरकार या किसी अन्य एजेंसी द्वारा राज्य सरकार के आदेश के तहत किसी नगर पालिका के लिए कोई कार्य निष्पादित किया जाता है, तो पर्यवेक्षण और उपकरण और संयंत्र के लिए शुल्क के साथ-साथ काम पर किए गए खर्च को ऐसी दरों पर किया जा सकता है जैसा कि हो सकता है राज्य सरकार द्वारा समय-समय पर निर्धारित, जब तक कि राज्य सरकार द्वारा माफ नहीं किया जाता है, राज्य सरकार या ऐसी अन्य एजेंसी को देय होगा।

(4) यदि उप-धारा (3) के तहत राज्य सरकार या अन्य एजेंसी को देय राशि का भुगतान उचित समय के भीतर नहीं किया जाता है, तो राज्य सरकार नगरपालिका निधि की हिरासत वाले व्यक्ति को इसे भुगतान करने का निर्देश दे सकती है। ऐसी निधि के विरुद्ध किसी अन्य आरोप को प्राथमिकता दी जाएगी और ऐसा व्यक्ति, जहां तक नगरपालिका के खाते में जमा की गई निधि स्वीकार करता है, ऐसे आदेश का पालन करने के लिए बाध्य होगा।

316. राज्य सरकार द्वारा निष्पादित कार्यों के संबंध में विशेष प्रावधान। -

(1) इस अधिनियम में किसी भी बात के होते हुए भी यह राज्य सरकार के लिए किसी भी समय नगर पालिका से परामर्श करने के बाद वैध होगा

(ए) स्थायी प्रकृति के किसी भी कार्य या कार्यों का निर्माण करने के लिए, जो राज्य सरकार की राय में निवासियों के स्वास्थ्य या सुरक्षा के लिए आवश्यक या वांछनीय है, चाहे किसी नगर पालिका के भीतर या इसके बिना, पूर्ण या आंशिक रूप से;

(बी) ऐसे किसी भी काम के प्रबंधन और रखरखाव को बनाए रखने के लिए या उसे पूरे या आंशिक रूप से नगर पालिका को सौंपने के लिए या उसे नगर पालिका से फिर से शुरू करने के लिए;

(ग) ऐसे किसी भी कार्य और उसके प्रबंधन और रखरखाव की पूंजीगत लागत की वसूली के साथ-साथ उस पर ब्याज के साथ ऐसी दर पर जो राज्य सरकार तय करे, नगरपालिका निधि से या इस अधिनियम के तहत लगाए गए किसी भी कर या कर की आय से।

(2) किसी भी व्यक्ति का यह कर्तव्य होगा कि वह नगरपालिका की ओर से किसी भी धन की अभिरक्षा में है, ऐसे धन से भुगतान करने के लिए जो उसके हाथ में हो या समय-समय पर प्राप्त हो, द्वारा निर्देशित सभी राशियां राज्य सरकार को पूर्ववर्ती उप-धारा के खंड (सी) के तहत नगर पालिका द्वारा भुगतान किया जाना है।

317. नगरपालिका मामलों की सरकारी जांच। -

(1) राज्य सरकार अपने द्वारा इस निमित्त नियुक्त किसी अधिकारी द्वारा किसी नगर पालिका के नगरपालिका प्रशासन से संबंधित किसी भी मामले में या किसी ऐसे मामले की जिसके संबंध में इसकी स्वीकृति, अनुमोदन या सहमति आवश्यक है, जांच कराने का आदेश दे सकती है। कार्यवाही करना।

(2) ऐसी जांच करने वाले अधिकारी को, उसके प्रयोजन के लिए, निम्नलिखित मामलों

के संबंध में सिविल प्रक्रिया संहिता, 1908 (केंद्रीय अधिनियम संख्या 5, 1908) के तहत न्यायालय में निहित शक्तियां होंगी:

(ए) खोज और निरीक्षण,

(बी) गवाहों की उपस्थिति को लागू करना और उनके खर्चों की जमा राशि की आवश्यकता है,

(सी) दस्तावेजों के उत्पादन के लिए मजबूर करना,

(डी) शपथ पर गवाहों की जांच,

(ई) स्थगन प्रदान करना,

(च) हलफनामे पर लिए गए साक्ष्य को स्वीकार करना, और

(छ) गवाहों की परीक्षा के लिए कमीशन जारी करना,

और किसी भी ऐसे व्यक्ति को बुला सकता है और उसकी जांच कर सकता है, जिसका साक्ष्य उसे महत्वपूर्ण प्रतीत होता है और उसे दंड प्रक्रिया संहिता, 1973 (केंद्रीय अधिनियम संख्या 2) की धारा 195 और अध्याय XXVI के अर्थ में एक दीवानी न्यायालय माना जाएगा। 1974)।

व्याख्या। - गवाहों की हाजिरी कराने के प्रयोजन के लिए ऐसे अधिकारी की अधिकारिता की स्थानीय सीमाएं-राज्य की सीमाएं होंगी।

(3) साक्ष्य देने में किसी व्यक्ति द्वारा किए गए उचित खर्च की अनुमति ऐसे व्यक्ति से जांच करने वाले अधिकारी द्वारा दी जा सकती है और इसे लागत का हिस्सा माना जाएगा।

(4) लागत राज्य सरकार के विवेक पर होगी, जिसे यह निर्धारित करने की पूरी शक्ति होगी कि किसके द्वारा और किस हद तक ऐसी लागतों का भुगतान किया जाना है, और प्रति वर्ष पंद्रह प्रतिशत से अधिक की दर से लागत पर ब्याज की अनुमति नहीं है। , और इस तरह की लागत और ब्याज भू राजस्व के बकाया के रूप में वसूली योग्य होगा।

<u>318. स्थापना के नियोजन में अपव्यय को रोकने की सरकार की शक्ति। -</u>

(1) यदि, राज्य सरकार की राय में, नगरपालिका द्वारा अधिकारियों या सेवकों के रूप में नियोजित व्यक्तियों की संख्या या जिन्हें नगरपालिका नियोजित करने का प्रस्ताव करती है, या उन व्यक्तियों या किसी विशेष व्यक्ति को नगर पालिका द्वारा सौंपे गए पारिश्रमिक अत्यधिक है, नगर पालिका राज्य सरकार की आवश्यकता पर उक्त व्यक्तियों की संख्या या उक्त व्यक्ति के पारिश्रमिक को कम कर देगी।

(2) यह राज्य सरकार के लिए वैध होगा

(i) यह अपेक्षा करने के लिए कि मुख्य नगरपालिका अधिकारी के रूप में नियुक्त किसी व्यक्ति को किसी नगर पालिका द्वारा इस अधिनियम के तहत या उस समय लागू किसी भी नियम के तहत सभी या किन्हीं शक्तियों के साथ निवेश किया जाएगा जो उसे कानूनी रूप से प्रत्यायोजित किए जा सकते हैं, इसके अलावा ऐसी शक्तियों के लिए जो उसे इस अधिनियम द्वारा प्रदान की जाती हैं;

(ii) यह अपेक्षा करना कि धारा 273 में निर्दिष्ट सभी या कोई भी शक्तियाँ ऐसी किसी नगरपालिका द्वारा प्रत्यायोजित की जाएँ, चाहे कोई मुख्य नगरपालिका अधिकारी हो या नहीं, अध्यक्ष, उपाध्यक्ष या राज्य सरकार के रूप में ऐसे किसी सदस्य को उपयुक्त मान सकते हैं।

(3) उप-धारा (2) के खंड (i) या खंड (ii) के तहत नगर पालिका को जारी किसी भी मांग का पालन ऐसे समय के भीतर किया जाएगा, जैसा कि राज्य सरकार, प्रत्येक मामले में, उस संबंध में निर्धारित कर सकती है।

(4) राज्य सरकार को नगरपालिका में कर्मचारियों की आवश्यकता का आकलन करने की शक्ति होगी और जहां यह संतुष्ट है कि कुछ कर्मचारी अधिक हैं, किसी भी वर्ग की सेवा की शर्तों को नियंत्रित करने वाले नियमों में कुछ भी शामिल होने के बावजूद नगरपालिकाओं के कर्मचारियों के लिए, यह उन्हें अधिशेष घोषित कर सकता है और उस तरीके को निर्धारित कर सकता है जिससे ऐसे अधिशेष कर्मचारियों को अन्य नगर पालिकाओं में समाहित किया जाएगा।

319. नगरपालिका की चूक में कर्तव्यों के निष्पादन के लिए उपबंध करने की सरकार की शक्ति। -

(1) जब राज्य सरकार को की गई शिकायत पर या अन्यथा सूचित किया जाता है कि नगर पालिका ने इस अधिनियम द्वारा या उसके अधीन या तत्समय प्रवृत्त किसी अधिनियम के अधीन उस पर अधिरोपित किसी कर्तव्य का पालन करने में चूक की है, तब राज्य सरकार, यदि उचित जांच के बाद संतुष्ट हो जाता है कि नगर पालिका कथित चूक के लिए दोषी है तो उस कर्तव्य के प्रदर्शन के लिए एक अवधि तय कर सकती है।

(2) यदि वह कर्तव्य निर्धारित अवधि के भीतर नहीं किया जाता है, तो राज्य सरकार किसी व्यक्ति को इसे करने के लिए नियुक्त कर सकती है और निर्देश दे सकती है कि इसे करने के लिए नियुक्त व्यक्ति को उचित पारिश्रमिक के साथ इसे करने का खर्च तत्काल भुगतान किया जाएगा नगर पालिका।

(3) यदि खर्च और पारिश्रमिक का भुगतान नहीं किया जाता है, तो राज्य सरकार किसी भी व्यक्ति को निर्देश दे सकती है, जिसके पास नगरपालिका की ओर से किसी भी धन की अभिरक्षा है, ऐसे खर्च और पारिश्रमिक का भुगतान ऐसे धन से करें जैसा कि वह उसके हाथ में हो सकता है या समय-समय पर प्राप्त कर सकता है और ऐसा व्यक्ति ऐसे आदेश का पालन करने के लिए बाध्य होगा।

320. नगरपालिका की शक्ति का प्रयोग उसकी स्थापना तक लंबित है। -

जब एक नई नगर पालिका का निर्माण किया जाता है, तो ऐसा अधिकारी, समिति या प्राधिकरण जो राज्य सरकार द्वारा इस संबंध में नियुक्त किया जा सकता है, जब तक कि ए। नगर पालिका इस अधिनियम के प्रावधानों के अनुसार स्थापित की गई है, शक्तियों का प्रयोग और कर्तव्यों का निर्वहन और नगरपालिका के कार्यों का पालन करती है और इस

अधिनियम के प्रयोजनों के लिए ऐसे अधिकारी, समिति या प्राधिकरण को नगर पालिका समझा जाएगा:

बशर्ते कि ऐसा अधिकारी, समिति या प्राधिकरण नगर पालिका के निर्माण के छह महीने के भीतर पहले चुनाव कराने और आम तौर पर गठित होने पर नगरपालिका द्वारा अपने कर्तव्यों की धारणा को तेज करने की व्यवस्था करेगा:

परन्तु यह और कि ऐसा कोई अधिकारी, समिति या प्राधिकरण कोई नया कर प्रस्तावित करने या अधिरोपित करने और उपविधियां बनाने का हकदार नहीं होगा।

321. नगरपालिका निधि की अभिरक्षा में व्यक्ति को सरकारी देय राशि का भुगतान करने के लिए निर्देशित करने की सरकार की शक्ति। -

यदि कोई नगर पालिका राज्य सरकार को देय किसी राशि के भुगतान में चूक करती है, तो वह नगरपालिका निधि की अभिरक्षा रखने वाले व्यक्ति को ऐसी निधि के विरुद्ध किसी अन्य शुल्क को प्राथमिकता से भुगतान करने का निर्देश दे सकती है और ऐसा व्यक्ति ऐसा करेगा जहां तक नगर पालिका के खाते में जमा राशि स्वीकार की जाती है, ऐसे आदेश का पालन करने के लिए बाध्य होंगे।

322. अक्षमता या दो तिहाई से कम निर्वाचित सदस्यों के मामले में नगरपालिका को भंग करने की सरकार की शक्ति। -

(1) यदि राज्य सरकार किसी भी समय इस बात से संतुष्ट है कि नगर पालिका इस अधिनियम द्वारा या इसके तहत या अन्यथा कानून द्वारा लगाए गए कर्तव्यों के प्रदर्शन में सक्षम नहीं है, या लगातार चूक करती है, या इससे अधिक हो गई है, या अपनी शक्तियों का दुरुपयोग किया है, तो राज्य सरकार, सरकारी राजपत्र में, उसके कारणों सहित प्रकाशित आदेश द्वारा, नगरपालिका को अक्षम या चूककर्ता घोषित कर सकती है, या अपनी शक्तियों का उल्लंघन या दुरुपयोग कर सकती है, जैसा भी मामला हो, और ऐसी नगर पालिका को विघटन के आदेश में निर्दिष्ट की जाने वाली तारीख से भंग कर सकता है:

बशर्ते कि इस उप-धारा के तहत कोई कार्रवाई तब तक नहीं की जाएगी जब तक कि नगरपालिका को अपने अध्यक्ष के माध्यम से स्पष्टीकरण प्रस्तुत करने और सुनवाई का उचित अवसर प्रदान नहीं किया जाता है, यदि नगरपालिका ऐसा चाहती है:

परन्तु यह और कि इस उप-धारा के अधीन कोई आदेश पारित नहीं किया जाएगा

(i) जब तक कि राज्य सरकार ने नगर पालिका के खिलाफ आरोपों को स्पष्ट रूप से बताते हुए एक बयान तैयार नहीं किया है और उसे निर्धारित तरीके से जांच के लिए भेजा है और एक ट्रिब्यूनल को एक अध्यक्ष और निर्धारित में गठित दो सदस्यों से कम नहीं है। ढंग, या

(ii) अन्यथा ऐसे निष्कर्षों के अनुरूप नहीं है।

व्याख्या। - यदि किसी कारण से किसी नगर पालिका में रिक्तियों की संख्या सीटों की कुल संख्या के दो-तिहाई से अधिक हो जाती है, तो नगर पालिका इस अधिनियम द्वारा या उसके तहत उस पर लगाए गए कर्तव्यों का पालन करने के लिए सक्षम नहीं मानी जाएगी।

(2) राज्य सरकार नगरपालिका को भंग कर देगी यदि किसी भी समय उसके निर्वाचित सदस्यों की संख्या उसके कुल सदस्यों के दो तिहाई से कम हो जाती है।

(3) जब कोई नगरपालिका उप-धारा (1) या इस अधिनियम के किसी अन्य प्रावधान के तहत भंग हो जाती है, तो निम्नलिखित परिणाम होंगे:

(ए) अध्यक्ष और उपाध्यक्ष सहित नगर पालिका के सभी सदस्य, विघटन के आदेश में निर्दिष्ट तिथि पर, अपने-अपने कार्यालय खाली कर देंगे, लेकिन पुनर्निर्वाचन या पुनर्नियुक्ति के लिए उनकी पात्रता पर प्रतिकूल प्रभाव डाले बिना; तथा

(बी) नगर पालिका की सभी शक्तियों और कर्तव्यों, विघटन की अवधि के दौरान, राज्य सरकार द्वारा इस संबंध में नियुक्त प्रशासक के रूप में ऐसे अधिकारी द्वारा प्रयोग और निष्पादित किया जाएगा।

(4) नगरपालिका के गठन के लिए चुनाव उसके विघटन की तारीख से छह महीने की अवधि की समाप्ति से पहले पूरा किया जाएगा:

परन्तु जहां शेष अवधि जिसके लिए भंग की गई नगरपालिका बनी रहती, छह माह से कम हो, ऐसी अवधि के लिए नगर पालिका के गठन के लिए इस उप-धारा के तहत कोई चुनाव कराना आवश्यक नहीं होगा।

(5) नगरपालिका की अवधि समाप्त होने से पहले उसके विघटन पर गठित नगरपालिका केवल उस शेष अवधि के लिए जारी रहेगी, जिसके लिए धारा 7 के तहत भंग की गई नगरपालिका बनी रहती, यदि इसे भंग नहीं किया गया होता।

(6) इस धारा के तहत किए गए विघटन का एक आदेश, उसके कारणों के बयान के साथ, राज्य विधानमंडल के सदन के समक्ष, जितनी जल्दी हो सके, उसके बाद रखा जाएगा।

<u>323. एक नगर पालिका और एक या एक से अधिक स्थानीय अधिकारियों के बीच विवाद। :</u>

(1) यदि इस अधिनियम या किसी अन्य कानून के प्रावधानों के तहत उत्पन्न होने वाले किसी भी मामले के संबंध में नगर पालिका और एक या एक से अधिक स्थानीय अधिकारियों के बीच कोई विवाद, जिसके लिए यह अधिनियम अन्यथा प्रदान नहीं करता है, मौजूद है और विवाद है सौहार्दपूर्ण ढंग से नहीं सुलझा

(ए) कलेक्टर विवाद का संज्ञान ले सकता है और खुद तय कर सकता है कि विवाद उसी जिले में किसी अन्य नगर पालिका या पंचायत के साथ है और उसका निर्णय अंतिम होगा; तथा

(बी) अन्य सभी मामलों में मामले को संभागीय आयुक्त के पास भेजा जाएगा, जो विवाद का संज्ञान ले सकते हैं और इसका फैसला कर सकते हैं और मंडल आयुक्त का निर्णय अंतिम होगा।

(2) उप-धारा (1) में निर्दिष्ट किसी भी विवाद के संबंध में दीवानी न्यायालय द्वारा किसी वाद पर विचार नहीं किया जाएगा।

324. नगर पालिका और शहरी सुधार न्यास, नगर विकास प्राधिकरण या किसी अन्य सांविधिक बोर्ड के बीच विवाद। -

एक नगर पालिका और किसी भी शहरी सुधार ट्रस्ट, शहर विकास प्राधिकरण, आवास बोर्ड या किसी अन्य सांविधिक बोर्ड के बीच क्षेत्रीय और कार्यात्मक क्षेत्राधिकार से संबंधित सभी विवादों, यदि सौहार्दपूर्ण ढंग से निपटारा नहीं किया जाता है, तो राज्य सरकार को भेजा जाएगा और राज्य सरकार के निर्णय पर ऐसा मामला अंतिम होगा।

325. नगरपालिकाओं के उप-नियमों और नियमों को रद्द करने या संशोधित करने की सरकार की शक्तियाँ। -

(1) राज्य सरकार किसी भी समय राजपत्र में अधिसूचना द्वारा पूर्ण या आंशिक रूप से निरस्त कर सकती है या किसी नगर पालिका द्वारा बनाए गए किसी नियम या उप-नियमों को संशोधित कर सकती है:

बशर्ते कि इस उप-धारा के तहत कोई कार्रवाई करने से पहले, राज्य सरकार नगरपालिका को उन आधारों के बारे में बताएगी जिन पर वह ऐसा करने का प्रस्ताव करती है, प्रस्ताव के खिलाफ कारण बताने के लिए नगरपालिका के लिए एक उचित अवधि तय करेगी और स्पष्टीकरण और आपत्तियों पर विचार करेगी। नगर पालिका के , यदि कोई हो ।

(2) किसी नियम या उप-नियमों का निरसन या संशोधन आधिकारिक राजपत्र में अधिसूचना के प्रकाशन की तारीख से प्रभावी होगा यदि उसमें कोई तारीख निर्दिष्ट नहीं है और ऐसी तारीख से पहले किए गए या छोड़े गए या पीड़ित किसी भी चीज को प्रभावित नहीं करेगा।

326. सरकार द्वारा शक्तियों का प्रत्यायोजन। -

(1) राज्य सरकार इस अधिनियम के तहत धारा 3, 6, 7, 67, 94, 102, 103, 107, 111, 142, 297, 318, 322, 325, 337, 339 और 340 या इस धारा के तहत या इस अधिनियम के किसी भी प्रावधान के तहत अपने अधीनस्थ किसी अधिकारी को अपीलीय प्राधिकारी नियुक्त करने की शक्ति।

(2) राज्य सरकार यह भी आदेश दे सकती है कि इस अधिनियम के किसी प्रावधान के तहत या उसके तहत राज्य सरकार के कलेक्टर या किसी अन्य अधिकारी को दी गई सभी या किसी भी शक्ति का प्रयोग किसी निर्दिष्ट अवधि के लिए किसी अन्य व्यक्ति द्वारा किया जाएगा। अधिकारी या प्राधिकारी जिसे आदेश में नामित किया जा सकता है।

327. अभिलेख मंगवाने की शक्ति। -

(1) राज्य सरकार या राज्य सरकार द्वारा इस निमित्त प्राधिकृत कोई अधिकारी, पारित किए गए या पारित किए गए किसी भी आदेश या संकल्प की शुद्धता, वैधता या औचित्य के बारे में संतुष्ट होने के उद्देश्य से, इस के तहत . किसी नगर पालिका द्वारा या उसकी ओर से अधिनियम, उसके अध्यक्ष, उपाध्यक्ष, किसी सदस्य या अधिकारी, प्रासंगिक रिकॉर्ड की मांग करते हैं, और ऐसा करने में, निर्देश दे सकते हैं कि इस तरह के रिकॉर्ड की जांच के

लिए, इस तरह के आदेश या संकल्प को रखा जाएगा। राज्य सरकार या राज्य सरकार द्वारा इस निमित्त प्राधिकृत अधिकारी द्वारा इस तरह की जांच और उप-धारा (2) के तहत आदेश पारित होने तक उसके आगे कोई कार्रवाई नहीं की जाएगी।

(2) अभिलेख की जांच करने पर राज्य सरकार या पूर्वोक्त अधिकृत अधिकारी ऐसे आदेश या संकल्प को रद्द, उलट या संशोधित कर सकता है और राज्य सरकार या पूर्वोक्त अधिकृत अधिकारी का आदेश अंतिम और नगर पालिका पर बाध्यकारी होगा।

अध्याय XV

कर्मचारी

328. राजस्थान नगर सेवा का सृजन। -

329. नगर पालिकाओं का वर्गीकरण। -

330. सेवा में पदों पर भर्ती। -

,([331. हटाया गया]

332. राजस्थान नगरपालिका प्रशासनिक सेवा। -

333. राजस्थान नगर निगम तकनीकी सेवा। -

334. कर्मचारियों की संख्या का निर्धारण। -

335. अधीनस्थ एवं मंत्रिस्तरीय स्थापना एवं अन्य कर्मचारी। -

336. एक नगर पालिका से दूसरे में स्थानांतरण। -

अध्याय XVI

नियम, विनियम और उपनियम

337. नियम और आदेश बनाने की राज्य सरकार की शक्ति। -

338. विनियम बनाने की राज्य सरकार की शक्ति। -

339. नियम बनाने की नगर पालिका की शक्ति। -

340. उपविधियां बनाने की नगर पालिका की शक्ति।

341. नियम और उपनियम मुद्रित और बेचे जाने हैं। -

अध्याय XVII

विविध

342. कंपनियों द्वारा अपराध। -

343. कठिनाइयों को दूर करने की शक्ति। -

344. निरसन और बचत। -

2

राजस्थान नगर पालिका (सामग्री और अनुबंधों की खरीद) नियम, 1974

1. इन नियमों को राजस्थान नगर पालिका (सामग्री और अनुबंधों की खरीद) नियम, 1974 कहा जा सकता है।

2. ये नियम राजपत्र में इनके प्रकाशन की तिथि से एक माह के भीतर लागू होंगे।

2. परिभाषाएँ। - इन नियमों में, जब तक कि संदर्भ से अन्यथा अपेक्षित न हो:-

(i) 'बोर्ड' में नगर परिषद शामिल है;

(ii) 'क्रय अधिकारी' या 'मांगपत्र अधिकारी' का अर्थ कार्यकारी अधिकारी है;

(iii) 'कार्यकारी अधिकारी' में नगर परिषद के आयुक्त शामिल हैं।

3. सामग्री की खरीद और निविदा आदि द्वारा कार्य का निष्पादन - इस संबंध में राज्य सरकार द्वारा जारी किए जाने वाले किसी भी आदेश के अधीन और इन नियमों में अन्यथा प्रदान किए गए को छोड़कर, सामग्री या सामान की आपूर्ति के लिए कोई अनुबंध जिसमें शामिल हो सकता है रुपये से अधिक का व्यय। 1000/- या किसी भी कार्य के निष्पादन के लिए जिसमें 2,000/- रुपये से अधिक का व्यय शामिल हो सकता है, तब तक प्रवेश नहीं किया जाएगा जब तक कि इसके बाद निर्धारित तरीके से निविदाएं आमंत्रित नहीं की जाती हैं और सक्षम प्राधिकारी की पूर्व स्वीकृति नियम 14 के तहत प्रदान की जाती है। .

[4. [(क) निर्माण कार्य करवाने के लिए सामग्री की खरीद और निविदाएं आमंत्रित करने के लिए, निम्नलिखित समय सीमा का पालन किया जाएगा: -

(1) 1.00 लाख रुपये तक के अनुमानित खर्च के लिए। - एक हफ्ता

(2) 1.00 लाख से अधिक लेकिन 5.00 लाख तक की राशि के लिए - दो सप्ताह

(3) 5.00 लाख से अधिक राशि के लिए - एक महीना।]

(बी) उपरोक्त खंड (ए) में उल्लिखित समय सीमा की गणना इस प्रकार की जाएगी जिस तारीख से निविदा आमंत्रण सूचना समाचार पत्र में प्रकाशित हुई है उस तारीख से जिस तारीख को निविदाओं को निविदा जमा करने के लिए कहा गया है]।

5. यदि निविदाओं के किसी आमंत्रण पर प्रतिक्रिया कि अपर्याप्त प्रचार या कुछ अन्य कारणों से अनुकूल या पर्याप्त संख्या में निविदाएं प्राप्त नहीं हुई हैं, तो नई निविदाएं आमंत्रित की जाएंगी और सभी के ध्यान में निविदा को आमंत्रित करने के उपाय किए जाएंगे। संभावित निविदाकर्ता।

6. निविदाएं प्राप्त करने की प्रक्रिया इस प्रकार होगी:-

निविदाएं प्राप्त की जाएंगी:-

(ए) विज्ञापन द्वारा (खुली निविदाएं)।

(बी) सीमित संख्या में फर्मों (सीमित निविदा) को सीधे निमंत्रण द्वारा।

(सी) केवल एक फर्म को निमंत्रण द्वारा।

खुली निविदा प्रणाली अर्थात सार्वजनिक विज्ञापन द्वारा निविदा का आमंत्रण एक सामान्य नियम के रूप में इस्तेमाल किया जाएगा और सभी मामलों में नीचे उल्लिखित अपवाद के अधीन अपनाया जाएगा, जिसमें प्राप्त होने वाली निविदाओं का अनुमानित मूल्य 5000/- रुपये या उससे अधिक है। .

(i) सीमित निविदा प्रणाली आमतौर पर उन सभी आदेशों के मामले में अपनाई जाएगी, जिनका अनुमानित मूल्य [रु. 10,000/-] ।

(ii) सीमित निविदा और एकल निविदा प्रक्रिया के प्रयोजनों के लिए, क्रय अधिकारी ज्ञात विश्वसनीयता की फर्मों की एक सूची बनाए रखेगा जो संतुष्ट करने में सक्षम हैं कि उनके पास स्टोर की आपूर्ति के लिए आवश्यक उपकरण और सुविधाएं हैं, जो वे प्रदान करते हैं . सूची को समय-समय पर जांच और संशोधन के अधीन किया जाना चाहिए, और सूची में शामिल करने के लिए एक फर्म से किसी भी आवेदन को सुरक्षा राशि के रूप में 25 / - की प्राप्ति पर विचार किया जाएगा। फर्म का नाम सूची में जोड़ने से पहले, ऐसी पूछताछ जो आवश्यक समझी जा सकती है, खरीद अधिकारी द्वारा की जाएगी, ताकि फर्म की अनुबंधों को संतोषजनक ढंग से निष्पादित करने की क्षमता का पता लगाया जा सके। सूची में से निविदा के लिए आमंत्रित की जाने वाली फर्मों के नामों का चयन किया जाना चाहिए।

[(iii) सामग्री या सामान की खरीद के मामले में एकल निविदा प्रणाली को अपनाया जाएगा, जब उसका अनुमानित मूल्य रुपये से अधिक न हो। 1000:

बशर्ते कि उक्त सीमा निम्नलिखित मामले में लागू नहीं होगी, जिसके लिए कोई निविदा आमंत्रित करने की आवश्यकता नहीं होगी:-

(ए) जब आवश्यक सामग्री या सामान मालिकाना चरित्र के होते हैं और प्रतिस्पर्धा को आवश्यक नहीं माना जाता है;

(बी) जब आवश्यक सामग्री या सामान सीधे ज्ञात विश्वसनीयता के पंजीकृत निर्माताओं से

खरीदा जाता है या केंद्रीय स्टोर खरीद संगठन या आपूर्ति और निपटान महानिदेशक द्वारा अनुमोदित दरों पर खरीदा जाता है;

(सी) जब सामग्री और माल राजस्थान राज्य कृषि उद्योग निगम, राजस्थान राज्य लघु उद्योग निगम या प्रमाणित खादी भंडार से खरीदा जाता है, बशर्ते ऐसी वस्तुओं या सामग्री का निर्माण इन उपक्रमों द्वारा किया जाता है, और इस आशय का एक प्रमाण पत्र दिया जाता है;

(डी) जब कपड़ा राष्ट्रीय कपड़ा निगम लिमिटेड, राजस्थान हैंडलूम प्रोजेक्ट बोर्ड से खरीदा जाता है, और/या राजस्थान राज्य बंकर सहकारी संघ लिमिटेड द्वारा संचालित और प्रबंधित किसी भी बिक्री डिपो से;

(ई) जब सामग्री या सामान सहकारी थोक उपभोक्ता भंडार और उपहार से खरीदा जाता है, जिसमें ऐसा भंडार या उपहार थोक होता है या सीधे निर्माताओं / प्रस्तुतियों से इसकी आपूर्ति प्राप्त करता है जिसके लिए बिल / कैश मेमो पर इस आशय का एक प्रमाण पत्र पृष्ठांकित किया जाता है। ;

(च) जब किसी मोटर वाहन का कोई स्पेयर पार्ट उस वाहन के निर्माता या उसके अधिकृत डीलर से रुपये की सीमा तक खरीदा जाता है। 1,000/-;

(छ) जब माल खरीदा जाता है (ए) किसी राज्य विभाग से या उसकी किसी योजना के तहत या किसी सरकारी उपक्रम से (बी) या "सेखो कमाओ योजना" के तहत; तथा

(ज) जब राज्य सरकार ने किसी विशिष्ट सामग्री या वस्तु की खरीद के लिए निविदा आमंत्रित करने से छूट दी हो।]

(iv) हालांकि, 'खुली निविदा' प्रणाली के बजाय सीमित निविदा प्रणाली को अपनाया जा सकता है, भले ही प्राप्त होने वाली निविदाओं का अनुमानित मूल्य [रु। 10,000/-] निम्नलिखित मामलों में:

(ए) जब पर्याप्त कारण मौजूद हों जो इंगित करते हैं कि विज्ञापन द्वारा निविदाएं मांगना जनहित में नहीं है। ऐसे प्रत्येक मामले में क्रय अधिकारी द्वारा लिखित रूप में कारणों को दर्ज किया जाना चाहिए;

(बी) जब मांगकर्ता अधिकारी प्रमाणित करता है कि मांग अत्यावश्यक है और खुली निविदा प्रणाली में शामिल किसी भी अतिरिक्त व्यय को ऐसे सभी मामलों में नहीं किया जाना चाहिए, मांगकर्ता अधिकारी को अत्यावश्यकता की प्रकृति को रिकॉर्ड में रखना चाहिए।

(v) निविदा आमंत्रण में खरीदी जाने वाली वस्तुओं का पूरा विवरण होना चाहिए अर्थात। विनिर्देशों, उपयोग की जाने वाली सामग्री की गुणवत्ता, वितरण का समय और स्थान और भुगतान के नियम और शर्तें।

[(vi) जब राजस्थान के बाहर निर्मित वस्तुओं की खरीद की जा रही हो तो निविदाओं का प्रचार समाचार पत्र में दिया जाएगा जैसा कि राज्य सरकार द्वारा इस संबंध में अनुमोदित किया जा सकता है।]

[(vii) पूर्वगामी प्रावधानों में किसी भी बात के होते हुए भी, क्रय अधिकारी, निविदाओं को खोलने के बाद, यह माना जाता है कि निविदाकारों द्वारा उद्धृत दरें प्रचलित बाजार दर से अधिक हैं या एक अंगूठी का गठन किया गया है, वह बातचीत में प्रवेश कर सकता है सभी निविदाकारों को इस तरह से, जैसा कि वह उचित समझे, ऐसे सभी निविदाकारों को उचित नोटिस देने के बाद। ऐसी बातचीत के दौरान, यदि क्रय अधिकारी की संतुष्टि के लिए दरों को कम किया जाता है, तो वह सबसे कम निविदाकर्ता की दरों को स्वीकार कर सकता है और सामग्री या सामान की खरीद के लिए आगे बढ़ सकता है अन्यथा वह फिर से निविदाएं आमंत्रित कर सकता है।]

7. राज्य सरकार ऐसी फर्मों/व्यक्तियों को काली सूची में डाल देगी जो किसी बोर्ड को माल की आपूर्ति में भ्रष्ट और कदाचार का इस्तेमाल करते हुए पाई जाती हैं और कोई भी बोर्ड ब्लैक लिस्टेड व्यक्ति की ऐसी फर्म से निविदा जारी नहीं करेगा या किसी प्रकार की कोई खरीद नहीं करेगा। :

[बशर्ते कि राजस्थान नगर पालिकाओं (सामग्री और अनुबंध की खरीद) नियम, 1974 के प्रावधान के तहत कार्यकारी अधिकारी को खर्च करने के लिए अधिकृत राशि की सीमा तक के सभी चेक अकेले उनके द्वारा हस्ताक्षरित किए जाएंगे।]

नोट - कदाचार में घटिया माल की आपूर्ति शामिल है।

8. इन मामलों पर पर्याप्त नियंत्रण प्रदान करने और नमूनों और विशिष्टताओं के अनुरूप आपूर्ति सुनिश्चित करने के लिए निम्नलिखित प्रक्रिया अपनाई जाएगी: -

(1) आपूर्ति प्राप्त होने पर क्रय अधिकारी या उसके द्वारा नामित किसी जिम्मेदार अधिकारी द्वारा निरीक्षण के अधीन किया जाएगा।

(2) नमूनों के साथ आपूर्ति की अनुरूपता सुनिश्चित करने के लिए क्रय अधिकारी व्यक्तिगत रूप से जिम्मेदार होगा।

(3) आपूर्ति के निरीक्षण के लिए नियुक्त अधिकारी आपूर्ति से कुछ वस्तुओं को उठाएगा और इन वस्तुओं की तुलना नमूने और विनिर्देशों के साथ करेगा, यह सुनिश्चित करने के लिए कि आपूर्ति की गई वस्तुएं, सभी तरह से पुष्टि करती हैं, नमूने के साथ और विशिष्टता। जहां आवश्यक हो, आपूर्ति की उपयुक्तता का निर्धारण करने के लिए नमूनों पर निर्धारित या व्यावहारिक परीक्षण याद्दच्छिक रूप से किए जाएंगे।

(4) इस तरह की तुलना के लिए उठाए गए सामानों की संख्या ऐसी होनी चाहिए, जो निरीक्षण अधिकारी के विवेक से उसे यह निष्कर्ष निकालने के लिए एक उचित आधार दे कि आपूर्ति सामान्य रूप से अनुमोदित नमूने और विनिर्देशों के अनुरूप है। किसी भी स्थिति में तुलना के लिए चुनी गई वस्तुओं की संख्या तुलना के लिए चुनी गई वस्तु के 10 प्रतिशत से कम नहीं होनी चाहिए, जब तक कि यह अव्यवहारिक न हो, जिसके कारण दर्ज किए जा सकते हैं।

(5) जब आपूर्ति संतोषजनक हो, तो निरीक्षण अधिकारी बोर्ड के रजिस्टर पर आपूर्ति लेने

का आदेश देगा और इस आशय का एक प्रमाण पत्र देगा कि निर्धारित तरीके से आपूर्ति का सावधानीपूर्वक निरीक्षण करने पर उसने आपूर्ति के अनुरूप पाया नमूने/विनिर्देशन और निर्धारित/व्यावहारिक परीक्षणों का उत्तर देना।

(6) यदि आपूर्ति नमूने के अनुरूप नहीं है, तो निरीक्षण अधिकारी, यदि वह स्वयं क्रय अधिकारी नहीं है, तो तत्काल क्रय अधिकारी का ध्यान उसके द्वारा पाई गई त्रुटियों की ओर आकर्षित करेगा।

(7) क्रय अधिकारी तब या तो आपूर्ति को अस्वीकार कर देगा और आपूर्तिकर्ता से इसे अपनी लागत पर माल की आपूर्ति से बदलने के लिए कहेगा या यदि, काम की अत्यावश्यकता और दोष की मामूली प्रकृति के कारण, वह अस्वीकार करना उचित नहीं समझता है आपूर्ति इस मामले में बोर्ड का ध्यान आकर्षित करती है और इस आशय का एक नोट रिकॉर्ड करती है कि ऐसी स्वीकृति आवश्यक है और स्वीकृत दरों से कटौती की जाने वाली राशि के बारे में अपनी सिफारिश प्रस्तुत करें।

(8) क्रय अधिकारी आपूर्ति की प्राप्ति के एक सप्ताह के भीतर, आपूर्ति की स्वीकृति या अस्वीकृति के संबंध में अपना निर्णय देगा।

(9) बोर्ड की वित्त समिति के सदस्य और अधिनियम की धारा 283 के तहत अधिकृत अधिकारी किसी भी समय खरीद से संबंधित स्टॉक रजिस्टर और रिकॉर्ड की जांच कर सकते हैं और स्वीकृत आपूर्ति की तुलना अनुमोदित नमूनों से कर सकते हैं।

(10) उपभोक्ता विभागों को की गई आपूर्ति के साथ नमूना की तुलना करने के लिए वे उचित सावधानियों के तहत अनुमोदित नमूने और विनिर्देश अपने साथ ले जाने के हकदार होंगे।

9. विज्ञापित मांगों के लिए निविदा प्रपत्रों का शुल्क निम्नलिखित पैमाने के अनुसार होगा:-
निविदा का अनुमानित मूल्य टेंडर फॉर्म के लिए शुल्क
रुपये तक 10,000/- 2.00
रु. 10,001 से 20,000/- 3.00
रु.20,001 से 30,000/- 4.00
रु.30,001 से 50,000/- 5.00
रु. 50,001 से 75,000/- 6.00
रु.75,001 से 1,25,000/- 8.00
रुपये से ऊपर 1,25,000/- 10.00
टिप्पणी। - ड्राइंग और विनिर्देशों की लागत अतिरिक्त होगी।

10. सार्वजनिक कार्यों के लिए निविदाओं के मामले में, निविदाएं आमंत्रित करने के लिए निम्नलिखित समय सीमा का पालन किया जाएगा: -
[(1) 2.00 लाख तक की लागत वाले छोटे कार्यों के लिए- दो सप्ताह
2. 2.00 लाख से अधिक लेकिन 5लाख तक कार्य करता है - तीन सप्ताह

(3) 5.00 लाख रुपये से अधिक की लागत वाले प्रमुख कार्यों के लिए - एक महीना।]

उपरोक्त समय-सीमा की गणना उस तारीख से की जानी चाहिए जिस दिन से निविदा आमंत्रित करने की सूचना समाचार पत्र में छपी थी, जिस तारीख को निविदाकारों को अपनी निविदा जमा करने के लिए कहा गया है।

11. [((i) राज्य सरकार के लोक निर्माण विभाग (बी एंड आर) में प्रचलित दर की मूल अनुसूची के अनुसार 2,000/- रुपये के अनुमानित व्यय वाले कार्यों को निष्पादित किया जा सकता है या ऐसे में सभी या किसी अनुमोदित ठेकेदार के साथ बातचीत के बाद क्रय अधिकारी द्वारा निर्धारित की जा सकने वाली कम दरें।

(ii) किसी भी कार्य के निष्पादन के लिए निविदा प्राप्त करने की प्रक्रिया वही होगी जो नियम 5 और 6 के तहत प्रदान की गई है।

(iii) निविदाएं आमंत्रित करने वाली सभी सूचनाओं को नीचे वर्णित अनुसार समाचार पत्र में प्रकाशन के लिए भेजा जाएगा:-

कार्यों/सामग्री का अनुमानित मूल्य

प्रचार का तरीका

(ए) 20,000/- तक- राज्य सरकार द्वारा अनुमोदित स्थानीय दैनिक/साप्ताहिक/पाक्षिक समाचार पत्रों में से किसी एक में।

(बी) 20,000 रुपये से अधिक और रुपये 10 लाख तक -राज्य सरकार द्वारा स्वीकृत।

(सी) 10 लाख रुपये से ऊपर - राज्यव्यापी प्रसार का एक दैनिक समाचार पत्र और अखिल भारतीय समाचार पत्र में से एक राज्य सरकार द्वारा अनुमोदित किया जा सकता है।]

12. किसी भी प्रकार के कार्य के निष्पादन या खरीद के लिए किसी भी निविदा पर तब तक विचार नहीं किया जाएगा जब तक कि उसके साथ बयाना राशि का भुगतान नहीं किया जाता है, जैसा कि निविदा सूचना में अधिसूचित किया गया है।

13. सभी वस्तुएं उन वस्तुओं की स्वीकृति से पहले निरीक्षण के अधीन होंगी जिनके लिए राज्य सरकार द्वारा विनिर्देश और/या परीक्षण निर्धारित किए गए हैं और ऐसे विनिर्देश के अनुरूप और/या निर्धारित परीक्षण या परीक्षणों को पूरा करने के लिए आवश्यक होंगे जिन्हें किया जा सकता है निर्माण के दौरान या आपूर्तिकर्ता के परिसर से प्रेषण से पहले या बाद में।

14. सक्षम स्वीकृति आवश्यक। - [(1) निम्नलिखित प्राधिकारियों की पूर्व प्रशासनिक वित्तीय स्वीकृति/अनुमोदन के बिना सामग्री/सामान की खरीद या कार्य के निष्पादन के लिए कोई अनुबंध नहीं किया जाएगा:-]

(ए) नगर निगम के मामले में

[(1)] 25.00 लाख रुपये तक का खर्च-अपर आयुक्त या उपायुक्त

(2) 100,000 लाख रुपये तक का खर्च -मुख्य कार्यकारी अधिकारी

(3) 200.000 लाख रुपये तक का खर्च- महापौर

(4) 500,000 लाख रुपये तक का खर्च- वित्त समिति

(5) बजट प्रावधान तक पूर्ण शक्तियाँ -निगम

(बी) नगर परिषद के मामले में

(1) 2.00 लाख रुपये तक का खर्च। आयुक्त

(2) 50.00 लाख रुपये तक का खर्च। राष्ट्रपति

(3) 100.00 लाख रुपये तक का खर्च। वित्त समिति

(4) बजट प्रावधान तक पूर्ण अधिकार परिषद

(सी) नगर बोर्ड के मामले में

(1) 1.00 लाख रुपये तक का खर्च। कार्यकारी आयुक्त

(2) 25.00 लाख रुपये तक का खर्च। अध्यक्ष

(3) 50.00 लाख रुपये तक का खर्च। वित्त समिति

(4) बजट प्रावधान तक पूर्ण अधिकार- बोर्ड

3

राजस्थान नगर पालिका (कार्य संचालन) नियम, 1974

राजस्थान नगर पालिका अधिनियम, 1959 (1959 का अधिनियम संख्या 38) की धारा 70 के साथ पठित धारा 297 की उप-धारा (1) द्वारा प्रदत्त शक्तियों का प्रयोग करते हुए, राज्य सरकार निम्नलिखित नियम बनाती है, अर्थात: -

1. संक्षिप्त शीर्षक और प्रारंभ। - (1) इन नियमों को राजस्थान नगर पालिका (कार्य संचालन) नियम, 1974 कहा जाएगा।

(2) ये नियम राजपत्र में उनके प्रकाशन की तारीख से एक महीने के बाद लागू होंगे।

[2. परिभाषाएँ। - (1) इन नियमों में, जब तक कि संदर्भ से अन्यथा अपेक्षित न हो-

(ए) "अधिनियम" का अर्थ है राजस्थान नगर पालिका अधिनियम, 1959 (1959 का अधिनियम संख्या 38);

(बी) "बोर्ड" में नगर परिषद शामिल है;

[(सी) "कार्यकारी अधिकारी" में नगर परिषद या निगम के आयुक्त शामिल हैं जो आयुक्त (मुख्यालय) का पद धारण करते हैं या कोई अन्य आयुक्त जिसे इन नियमों के प्रयोजन के लिए बोर्ड द्वारा ऐसी शक्तियां प्रत्यायोजित की गई हैं] ;

(डी) "बैठक" का अर्थ है बोर्ड की बैठक; तथा

(ई) "प्रस्ताव" का अर्थ किसी सदस्य द्वारा बोर्ड के विचार के लिए किया गया प्रस्ताव है और इसमें एक प्रस्ताव और एक प्रस्ताव में संशोधन शामिल है।

(2) इन नियमों में प्रयुक्त लेकिन परिभाषित नहीं किए गए शब्दों और अभिव्यक्तियों का वही अर्थ होगा जो उन्हें अधिनियम में दिया गया है।]

[3. एक बोर्ड की बैठक। - बोर्ड की सामान्य आम बैठक माह में एक बार होगी।]

4. बैठक की सूचना। - (1) कोई [साधारण सामान्य] बैठक तब तक आयोजित नहीं की जाएगी जब तक कि बैठक की तारीख से कम से कम छह स्पष्ट दिन पहले वहां किए जाने वाले व्यवसाय के स्थान, तारीख और समय की सूचना न दी जाए।

व्याख्या। - बोर्ड की बैठकें सामान्यतः बोर्ड के कार्यालय में आयोजित की जाएंगी।

(2) अत्यावश्यकता के मामले में अध्यक्ष उप-नियम (1) में निर्दिष्ट की तुलना में कम नोटिस देकर बैठक बुला सकता है, लेकिन किसी भी स्थिति में नोटिस की अवधि 48 घंटे से कम नहीं होगी।

(3) नोटिस को कार्यकारी अधिकारी द्वारा डाक या ऐसे अन्य तरीके से हस्ताक्षरित और भेजा जाएगा जो कार्यकारी अधिकारी बोर्ड के प्रत्येक सदस्य को उसके सामान्य निवास स्थान पर समीचीन समझे।

5. बैठक के लिए एजेंडा। - बैठक की कार्यसूची कार्यपालक अधिकारी द्वारा तैयार की जाएगी कार्यपालक अधिकारी किसी भी विषय को कार्यसूची में शामिल कर सकता है जिस पर बोर्ड द्वारा विचार किया जाना चाहिए और उसमें तथा अध्यक्ष द्वारा निर्दिष्ट विषय शामिल होगा।

(2) सदस्यों के प्रस्तावों को भी कार्यसूची में शामिल किया जाएगा बशर्ते कि अध्यक्ष किसी ऐसे प्रस्ताव को अस्वीकार कर सकते हैं जो उनकी राय में अधिनियम या उसके तहत बनाए गए नियमों के प्रावधानों का उल्लंघन करता है और उसका निर्णय अंतिम होगा।

6. बोर्ड की विशेष बैठक। - अध्यक्ष एक [अनुरोध प्राप्त करने की तारीख से छह दिनों से अधिक की तारीख के लिए विशेष बैठक] लिखित रूप में बोर्ड के सदस्यों की कुल संख्या के कम से कम एक तिहाई द्वारा हस्ताक्षरित संकल्प को निर्दिष्ट करने के लिए बुलाएगा जो कि है स्थानांतरित किया जाना प्रस्तावित है।

[बशर्ते कि अध्यक्ष इस नियम के तहत निर्दिष्ट समय के भीतर एक विशेष आम बैठक बुलाने में विफल रहता है, तो उपाध्यक्ष या सदस्यों की कुल संख्या का एक तिहाई कार्यकारी अधिकारी द्वारा अपने हस्ताक्षर के तहत एक नोटिस जारी करके ऐसी बैठक बुला सकता है। ऐसे अनुरोध की प्रस्तुति के तीस दिन से अनधिक दिन के लिए।]

7. अध्यक्ष/उपाध्यक्ष बैठकों की अध्यक्षता करेंगे। - प्रत्येक बैठक की अध्यक्षता अध्यक्ष द्वारा और उसकी अनुपस्थिति में उपाध्यक्ष द्वारा और अध्यक्ष और उपाध्यक्ष दोनों की अनुपस्थिति में बैठक में उपस्थित सदस्यों द्वारा चुने गए सदस्य द्वारा की जाएगी।

8. बैठकें जनता के लिए खुली हैं। - बोर्ड की सभी बैठकें जनता के लिए खुली होंगी, बशर्ते कि पीठासीन सदस्य किसी विशेष मामले में यह निर्देश दे सकता है कि आम तौर पर जनता या कोई विशेष व्यक्ति वापस ले लेगा।

9. बैठक के लिए कोरम। - बैठक में कोई भी कार्य तब तक नहीं किया जाएगा जब तक कि बोर्ड के सदस्यों की कुल संख्या का कम से कम एक तिहाई उपस्थित न हो।

[**10. गणपूर्ति के अभाव में बैठक स्थगित करना।** - यदि बैठक के लिए नियत समय के एक घंटे के भीतर[कोई गणपूर्ति नहीं है, बैठक स्थगित हो जाएगी जब तक कि उपस्थित सभी सदस्य और अधिक प्रतीक्षा करने के लिए सहमत न हों] ।]

11. बहुमत से एक प्रश्न का निर्णय। - किसी भी बैठक में बोर्ड के सामने आने वाले सभी प्रश्नों का निर्णय बैठक में उपस्थित और मतदान करने वाले सदस्यों के बहुमत द्वारा किया जाएगा और मतों की समानता के मामले में, पीठासीन सदस्य के पास दूसरा या निर्णायक वोट होगा और उसका प्रयोग होगा।

12. प्रश्न को मतदान के लिए रखने का तरीका। - जब कोई प्रश्न मतदान के लिए रखा जाता है, तो पीठासीन सदस्य अपने हाथ उठाने के लिए बुलाएगा और वह इस प्रकार उठाए गए हाथों को गिनेगा और परिणाम घोषित करेगा जो कार्यवाही में दर्ज किया जाएगा, साथ ही साथ मतदान करने वाले सदस्यों के नाम भी दर्शाएगा। या खिलाफ।

13. निर्णय लेने के तीन महीने के भीतर संशोधन या रद्द करने पर सीमाएं। - बोर्ड के किसी भी निर्णय को लेने के तीन महीने के भीतर संशोधित या रद्द नहीं किया जाएगा, सिवाय इसके कि विशेष रूप से उस संबंध में बुलाई गई बैठक और बोर्ड के कुल सदस्यों के कम से कम दो-तिहाई सदस्यों द्वारा समर्थित बोर्ड के एक प्रस्ताव द्वारा।

[14. बैठक की कार्यवाही का कार्यवृत्त हिन्दी में होना तथा उसकी प्रतियां प्रस्तुत करना। - (1) बोर्ड की कार्यवाही हिन्दी में होगी। प्रत्येक बैठक में कार्यवाही का कार्यवृत्त 24 घंटे के भीतर कार्यकारी अधिकारी द्वारा अपने हाथ में और अपने हस्ताक्षर और पीठासीन प्राधिकारी के हस्ताक्षर के तहत एक पुस्तक में दर्ज किया जाएगा जिसे उद्देश्य के लिए रखा जाना है। इन कार्यवृत्तों को अगली बैठक में पढ़ा जाएगा और पुष्टि होने पर पीठासीन सदस्य द्वारा हस्ताक्षर किए जाएंगे। कार्यवृत्त की रिकॉर्डिंग में उपस्थित सदस्यों के नामों का उल्लेख शुरुआत में किया जाएगा।

[(2) कार्यपालक अधिकारी ऐसी बैठक के 7 दिनों के भीतर बोर्ड की ऐसी बैठक की कार्यवाही की एक प्रति राज्य सरकार, जिला कलेक्टर, संबंधित अनुमंडल अधिकारी और सदस्यों को अग्रेषित करेगा।]

(3) कार्यकारी अधिकारी का यह कर्तव्य होगा कि वह कार्यवाही में इस तथ्य को दर्ज करे कि उसने बोर्ड को अधिनियम या लागू नियमों के प्रावधानों को लाने के लिए सलाह दी थी और बोर्ड ने इसके विपरीत निर्णय लिया था मामला।]

[**15. बोलने पर कुछ प्रतिबंध।** - (1) कोई सदस्य बोलते समय:-

(i) किसी भी मामले में टिप्पणी करना जिस पर न्यायिक निर्णय लंबित है;

(ii) किसी सदस्य के खिलाफ व्यक्तिगत आरोप लगाना;

(iii) संसद, या किसी राज्य के विधानमंडल, या किसी अन्य बोर्ड की कार्यवाही के संचालन के बारे में आपत्तिजनक अभिव्यक्तियों का उपयोग करना;

(iv) उत्तर मानहानिकारक शब्द; तथा

(v) बोर्ड के व्यवसाय में बाधा डालने के उद्देश्य से अपने भाषण के अधिकार का उपयोग करें।

(2) प्रस्तावक को छोड़कर कोई भी सदस्य प्रस्ताव पर एक से अधिक बार नहीं बोल सकता है, जिसे उत्तर देने का अधिकार है।]

[16. भाषणों की अवधि। - पीठासीन सदस्य भाषणों की अवधि को अपने विवेक से नियंत्रित करेगा।]

[17. प्रक्रिया जब किसी सदस्य की बैठक के विचाराधीन विषय में आर्थिक हित हो। - (1) कोई भी सदस्य बोर्ड की बैठक में विचार के लिए आने वाले किसी भी विषय पर वोट नहीं देगा या चर्चा में भाग नहीं लेगा, यदि विषय एक है, जिसमें उसके सामान्य आवेदन के अलावा, जनता के लिए उसके पास कोई है स्वयं या भागीदार के रूप में प्रत्यक्ष या अप्रत्यक्ष रूप से आर्थिक हित।

(2) पीठासीन सदस्य लिखित रूप में किसी सदस्य को मतदान करने या किसी ऐसे विषय की चर्चा में भाग लेने से मना कर सकता है जिसमें वह मानता है कि ऐसे सदस्य का ऐसा आर्थिक हित है या वह ऐसे सदस्य से स्वयं चर्चा में अनुपस्थित रहने की अपेक्षा कर सकता है।

(3) ऐसा सदस्य पीठासीन सदस्यों के निर्णय को चुनौती दे सकता है जो उसके बाद बोर्ड के समक्ष प्रश्न रखेंगे और बोर्ड का निर्णय अंतिम होगा।

(4) यदि पीठासीन सदस्य को बैठक में उपस्थित किसी सदस्य द्वारा चर्चा के तहत किसी भी विषय में ऐसा कोई आर्थिक हित होने का विश्वास हो, तो पीठासीन सदस्य, यदि इस आशय का प्रस्ताव पारित किया जाता है, तो ऐसी अवधि के दौरान बैठक से अनुपस्थित रहने की आवश्यकता हो सकती है। बहस।

(5) संबंधित सदस्य उप-नियम (3) में निर्दिष्ट प्रश्न पर मत देने का हकदार नहीं होगा और पीठासीन सदस्य उप-नियम (4) में निर्दिष्ट प्रस्ताव पर मत देने का हकदार नहीं होगा।]

18. दिन का क्रम। - "कार्यपालक अधिकारी द्वारा अध्यक्ष के परामर्श से दिन के लिए कार्य की एक सूची तैयार की जाएगी।

[19. बैठक में किया जाने वाला व्यवसाय। - (1) कोई भी मामला जो उस दिन की कार्य सूची में शामिल न हो, पीठासीन प्राधिकारी की अनुमति के बिना किसी भी बैठक में नहीं किया जाएगा।

[(2) यदि पीठासीन प्राधिकारी यह मानता है कि एक प्रस्ताव जो निर्दिष्ट नहीं है या कार्यसूची में नहीं है और न ही एजेंडा में कहा गया है, सार्वजनिक हित में इतना जरूरी है कि एक बैठक में लेनदेन आवश्यक है, तो वह उपस्थित सदस्यों के तीन चौथाई की सहमति से कर सकता है बैठक, उस बैठक में बोर्ड के विचार और निर्णय के लिए ऐसा प्रस्ताव या व्यवसाय रखें] ।

20. किसी सदस्य का नाम वापस लेना। - पीठासीन सदस्य किसी भी सदस्य को, जिसका आचरण, उसकी राय में, घोर उच्छृंखल है, तत्काल बैठक से हटने का निर्देश दे सकता है और इस प्रकार वापस लेने का आदेश दिया गया कोई भी सदस्य ऐसा तुरंत करेगा और दिन की शेष बैठक के दौरान स्वयं अनुपस्थित रहेगा।

21. बैठक का निलंबन। - पीठासीन सदस्य, बोर्ड की बैठक में उत्पन्न होने वाली गंभीर अव्यवस्था के मामले में, उसके द्वारा नामित समय के लिए किसी भी बैठक को निलंबित कर सकता है।

22. आदेश का रखरखाव। - पीठासीन सदस्य व्यवस्था बनाए रखेगा और उसके पास अपने निर्णयों को लागू करने के उद्देश्य के लिए आवश्यक सभी शक्तियां होंगी।

23. बोर्ड की कार्यवाहियों और अभिलेखों की अभिरक्षा। - कार्यपालक अधिकारी के पास बोर्ड की कार्यवाहियों और अभिलेखों की अभिरक्षा होगी।

24. सदस्य को सूचना प्राप्त करने और अभिलेखों तक पहुंच का अधिकार। - किसी सदस्य को कार्यकारी अधिकारी को सम्यक नोटिस देने के बाद कार्यालय समय के दौरान प्रशासन से संबंधित किसी भी मामले और बोर्ड के अभिलेखों तक पहुंच के बारे में जानकारी प्राप्त करने का अधिकार होगा, बशर्ते कि कार्यकारी अधिकारी अध्यक्ष के अनुमोदन से और कारण लिखित रूप में दर्ज करने के लिए, किसी विशेष जानकारी या किसी विशेष रिकॉर्ड तक पहुंच देने से इनकार करते हैं।

4

राजस्थान नगरपालिका प्रमुख समितियाँ ओर उनके कार्य

<u>कार्यकारिणीसमिति -</u>

स्टेटग्रांट के पट्टे, संपत्ति बेचना नीलामी, विकास शुल्क तय करना प्रोजेक्ट की मंजूरी का अधिकार रखती है।

<u>वित्तसमिति -</u>

बजटबनाना और पारित कर बोर्ड में भेजना, कार्यों की वित्तीय स्वीकृति देना।

<u>सफाईस्वास्थ्य समिति -</u>

साफाईव्यवस्था, वाच राइडर, चालान करना दवाइयों के छिड़काव के कार्य।

<u>भवननिर्माण अनुमोदन समिति -</u>

भवनमानचित्र की जांच करना, अनुमोदन करना, भू उपांतरण पुनर्गठन के कार्य।

<u>गंदीबस्ती सुधार समिति -</u>

कच्चीबस्ती विकास, कच्ची बस्तियों के लिए प्लान बनाना, फंड तय करना।

<u>नियमउपनियम समिति -</u>

बाइलॉजके संशोधन में सुझाव देना, उपविधियां बनाना, वकीलों की नियुक्ति करना।

<u>अपराधों का शमन समझौता समित</u>

बिल्डिंगमें कपाउंड की अनुमति देना, पार्किंग नहीं छोड़ी गई तो नियमन शुल्क तय करना और निगम जनता के बीच के वे मामले जो कोर्ट में जा रहे हैं, उन्हें रोकना प्रमुख कार्य है।

<u>लोक वाहन समिति</u> :

निगमके वाहनों के रखरखाव, उपयोग, बदलाव, खरीद आदि मामलों में निर्णय लेगी। गैराज

के सभी प्रकरणों की समीक्षा कर निर्णय करेगी।

लाइसेंससमिति :

एक्ट की धारा 253, 254 278 के अलावा रामलीला मैदान, पशु हटवाड़ा, प्रदर्शनी, विवाह सदन, जन उपयोगी भवन निगम द्वारा दी जाने वाली थडियां, दुकान के अनुज्ञा या किराए के मामलों की समीक्षा करना है।

विद्युत एवं सार्वजनिक प्रकाश समिति : सार्वजनिकप्रकाश व्यवस्था के रखरखाव, अधि वृद्धि एवं विकास पुरानी लाइटों के रखरखाव का काम करेगी।

गृहकर एवं नगरीय विकास समिति :

गृहकरनगरीय विकास कर के सरलीकरण का निर्णय एक्ट की धारा 121 के तहत अपील सुनने का अधिकार होगा। विद्युत एवं सार्वजनिक प्रकाश समिति : सार्वजनिकप्रकाश व्यवस्था के रखरखाव, अधि वृद्धि एवं विकास पुरानी लाइटों के रखरखाव का काम करेगी।

फायरसमिति :

फायरब्रिगेड की देखरेख रखरखाव, अग्निशमन संबंधी सेवाओं की उत्कृष्टता बनाए रखने का काम करेगी।

उद्यानसमिति :

पार्कोंके रखरखाव पार्क विकसित करने और शहर में पौधा रोपण आदि के कार्य करेगी।

पशु नियंत्रण संरक्षण समिति :

पशुगृह, स्लाटर हाउस, दबावखाना के सभी अधिकारों का उपयोग करेगी। शहर में घूमने वाले आवारा पशु, बंदर, सूअर अन्य पशुओं पर नियंत्रण कार्रवाई का अधिकार होगा।

नगरपर्यटन विकास, सांस्कृतिक उत्सव जन कल्याण समिति :

सांस्कृतिकसमारोह, खेलकूद कार्यक्रम, महिला छात्रावास, रेन बसेरा, पुस्तकालय वाचनालय सामुदायिक केंद्रों की देखरेख करेगी।

स्वर्णजयंती शहरी रोजगार समिति :

भारतसरकार राज्य सरकार की सभी सामाजिक एवं गरीबी उन्मूलन संबंधी कार्यक्रमों का क्रियान्वयन करवाएगी। निगम क्षेत्र में रोजगार बढ़ाने की योजनाएं बनाकर क्रियान्वयन करवाएगी।

लोककल्याण सामाजिक सहायता समिति : विधवापेंशन, विकलांग पेंशन,बीपीएल कार्ड देने का निर्णय करेगी। जन सहभागिता से श्मशान कब्रिस्तान विकास सार्वजनिक स्थल पर प्याऊ लगाने का काम करेगी।

वर्षाजल पुनर्भरण एवं संरक्षण समिति :

जलपुनर्भरण को प्रोत्साहित करना, प्रचार करना, लोगों में जन जागृति निगम क्षेत्र में जल स्तर बढ़ाने के लिए योजना बनाने का काम करेगी।

अतिक्रमणएवं निरोधक समिति :

निगमएक्ट 2009 के अधिनियम संख्या 18 की धारा 170, 192, 219, 244, 245, 292,

293 294 में अतिक्रमण अवैध निर्माण को रोकने हटाने संबंधी कार्य शक्तियों का उपयोग करेगी।

5

राजस्थान के शहरी क्षेत्रों में संचालित विभिन्न योजनाएँ

स्वच्छ भारत मिशन (शहरी)

माननीय प्रधानमंत्री द्वारा 15 अगस्त 2014 को 68वें स्वतंत्रता दिवस समारोह के अवसर पर स्वच्छता कार्यक्रम को सरकार का उच्च प्राथमिकता कार्यक्रम घोषित किया गया है। जन सहभागिता व नागरिकों के सकिय सहयोग से 2 अक्टूबर 2019 तक सम्पूर्ण भारत में उच्च स्तर की स्वच्छता सुनिश्चित किये जाने का लक्ष्य है। भारत सरकार द्वारा 26 दिसम्बर 2014 को स्वच्छ भारत मिशन के दिशा निर्देश जारी किये गये है एवं इसके सफल कियान्वयन हेतु प्रशासनिक सुधार विभाग राजस्थान सरकार द्वारा दिनांक12.02.2015 को राज्य स्तरीय उच्च अधिकार प्राप्त समिति, जिला स्तरीय समीक्षा एवं निगरानी समिति एवं सिटी लेवल निगरानी
समितियों का गठन किया गया है। नगरीय क्षेत्रों में भारत सरकार द्वारा प्रारम्भ की गयी योजना के अन्तर्गत राशि रूपये 705.00 करोड़ का बजट प्रावधान है। केन्द्र सरकार से प्राप्त अंश राशि में राज्यांश राशि को सम्मिलित करते हुये नगरीय निकायों को राशि हस्तान्तरण किया जा रहा है।

स्वच्छ भारत मिशन (शहरी) के मुख्यतः: दो घटक है :-

A. Open Defecation Free (ODF)

B. Solid Waste Management

A. Open Defecation Free (ODF) —

(i) घरेलू शौचालयों का निर्माण :-

शहरी क्षेत्र मे खुले में शौच प्रतिबंधित करने एवं शौचालय विहीन मकानो में शौचालयो

का निर्माण करवाया जा रहा है। राज्य में 4.30 लाख घरों में स्वच्छकारी शौचालयों का निर्माण, किया« जाना प्रस्तावित है। प्रत्येक मकान में शौचालय बनाने की अनुमानित लागत 20 हजार रू. है। सभी शहरों में शौचालय विहीन प्रत्येक मकान में शौचालय निर्माण की योजना ल्है। इस योजना को 5 वर्षो में पूर्ण किया जायेगा। इस हेतु कार्य योजना वर्ष 2014-15 से वर्ष 2018-19 की अवधि हेतु बनाई गई है। प्रत्येक मकान में शौचालय निर्माण की अनुमानित लागत 20 हजार रूपये में से 4 हजार रूपये भारत सरकार, 4 हजार रूपये राजस्थान सरकार, 4 हजार रूपयें संबंधित निकाय द्वारा SFC/FFC कोष से तथा शेष राशि लाभार्थी /सी.एस.आर. फण्ड़ द्वारा वहन की जावेगी। अब तक इस कार्य हेतु 332.00 करोड रूपये सभी नगरीय निकायों को उपलब्ध कराये गये है। घरेलू शौचालयों के निर्माण की प्रगति निम्न प्रकार से है :-

1.. आवश्यकतानुसार ऑनलाईन आवेदन - 472380

2. स्वीकृत आवेदन - 357640

3. शौचालय निर्माण - . 355485

मिशन का कियान्वयन वर्ष 2014 से प्रारम्भ करते हुये 2 अक्टूबर 2019 तक पूर्ण किया जाना है।

<u>(II) सामुदायिक शौचालयों का निर्माण :-</u>

राज्य के शहरी क्षेत्रों में कच्ची बस्तियो अथवा घनी आबादी क्षेत्र मे भूमि अथवा स्थान की कमी के समाधान के लिये सामुदायिक शौचालयो के निर्माण की आवश्यकता को देखते हुए राज्य के शहरो मे कुल 1500 सामुदायिक शौचालय बनाने जाने का लक्ष्य है। अब तक 1410 सामुदायिक शौचालय का निर्माण कराया जा चुका है तथा शेष 78 का कार्य प्रगतिरत है। भारत सरकार द्वारा प्रति सीट 39200 ,/- रूपये अनुदान, /VGF के रूप में उपलब्ध करवाया जा रहा है एवं राज्य सरकार की हिस्सा राशि भारत सरकार से प्राप्त राशि की 33.33 प्रतिशत है। शेष राशि नगरीय निकायों द्वारा वहन की जा रही है।

<u>(iii) सार्वजनिक शौचालयों का निर्माण :-</u>

राज्य के शहरी क्षेत्रो में प्रमुख सार्वजनिक स्थलो, बस स्टैण्ड, रेलवे स्टेशन आदि स्थानों पर दैनिक आने-जाने वाली अस्थायी जनसंख्या के लिए सार्वजनिक शौचालयो के निर्माण की आवश्यकता को देखते हुए राज्य के शहरो मे सार्वजनिक शौचालयो बनाये जा रहे है। वर्ष 2014 से अब तक 1133 सार्वजनिक शौचालयो का निर्माण कराया जा चुका है तथा 59 का कार्य प्रगतिरत है। भारत सरकार द्वारा प्रति सीट 39200 ,/- रूपये अनुदान /VGF के रूप मे उपलब्ध करवाया जा रहा है एवं राज्य सरकार की हिस्सा राशि भारत सरकार से प्राप्त राशि की 33.33 प्रतिशत है। शेष राशि नगरीय निकायों द्वारा वहन की जा रही है।

<u>B.. ठोस कचरा. प्रबंधन</u>

वन एवं पर्यावरण मंत्रालय, भारत सरकार द्वारा जारी ठोस अपशिष्ठ नियम 2016 की पालना सभी निकायों द्वारा किया जाना अनिवार्य है। शहरी क्षेत्रों में स्वच्छ भारत मिशन के

तहत 191 निकायो में घर-घर से कचरा संग्रहण एवं कचरे का प्रसंस्करण किया जा रहा है। शहरो में नगरीय ठोस अपशिष्ठ नियम, 2016 के अन्तर्गत नगरीय निकायों द्‌वारा प्रतिदिन सड़कों / नालियों की सफाई, घरों » व्यापारिक प्रतिष्ठानों से निकले कचरे का संग्रहण, परिवहन, प्रसंस्करण एवं निस्तारण करने हेतु ठोस अपशिष्ठ प्रबन्धन का कार्य करवाया जा रहा है। ठोस कचरा प्रबन्धन के लिए Viability Gap Funding के तहत् कार्य किया जा रहा है। साथ ही सफाई व्यवस्था के लिये जन चेतना लाने के उद्‌देश्य से IEC गतिविधियाँ भी की जा रही हैं।

स्वच्छ भारत मिशन के अन्तर्गत ठोस अपशिष्ट प्रबन्धन कार्य हेतु आवश्यक राशि की 35 प्रतिशत प्रोत्साहन राशि भारत सरकार द्‌वारा दिये जाने का प्रावधान है तथा राज्य सरकार की हिस्सा राशि भारत सरकार से प्राप्त राशि की 33.33 प्रतिशत है। शेष राशि नगरीय निकायों

द्‌वारा वहन की जा रही है।

राज्य की समस्त 191 नगरीय निकायों द्‌वारा घर-घर कचरा संग्रहण एवं परिवहन कार्य हेतु आवश्यक उपकरण एवं मशीनें क्रय करने के लिये निदेशालय स्तर पर दरें स्वीकृत निर्धारित करते हुये वार्षिक दर संविदा की जा चुकी है। नगर निकाय अपनी आवश्यकता के आधार पर उपकरणों / मशीनों का क्रय कर रही है।

<u>(i) घर-घर कचरा संग्रहण :--</u>

राज्य की सभी नगरीय निकायों में कुल 5339 वार्डों मे से 5278 वार्डों मे घर-घर कचरा संग्रहण का कार्य प्रारम्भ किया जा चुका है। शेष वार्डों हेतु कार्यवाही प्रगति पर है।

<u>(ii)प्रोसेसिंग प्लांट :-</u>

राज्य के 16 नगरीय निकायों-जयपुर , डूंगरपुर ,प्रतापगढ ,निम्बाहेडा , धौलपुर , पिड़ावा , छबड़ा , कपासन ,विजयनगर , अजमेर ,बाड़मेर ,कुचेरा ,मुड़वा ,

लाडनू , जैसलमेर ,अलवर कम्पोस्ट / वर्मी कम्पोस्ट प्लांट चालू है तथा जयपुर में प्लांट चालू है।

राज्य के 04 नगरीय निकायों - बीकानेर , सीकर ,हनुमानगढ, एवं शिवगंज में निर्माणाधीन है।

08 नगरीय निकाय - भरतपुर , पाली ,भीलवाड़ा , करौली ,बारां , बूंदी ,टोंक तथा झुन्झुनू में

पर्यावरण विभाग से स्वीकृति के उपरान्त कार्य चालू किया है।

05 नगरीय निकाय - अजमेर , उदयपुर ,अलवर ,

ब्यावर...तथा. कोटा -टेण्डर प्रकियाधीन.: है।

शैष निकायों में कम्पोस्ट खाद बनायें जाने हेतु निकाय स्तर पर कम्पोस्ट मशीन, पार्को में कम्पोस्ट एवं कम्पोस्ट पिट बनाकर कम्पोस्ट खाद बनाये जाने का कार्य प्रगति पर है।

2. 'हाथ से मैला ढोने वाले कार्मिकों का प्रतिषेध एवं पुनर्वास अधिनियम, 2013 के तहत शहरी
क्षेत्रों में अस्वास्थ्यकारी शौचालयों को जलप्रवाही शौचालयों में
परिवर्तित करना एवं स्वच्छकारों का पुनर्वास करना :-

सामाजिक न्याय व अधिकारिता मंत्रालय, भारत सरकार द्वारा दिनांक 19.09.2013 को भारत के राजपत्र में इस अधिनियम का प्रकाशन करते हुये, हाथ से मैला उठाने /साफ करने के कार्य को प्रतिबंधित करने एवं इस कार्य में लगें हुये कार्यरत स्वच्छकारों (मैन्यूअल स्केवेंजर्स) व उनके परिवार के पुनर्वास के लिये दिनांक 6 दिसम्बर, 2013 से सम्पूर्ण देश में लागू किया गया है।

राज्य सरकार द्वारा 'हाथ से मैला ढोने वाले कार्मिकों का प्रतिषेध एवं पुनर्वास अधिनियम, 2013 की प्रभावी कियान्विति हेतु शहरी क्षेत्रों में अस्वास्थ्यकारी शौचालयों /शुष्क शौचालय व स्वच्छकारों के सर्वे का कार्य समस्त नगर निकायों में पूर्ण कर लिया गया है। नगर निकाय क्षेत्रों में सर्वे में पाये गये अस्वास्थ्यकारी / शुष्क शौचालयो व उनमें कार्यरत पाये गये स्वच्छकारों (मैन्यूअल स्केवेन्जर्स) के अनुमोदन की कार्यवाही जिला कलक्टर की अध्यक्षता में गठित जिला स्तरीय मॉनिटरिंग कमेटी द्वारा की जाती है। नगरीय निकायों द्वारा किये गये सर्वे के अनुसार वर्ष 2014-15 में राज्य के शहरी क्षेत्रों में अस्वच्छकारी शौचालय /शुष्क शौचालय में 1220 स्वच्छकार कार्यरत होना पाये गये हैं। जिनकी सूची राज्य अनुसूचित जाति जनजाति निगम को SRMS योजना के तहत पुनर्वास हेतु प्रेषित की जा चुकी है। वर्तमान में राज्य के किसी भी शहर में हाथ से मैला ढ़ोने की सामाजिक कुप्रथा में कोई व्यक्ति/ कार्मिक संलिप्त नहीं है। इस प्रणित सामाजिक कुप्रथा का उन्मूलन किया जा चुका है।

3. जैव चिकित्सा अपशिष्ट प्रबन्धन :--

राज्य में जैव चिकित्सा अपशिष्ट के सुरक्षित एवं वैज्ञानिक विधि से निस्तारण के अन्तर्गत 8 शहरों में स्थापित कॉमन बायो मेडिकल वेस्ट ट्रीटमेन्ट फेसेलिटी संयत्रों से जोधपुर, पाली, बीकानेर, नागौर, हनुमानगढ़, श्रीगंगानगर, अजमेर, भीलवाडा, अलवर, झालावाड़, बांरा, जयपुर, दौसा, उदयपुर, बून्दी, भरतपुर अर्थात 16 जिलों से जैव चिकित्सा अपशिष्ट का निस्तारण किया जा रहा है।

इसके अतिरिक्त 7 शहरों सवाईमाधोपुर, डूंगरपुर, झुन्झुनू, चित्तौडगढ़, जालोर, नागौर व जैसलमेर में -कॉमन-बायो>मेडिकल वेस्ट ट्रीटमेन्ट फेसेलिटी संयत्र की स्थापना के कम में राज्य के शेष- जिलों के जैव चिकित्सा अपशिष्ट के निस्तारण हेतु. निविदाऐं प्राप्त कर ली है। सवाईमाधोपुर संयत्र के लिए भूमि आवंटन की कार्यवाही प्रकियाधीन है। जैसलमेर संयत्र के लिए प्राप्त निविदा की दर स्वीकृति की प्रकिया में है। शेष 5 शहरों के संयत्रों हेतु Environmental Clearance की
कार्यवाही प्रगतिरत है।

4. प्लास्टिक वेस्ट प्रबन्धन :-

सभी नगरीय निकाय क्षेत्रों में प्लास्टिक अपशिष्ट प्रबंधन नियम 2016 तथा राजस्थान नगर पालिका अधिनियम 2009 की धारा 258 के तहत् प्लास्टिक वेस्ट प्रबंधन एंव प्लास्टिक थैलियो की रोकथाम किया जाना अनिवार्य है। इस नियम के तहत् प्लास्टिक वेस्ट /बैग्स का उचित तरीके से कलेक्शन, पृथक्करण, परिवहन एवं निस्तारण किया जावेगा। उक्त प्रावधानों के तहत राज्य के सम्पूर्ण शहरी क्षेत्रों में प्लास्टिक बैग्स के उपयोग एवं बिक्री पर रोकथाम करने के उद्देश्य से प्लास्टिक बैग्स /थेलियों को जब्त करने की कार्यवाही की जा रही है। प्लास्टिक के कचरे को खुले में जलाना प्रतिबन्धित है।

<u>स्वच्छ भारत मिशन-शहरी 2.0</u>

प्रधानमंत्री नरेन्द्र मोदी ने गांधी जयंती के उपलक्ष्य में 2 अक्टूबर, 2021 'स्वच्छ भारत मिशन-शहरी (Swachh Bharat Mission-Urban) के दूसरे चरण की शुरुआत की।

'आवास एवं शहरी मामलों का मंत्रालय' (Ministry of Housing and Urban Affairs) इस योजना के लिए नोडल मंत्रालय है।

स्वच्छ भारत मिशन-शहरी 2.0 की घोषणा बजट 2021-22 में हुई थी तथा इसे पहले चरण की निरंतरता में ही लागू किया जा रहा है।

मिशन के दूसरे चरण की घोषणा 2021 के केंद्रीय बजट में 5 वर्ष (2021-26) की अवधि के लिए की गई है। मिशन का दूसरा चरण 'मल कीचड़ और अपशिष्ट जल प्रबंधन' (Faecal Sludge and Waste water Management) सहित स्थायी स्वच्छता के पहलुओं पर व्यापक रूप से ध्यान केंद्रित करेगा।

ठोस अपशिष्ट प्रबंधन के साथ-साथ 'एकल उपयोग वाले प्लास्टिक' (Single Use Plastics) के उपयोग पर अंकुश लगाने तथा 'निर्माण संबंधी कचरे के प्रभावी प्रबंधन' (Effective Management of Construction Wastes) तथा वायु प्रदूषण को कम करने तथा 'पुराने डंपसाइटों' (Old Dumpsites) के उपचार के माध्यम से मिट्टी के प्रदूषण को कम करने पर केंद्रित होगा।

मिशन के उद्देश्य

खुले में शौच का उन्मूलन।

'हाथ से मैला ढोने' (Manual Scavenging) की प्रथा की समाप्ति।

नगरपालिका स्तर पर आधुनिक एवं वैज्ञानिक ढंग से 'ठोस अपशिष्ट प्रबंधन' (Solid Waste Management) की व्यवस्था करना।

स्वच्छता का 'सार्वजनिक स्वास्थ्य' (Public Health) के संदर्भ में महत्व पर जागरूकता फैलाना।

'शहरी स्थानीय निकायों' (ULB's) की क्षमता में वृद्धि।

पूंजीगत व्यय तथा मिशन से संबंधित इंफ्रास्ट्रक्चर के संचालन तथा रखरखाव में निजी क्षेत्र

की भागीदारी के लिए सक्षम वातावरण का निर्माण करना।

मिशन के घटक

'घरेलू शौचालयों' (Household Toiltes) का निर्माण करना तथा खराब शौचालयों की मरम्मत करना।

'सामुदायिक तथा सार्वजनिक शौचालयों' (Community and Public Toilets) का निर्माण करना।

शहरों में ठोस अपशिष्ट प्रबंधन के लिए बुनियादी ढांचे का निर्माण करना।

योजना के कार्यान्वयन के लिए क्षमता निर्माण तथा प्रशासनिक ढांचे का निर्माण करना।

स्वच्छ भारत मिशन : मूल्यांकन

• 2021 के 'स्वच्छता सर्वेक्षण' (Swachhta Survey) के अनुसार, 2014 में अपनी शुरुआत के बाद से, स्वच्छ भारत मिशन-शहरी (SBM-U) ने स्वच्छता और ठोस अपशिष्ट प्रबंधन दोनों के क्षेत्र में महत्वपूर्ण प्रगति की है।

4360 'शहरी स्थानीय निकायों' (ULB's) को ओडीएफ, 2158 शहरों को ओडीएफ+ तथा 551 शहरों को ओडीएफ++ प्रमाणित घोषित किया गया है। इसके अलावा, 66 लाख व्यक्तिगत घरेलू शौचालय और 6 लाख से अधिक सामुदायिक/सार्वजनिक शौचालयों का निर्माण किया गया है।

शौचालयों के निर्माण के संदर्भ में, सबसे अधिक शौचालयों का निर्माण महाराष्ट्र, उत्तर प्रदेश, गुजरात, मध्य प्रदेश और तमिलनाडु में किया गया। लगभग 50% शौचालयों का निर्माण इन पांच राज्यों में हुआ है।

<u>इंदिरा रसोई योजना</u>

1.मुख्यमंत्री के 'कोई भी भूखा नहीं सोए' के संकल्प के साथ 20 अगस्त, 2020 से प्रदेश के सभी 213 नगरीय निकायों में 358 रसोइयों के माध्यम से इंदिरा रसोई योजना का शुभारम्भ किया गया है।

2.योजना का नाम देश की पूर्व प्रधानमंत्री स्व. श्रीमती इन्दिरा गांधी के नाम पर रखा गया है।

3.लाभार्थी को 8 रुपये में सम्मानपूर्वक बैठाकर शुद्ध ताजा एवं गुणवत्तापूर्ण भोजन उपलब्ध कराया जा रहा है जिसके लिये राज्य सरकार द्वारा 12 रुपये प्रति थाली अनुदान दिया जा रहा है।

4.इसके लिये 100 करोड़ रुपये प्रतिवर्ष प्रावधान किया गया है।

5.योजना के अंतर्गत सितंबर, 2021 तक 4 करोड़ 3 लाख व्यक्तियों को भोजन उपलब्ध कराया गया।

<u>प्रधानमंत्री आवास योजना- शहरी (PMAY-U):</u>

लॉन्च: ——

25 जून, 2015 को प्रधानमंत्री आवास योजना शहरी (PMAY-U) का शुभारंभ किया गया जिसका मुख्य उद्देश्य शहरी क्षेत्रों के लोगों को वर्ष 2022 तक आवास उपलब्ध कराना है।

कार्यान्वयन: ——-

आवास और शहरी मामलों का मंत्रालय।

विशेषताएँ: ———

1.यह शहरी गरीबों (झुग्गीवासी सहित) के बीच शहरी आवास की कमी को संबोधित करते हुए पात्र शहरी गरीबों के लिये पक्के घर सुनिश्चित करता है।

2.इस मिशन में संपूर्ण नगरीय क्षेत्र शामिल है (जिसमें वैधानिक नगर, अधिसूचित नियोजन क्षेत्र, विकास प्राधिकरण, विशेष क्षेत्र विकास प्राधिकरण, औद्योगिक विकास प्राधिकरण या राज्य विधान के अंतर्गत कोई भी प्राधिकरण जिसे नगरीय नियोजन का कार्य सौंपा गया है)

3.PMAY(U) के अंतर्गत सभी घरों में शौचालय, पानी की आपूर्ति, बिजली और रसोईघर जैसी बुनियादी सुविधाएँ प्रदान की जाती हैं।

4.यह योजना महिला सदस्य के नाम पर या संयुक्त नाम से घरों का स्वामित्व प्रदान कर महिला सशक्तीकरण को बढ़ावा देती है।

5.विकलांग व्यक्तियों, वरिष्ठ नागरिकों, अनुसूचित जाति, अनुसूचित जनजाति, अन्य पिछड़ा वर्ग, अल्पसंख्यक, एकल महिलाओं, ट्रांसजेंडर और समाज के कमज़ोर वर्गों को इसमें प्राथमिकता दी जाती है।

उपलब्धियाँ: ———-

इसकी शुरुआत 1.2 करोड़ घरों के निर्माण के लक्ष्य के साथ की गई थी।

केंद्रीय शहरी विकास मंत्रालय के ताज़ा आँकड़ों के मुताबिक, अब तक सिर्फ 60 लाख यूनिट का निर्माण ही पूर्ण हो पाया है।

इंदिरा गांधी शहरी रोजगार गारंटी योजना 2022-

राजस्थान सरकार द्वारा कोरोना के दौरान शहरी क्षेत्रों में उपजी बेरोजगारी की विकराल समस्या से निजात प्राप्त करने के लिए राज्य के बजट 2022-23 शहरी नागरिकों को रोजगार प्रदान करने के लिए इंदिरा गांधी शहरी रोजगार गारंटी योजना की शुरुआत की है। इस योजना के तहत शहरी क्षेत्रों के नागरिकों को 100 दिवस की रोजगार की गारंटी प्रदान की जाएगी,इसके लिए बजट में सरकार द्वारा 800 करोड़ रुपए का प्रावधान किया गया है। इंदिरा गांधी शहरी रोजगार गारंटी योजना से शहरी क्षेत्र के नागरिकों को काफी संबल प्रदान होगा। इस योजना के माध्यम से सामान्य मजदूर को ₹259 अर्द दक्ष मजदूर को ₹271 एवं कुशल मजदूर को ₹283 तथा उच्च दक्षता वाले कुशल मजदूर को ₹333 प्रतिदिन की न्यूनतम मजदूरी प्रदान की जाएगी। इस योजना के माध्यम से शहर के नागरिकों को अपना परिवार के खर्च को चलाने के लिए काफी सहायता मिलेगी।

इंदिरा गांधी शहरी रोजगार गारंटी योजना 2022 का अवलोकन-
स्कीम———इंदिरा गांधी शहरी रोजगार गारंटी योजना. 2022
उद्देश्य——-शहर के नागरिकों को रोजगार प्रदान करना
लाभार्थी———राजस्थान शहरी बेरोजगार
शुरुआत——-राजस्थान सरकार द्वारा साल 2022
मजदूरी दिवस———100 दिन
कुल खर्च——-800 करोड़ रुपए

राजस्थान सरकार द्वारा शहरी क्षेत्रों में रहने वाले नागरिकों जैसे रेहड़ी वाले, सब्जी वाले, फल विक्रेता, स्ट्रीट वेंडर आदि के कोरोना के समय रोजगार चले जाने से उन्हें काफी आर्थिक समस्याओं का सामना करना पड़ा इसलिए राजस्थान सरकार द्वारा अपने बजट 2022-23 में इंदिरा गांधी शहरी रोजगार गारंटी योजना 2022 की घोषणा के तहत शहर के नागरिकों को रोजगार देकर उन्हें आर्थिक सुरक्षा प्रदान की जाएगी। इंदिरा गांधी शहरी रोजगार गारंटी योजना 2022 के अन्य लाभ निम्नलिखित हैं-

* इस योजना के तहत शहर में रह रहे गरीब नागरिकों को रोजगार प्रदान कर उन्हें आर्थिक रूप से मजबूत बनाने का कार्य किया जाएगा।
* इस योजना से लोगों को मनरेगा के जैसे ही काम करना पड़ेगा। उन्हें 100 दिन के रोजगार की गारंटी भी प्रदान की जाएगी।
* इंदिरा गांधी शहरी रोजगार गारंटी योजना 2022 के तहत शहरी क्षेत्र की गरीब महिलाएं भी रोजगार पाकर खुद को आर्थिक रूप से मजबूत कर पाएंगी।
* इस योजना के तहत कार्य करने वाले नागरिकों एवं मजदूरों के लिए सरकार की तरफ से बजट में 800 करोड़ की घोषणा की गई है।
* इंदिरा गांधी रोजगार गारंटी योजना के तहत कार्य करने वाले मजदूरों को कार्य स्थल पर उन्हें छाया एवं मेडिकल सुविधा भी प्रदान की जाएगी ताकि उनके स्वास्थ्य को कोई नुकसान न पहुंचे।
* इस योजना के तहत कार्य करने वाले मजदूरों को काम के लिए उन्हें दूर नहीं जाना पड़ेगा। उन्हें उनके घर के नजदीक ही कार्य प्रदान किया जाएगा।
* इस योजना के सफल क्रियान्वयन होने से शहरी क्षेत्रों में नाली तालाब की सफाई व्यवस्था पेड़ पौधों की देखभाल कचरे का निपटान होगा जिससे शहरों में सफाई व्यवस्था और दुरुस्त होगी एवं सौंदर्यीकरण बढ़ेगा।

<u>अमृत मिशन</u>

अमृत मिशन को हर घर में पानी की सुनिश्चित आपूर्ति और सीवरेज कनेक्शन के साथ सभी की नल तक पहुँच को सुनिश्चित करने के लिये जून 2015 में शुरू किया गया था।

• अमृत 2.0 का लक्ष्य लगभग 4,700 ULB (शहरी स्थानीय निकाय) में सभी घरों में पानी

की आपूर्ति के मामले में 100% कवरेज प्रदान करना है।

• इसका उद्देश्य स्टार्टअप्स और एंटरप्रेन्योर्स (पब्लिक प्राइवेट पार्टनरशिप) को प्रोत्साहित करके आत्मनिर्भर भारत पहल को बढ़ावा देना है।

• उद्देश्य:

• यह पानी की ज़रूरत को पूरा करने, जल निकायों को फिर से जीवंत करने, जलभृतों का बेहतर प्रबंधन, उपचारित अपशिष्ट जल का पुन: उपयोग करने के लिये अमृत मिशन की प्रगति सुनिश्चित करेगा, जिससे पानी की एक चक्रीय अर्थव्यवस्था को बढ़ावा मिलेगा।

• यह 500 अमृत शहरों में सीवरेज और सेप्टेज का 100% कवरेज प्रदान करेगा।

• उपचारित अपशिष्ट जल के पुनर्चक्रण और पुन: उपयोग से शहरों की कुल पानी की ज़रूरत का 20% तथा औद्योगिक मांग का 40% पूरा होने की उम्मीद है। मिशन के तहत प्राकृतिक संसाधनों का टिकाऊ उपयोग सुनिश्चित करने के लिये स्वच्छ जल निकायों को प्रदूषित होने से बचाया जाएगा।

• जल के समान वितरण, अपशिष्ट जल के पुन: उपयोग और जल निकायों के मानचित्रण का पता लगाने के लिये शहरों में पेयजल सर्वेक्षण किया जाएगा।

• अमृत मिशन के पहले चरण का प्रदर्शन:

• अमृत मिशन के तहत शहरों में 1.14 करोड़ नल कनेक्शन के साथ कुल 4.14 करोड़ कनेक्शन किये गए हैं।

• 470 शहरों में क्रेडिट रेटिंग का काम पूरा हो चुका है। इनमें से 164 शहरों को निवेश योग्य ग्रेड रेटिंग (IGR) प्राप्त हुई है, जिसमें 36 शहर A- या उससे ऊपर की रेटिंग वाले हैं।

• 10 ULB ने म्युनिसिपल बॉण्ड के ज़रिये 3,840 करोड़ रुपए जुटाए हैं। ऑनलाइन भवन निर्माण अनुमति प्रणाली को 455 अमृत शहरों सहित 2,471 शहरों में लागू किया गया है।

• इस सुधार से वर्ष 2018 की विश्व बैंक की डूइंग बिज़नेस रिपोर्ट (डीबीआर) की भारतीय रैंकिंग 181 रैंक से वर्ष 2020 में 27 हो गई।

• 89 लाख पारंपरिक स्ट्रीट लाइटों को ऊर्जा कुशल एलईडी लाइटों से बदल दिया गया है, जिससे प्रतिवर्ष 195 करोड़ यूनिट की अनुमानित ऊर्जा बचत और CO2 उत्सर्जन में प्रतिवर्ष 15.6 लाख टन की कमी आई है।

हृदय योजना

केंद्र सरकार के शहरी विकास मंत्रालय ने नेशनल हेरीटेज सिटी डेवलपमेंट एंड ऑगमेंटेशन योजना (HRIDYA) की शुरुआत 21 जनवरी 2015 को की थी। इस योजना का लक्ष्य देशभर में मौजूद ऐतिहासिक इमारतों का संरक्षण तथा उनका पुनरुद्धार आदि कराना है।

•27 माह (मार्च 2017 में पूरा करना है) के लक्ष्य के साथ शुरू की गई इस योजना के तहत 500 करोड़ रुपए खर्च किये जाएंगे। इसके तहत 12 शहरों का चयन किया गया है। इनमें अजमेर, अमरावती, अमृतसर, बादामी, द्वारका, गया, कांचीपुरम, मथुरा, पुरी, वाराणसी,

वेलकंन्नी और वारंगल की ऐतिहासिक इमारतों का पुनरुद्धार किया जाएगा।
•इस योजना को अत्यंत ही तेज़ रफ़्तार से अमल में लाया जा रहा है, ताकि निर्धारित समय में विरासत स्थलों का कायाकल्प हो सके।
•विदित हो कि जिन इमारतों एवं स्थलों का जीर्णोद्धार तथा पुनरोद्धार किया जा रहा है उन इमारतों का चयन केंद्रीय संस्कृति मंत्रालय, केंद्र सरकार और राज्य सरकारों ने मिलकर किया है।
•योजना के तहत ऐतिहासिक इमारतों में जल प्रबंधन, साफ-सफाई, ड्रेनेज, कचरा प्रबंधन, सड़क मार्ग, फुटपाथ, स्ट्रीट लाइट्स, पर्यटन सुविधा केंद्र, बिजली सप्लाई जैसी सेवाएँ उपलब्ध कराई जाएंगी।
•देश में ऐतिहासिक महत्व रखने वाले शहरों के लिए केंद्रीय शहरी विकास मंत्रालय ने हृदय योजना की शुरूआत की थी जिसमें देश से चुने गए 12 शहरों में राजस्थान से एकमात्र अजमेर शहर का भी चयन किया गया था

<u>राष्ट्रीय शहरी आजीविका मिशन (NULM)</u>

आवास एवं शहरी गरीबी उपशमन मंत्रालय, भारत सरकार द्वारा केन्द्रीय प्रवर्तित स्वर्ण जयन्ती शहरी रोजगार योजना को चालू वित्तीय वर्ष 2014-15 में पुर्नगठित कर इसका नाम राष्ट्रीय शहरी आजीविका मिशन दिया गया है, जिसमें मुख्य बिन्दु / बाते निम्नानुसार है

◦ एनयूएलएम में भी एसजेएसआरवाई की तरह केन्द्र व राज्य का अंश कमशः 75 प्रतिशत व 25 प्रतिशत है।
◦ राज्य में एनयूएलएम का कियान्वयन प्रथम चरण में चालू वित्तीय वर्ष 2014-15 से राज्य के सभी 33 जिला मुख्यालयों तथा जिला मुख्यालयों के अतिरिक्त वर्ष 2011 की जनगणना अनुसार 1 लाख या अधिक आबादी वाले सभी 7 शहरों (किशनगढ़, ब्यावर, भिवाडी, हिण्डोनसिटी, गंगापुरसिटी, सुजानगढ़ व मकराना) सहित कुल 40 नगर निकायों में किया जायेगा।

* एनयूएलएम में भी SJSRY की भांति सिर्फ बीपीएल चयनित परिवारों को ही लाभान्वित किये जाने का प्रावधान है, लेकिन एनयूएलएम में भारत सरकार द्वारा राज्य सरकार को प्रदत्त अधिकारों का उपयोग करते हुए राज्य सरकार ने परिपत्र दिनांक 05.12.2014 द्वारा बीपीएल सूची के अलावा स्टेट बीपीएल सूची व अन्त्योदय सूची में सम्मिलित परिवार तथा ऐसे शहरी गरीब परिवार जिनकी वार्षिक आय रू. 1 लाख तक है, उन्हे भी एनयूएलएम कें अन्तर्गत लाभान्वित करने के निर्देश जारी किये है।

◦ वित्तीय वर्ष 2013-14के अंत में अर्थात दिनांक 31.03.2014 को एसजेएसआरवाई » एनयूएलएम अन्तर्गत राज्य में रू. 2331.11 लाख केन्द्रीय अंश व रू. 777.04 लाख

राज्यांश अर्थात कुल रू. 3108.15 लाख अवशेष थे, जिसका उपयोग अब एनयुएलएम में चयनित 40 नगर निकायों में NULM में किया जायेगा। भारत सरकार
से एनयूएलएम के तहत चालू वित्तीय वर्ष में राज्य को 6532.12 लाख का आवंटन प्राप्त हुआ है।

एनयूएलएम के घटकों का संक्षिप्त विवरण व उनके कियान्वयन की प्रगति निम्नानुसार है :-

1- CapacityBuildingandTraining(CB&T):-

राज्य स्तर पर NULM के क्रियान्वयन के प्रबंधन हेतु माननीय मंत्री महोदय, नगरीय विकास आवासन एवं स्वायत्त शासन विभाग की अध्यक्षता में एक शासकीय परिषद् व प्रमुख शासन सचिव महोदय, सवा. शा. वि. की अध्यक्षता में एक कार्यकारी समिति तथा प्रत्येक जिला स्तर पर जिला कलक्टर की अध्यक्षता में एक कार्यकारी समिति का गठन किया जा चुका है।

*» इसके साथ ही NULM के कियान्वयन हेतु राज्य स्तर पर State Urban Development Agency - SUDA को State Urban Livelihoods Mission - SULM बनाया जा चुका है, जो राज्य मिशन निदेशक
के अधीन कार्य कर रहा है।

* निदेशालय के परियोजना प्रकोष्ठ को अब एनयुएलएम के लिए State Mission Management Unit - SMMU बनाया गया है | इसी श्रकार एनयूएलएम के
कियान्वयन के लिए नगर निकाय स्तर पर City Mission Management Unit- CMMU के गठन के निर्देश जारी किये जा चुके है तथा नगर निकायों में
CMMU का गठन किया जा चुका है, जो नगर निकाय द्‌वारा नियुक्त शहर परियोजना अधिकारी के अधीन कार्य कर रहा है।

*SMMU में 6 तकनीकी विशेषज्ञों तथा नगर निकायों के CMMU में 2 से 4 (आबादी अनुसार) तकनीकी विशेषज्ञों व नगर निकाय स्तर पर प्रति 3000 बीपीएल परिवारों पर एक सामुदायिक संगठक
की सेवाऐं लेने के सम्बंध में राज्य स्तर पर कार्यवाही प्रकियाधीन है, जिसके इसी माह तक पूर्ण होने की सम्भावना है। इन सभी का भुगतान एनयुएलएम की राशि से किया जायेगा।

*क्षमता निर्माण :- SMMU व CMMU के अधिकारियों व
कार्मिकों, तकनीकी विशेषज्ञों, सामुदायिक संगठकों व Resource Organisations को 2 से 7 दिन का प्रशिक्षण दिया जायेगा। इस प्रशिक्षण पर
प्रति प्रशिक्षणार्थी औसत व्यय रू. 7500,//- तक किया जा सकता है, जिसके लिए प्रशिक्षण संस्था का चयन राज्य स्तर से (तकनीकी विशेषज्ञों की नियुक्ति व ROs के चयन उपरान्त) किया जायेगा।

2- SocialMobilisationandInstitutionDevelopmenta(SM&ID):-

NULM में स्वंय सहायता समूह तथा उनके संगठन पर बल दिया गया है। जिसके अनुसार प्रत्येक शहरी गरीब परिवार का न्यूनतम एक सदस्य (जिसमें महिला को प्राथमिकता दी जाये) आवश्यक रूप से SHG का सदस्य बनाया जायेगा। स्वयं सहायता समूह में 10-20 सदस्य (पुरूष या महिला) एक ग्रुप के रूप में एक साथ अपनी छोटी-छोटी बचत को इकट्ठा कर आपस में लेनदेन करते है तथा ग्रुप के सदस्य अपनी नियमित बैठके करते है। NULM के अन्तर्गत शहरी बीपीएल परिवारों के SHG बनाये जाने है। विशेष परिस्थितियों में गैर बीपीएल को भी सदस्य बनाया जा सकता है, फिर भी न्यूनतम 70 प्रतिशत सदस्य शहरी बीपीएल परिवार से होने अनिवार्य है।

बस्ती / वार्ड स्तर पर 10-20 SGHs मिलकर अपना एक संगठन बनायेंगे, जिसे Area Level Federation-ALF कहा जायेगा तथा सभी ALFs मिलकर शहर स्तर पर City Level Federation-CLF का गठन करेंगे, बड़े शहरों में एक से अधिक CLFs भी गठित किये जा सकते है। प्रत्येक SHG से नामित दो सदस्य ALF के सदस्य होगे तथा प्रत्येकALF का एक नामित सदस्य CLF का सदस्य होगा। ALF तथा CLF का पंजीयन कराना अनिवार्य है।

SJSRY के UCDN घटक के तहत गठित SHGsव Thrift and credit Societies यथावत NULM में भी कार्य करते रहेगें तथा SJSRY में गठित NHG, NHC & CDS को भी क्रमशः SHG, ALF & CLF में परिवर्तित किया जा सकता है।

ROs का चयन -

SHG, ALF & CLF आदि के गठन, उनके विकास, बैंक लिंकेज तथा इससे सम्बंधित अन्य समस्त गतिविधियों के लिए Resource Organisations-ROs का सहयोग लिया जा सकता है, जिसके लिए ROs को प्रति SHG अधिकतम रू.10,000 तक का भुगतान एनयूएलएम की राशि से सम्बंधित नगर निकायों द्वारा किया जायेगा। RO के चयन के लिए Expression of Intrest (EoI) जारी की गई थी जिनके आधार पर अब तक 26 नगर निकायों में 83 ROs का चयन किया जा चुका है।

रिवोलविंग फण्ड -

SHG द्वारा न्यूनतम 6 माह तक कार्य करने पर उसे सहयोग हेतु एनयूएलएम की राशि में से रू.10,000 प्रति SHG रिवॉलविंग फण्ड के रूप में उपलब्ध कराये जायेंगे इसके लिए SHG के सदस्यों में न्यूनतम 70 प्रतिशत सदस्य बीपीएल चयनित होने अनिवार्य है। SJSRY के तहत गठित SGH जिन्होनें पहले रिवोल्विंग फण्ड नही लिया है, उन्हे भी यह रिवोल्विंग फण्ड उपलब्ध

कराया जा सकता है। रजिस्ट्रर्ड प्रत्येकALF को सहयोग हेतु रू. 50,000 रिवॉल्विंग फण्ड के रूप में उपलब्ध कराये जायेंगे।

Universal Financial Inclusion (UFI) :-

NULMका उदेश्य सभी शहरी बीपीएल परिवारों का बैकिंग सेवाओं के अतिरिक्त अन्य वित्तीय मामलों में समावेश करना भी है। इसके लिए नगर निकायों द्वारा सभी शहरी बीपीएल परिवारों को वित्तीय साक्षरता के तहत व्यक्ति को बचत करना, ऋण प्राप्त करना, राशि हस्तांतरण व बीमा आदि करने की जानकारी देना सम्मिलित है। इसके लिए बैंको के माध्यम से नगर निकायों द्वारा Financial Literary Camps का आयोजन किया जाना है।

शहरी आजीविका केन्द्र (CLC)

NULM के तहत प्रत्येक शहर में न्यूनतम एक शहरी आजीविका केन्द्र स्थापित किया जायेगा, जहां शहरी गरीबों द्वारा अपनी सेवायें तथा उत्पादन बेचने व बैकिंग तथा प्रशिक्षण आदि से सम्बंधित अन्य कार्यवाहियां सम्पादित होंगी। नगर निकायों में CLC की स्थापना शहर की जनसंख्या अनुसार निम्नानुसार की जा सकेंगी :-

1. जनसंख्या 3 लाख तक CLC की संख्या -1
2. जनसंख्या 3 लाख से 5 लाख तक CLC की संख्या- 2
3. जनसंख्या 5 लाख से 40 लाख तक CLC की संख्या-3
4. जनसंख्या 40 लाख से अधिक CLC की संख्या - अधिकतम 8

एक CLC की स्थापना हेतु NULM के तहत तीन किस्तो में राशि10.00 लाख की आर्थिक सहायता देय होगी, जो भौतिक आधारभूत ढांचे के निर्माण व रिनोवेशन में उपयोग नही की जा सकेगी। चालू वित्तीय वर्ष के नगर निकायवार लक्ष्य आवंटित किये जा चुके है। इनके प्रस्ताव नगर निकायों द्वारा निदेशालय को भिजवाने है, जिनकी स्वीकृति निदेशालय से जारी की जायेगी। नगर निगम, जयपुर में एक शहरी आजीविका केन्द्र प्रारम्भ हो चुका है तथा अन्य शहरों में प्रारम्भ करने की कार्यवाही प्रकियाधीन है।

3- Employment through Skill Training and Placement (EST&P) :-

NULMके इस घटक के तहत शहरी गरीबों के कौशल विकास हेतु प्रशिक्षण तथा लाभकारी रोजगार में प्लेसमेन्ट कराने का प्रावधान है, जिसमें प्रशिक्षण हेतु कोई न्यूनतम शैक्षणिक योग्यता निर्धारित नही है। योजनान्तर्गत प्रति प्रशिक्षणार्थी अधिकतम रू. 15,000 व्यय करने का प्रावधान है। इस भुगतान का एक अंश (20 प्रतिशत) लाभार्थी के स्वरोजगार /प्लेसमेन्ट की गुणवत्ता 6 माह तक देखने से जोड़ा जायेगा। योजनान्तर्गत प्रशिक्षण प्राप्त करने वाले लाभार्थियों में से न्यूनतम 50

प्रतिशत लाभार्थियों का प्लेसमेन्ट /स्वरोजागर हेतु उद्यम स्थापित कराया जाना अनिवार्य है।

इस घटक का कियान्वयन राजस्थान कौशल एवं आजीविका विकास निगम के माध्यम से कराने हेतु आरएसएलडीसी से दिनांक 10.12.2014 को अनुबंध किया जा चुका है। अब तक प्रशिक्षण हेतु कुल 1452 आवेदन पत्र तैयार किये जा चुके है।

4- Self-Employment Programme (SEP) :-

NULM के इस घटक के तहत शहरी गरीबों को व्यक्तिगत रूप से तथा समूह में बैंको के माध्यम से वित्तीय सहायता उपलब्ध कराये जाने का प्रावधान है, जिससे बीपीएल चयनित परिवार के सदस्यों द्वारा लाभकारी स्वरोजगार /उद्यम स्थापित किये जा सकें। इस घटक के तहत बीपीएल चयनित परिवार के सदस्यों को लाभान्वित करने के लिए मुख्य रूप से निम्न नियम / शर्ते है :-

*लाभार्थी की आवेदन करते समय न्यूनतम आयु 48 वर्ष होनी आवश्यक है।

*ऋण हेतु किसी प्रकार की बैंक गारण्टी / जमानत की आवश्यकता नही है।

इस घटक के तहत व्यक्तिगत व समूह में लाभार्थियों को निम्न सुविधाएं ,/ लाभ उपलब्ध कराये जाने है :-

i.व्यक्तिगत उद्यम स्थापित करने हेतु ऋण व अनुदान इसके तहत् शहरी गरीब व्यक्ति को स्वयं का उद्यम स्थापित करने हेतु अधिकतम परियोजना लागत रूपये 2.00 लाख के लिए बैंक ऋण दिया जायेगा तथा इस ऋण पर 7 प्रतिशत से अधिक ब्याज की राशि अनुदान के रूप में एनयूएलएम से उपलब्ध कराई जायेगी अर्थात लाभार्थी को ऋण 7 प्रतिशत ब्याज पर उपलब्ध कराया जायेगा।

ii.समूह द्वारा उद्यम स्थापित करने हेतु ऋण व अनुदान - इसके तहत् SJSRY या NULM के तहत् गठित स्वयं सहायता समूह या शहरी गरीबों के न्यूनतम 5 सदस्यों के एक ग्रुप (जिसमें न्यूनतम 70 प्रतिशत शहरी गरीब अनिवार्य है) को स्वरोजगार हेतु उद्यम स्थापित करने के लिए अधिकतम परियोजना लागत रूपये 40.00 लाख के लिए बैंक ऋण उपलब्ध कराया जायेगा तथा इस पर 7 प्रतिशत से अधिक ब्याज की राशि अनुदान के रूप में NULM से उपलब्ध कराई जायेगी अर्थात लाभार्थियों को ऋण 7 प्रतिशत ब्याज पर उपलब्ध कराया जायेगा।

iii.उद्यम विकास प्रशिक्षण कार्यक्रम -
शहरी गरीबों द्वारा उद्यम स्थापित करने हेतु दक्षता विकास प्रशिक्षण कार्यक्रम के साथ ही 3 से 7 दिन की उद्यम
विकास प्रशिक्षण कार्यक्रम दिया जाना अनिवार्य है। इस
कार्यक्रम में उद्यम स्थापित /विकसित करने से संबंधित मूलभूत जानकारी उपलब्ध कराई जायेगी जैसे - उद्यम का प्रबंधन, बेसिक अकाउटिंग, वित्तीय प्रबंधन, मार्केटिंग, बैकवार्ड व फोरवार्ड लिंकेजेज, कानूनी प्रक्रिया, लागत-आय, समूह गतिविधियां, कार्य का वितरण व लाभांश का बंटवारा आदि। यह प्रशिक्षण कार्यक्रम बैंको द्वारा ऋण भुगतान से पूर्व RSETI के माध्यम से कराया जाना है, इसके लिए SLBC को निवेदन किया जा चुका है तथा इस पर होने वाला व्यय नगर निकाय द्वारा एनयुएलएम से किया जायेगा।

iv. स्वयं सहायता समूहों को ब्याज अनुदान –
इस घटक के तहत् बैको द्वारा SHG के बचत खाते खोलना और उसके बाद SHG के असैसमेंट / ग्रेडिंग के उपरान्त उसकी बचत के 4 गुना तक Savings Linked Loan उपलब्ध कराया जायेगा। इस ऋण पर भी नियमानुसार ब्याज पर अनुदान देय होगा तथा महिलाओं के समूहों को इस ऋण पर अतिरिक्त 3% ब्याज अनुदान देय होगा अर्थात महिलाओं के समूहो को यह ऋण 4 (7-3) प्रतिशत ब्याज पर देय होगा।

V. उद्यम विकास हेतु क्रेडिट कार्ड -
उद्यम संचालन हेतु प्रतिदिन नकद राशि
की आवश्यकता होती है इसके लिए बैंक द्वारा उद्यमियों को क्रेडिट कार्ड की सुविधा उपलब्ध कराने का प्रावधान है। एनयूएलएम के तहत् SEP में ऋण लेने वाले एवं अन्य उद्यमियों को बैंक से यह सुविधा उपलब्ध कराई जा सकती हैं।

<u>इंदिरा गांधी शहरी क्रेडिट कार्ड योजना</u>

•राज्य सरकार द्वारा शहरी क्षेत्र के स्ट्रीट वेन्डर तथा सर्विस सेक्टर के युवाओं को स्वरोजगार के अवसर उपलब्ध करवाने के लिए इंदिरा गांधी शहरी क्रेडिट कार्ड योजना 2021 लागू की जा रही है।

•योजना का लक्ष्य स्ट्रीट वेंडर्स, अनौपचारिक क्षेत्र में आवश्यक सेवाएं उपलब्ध करवाने वाले लोग जैसे हेयर ड्रेसर, रिक्शावाला, कुम्हार, खाती, मोची, मिस्त्री, दर्जी इत्यादि एवं बेरोजगार युवाओं को आर्थिक संबल देकर पुनर्स्थापित करना है।

•योजना के माध्यम से लाभार्थियों को 50 हजार रुपये तक का ब्याज मुक्त ऋण उपलब्ध

करवाया जाएगा। राज्य के अनौपचारिक व्यापार क्षेत्र में काम करने वाले 5 लाख लोगों को लाभान्वित किये जाने का लक्ष्य रखा गया है।

•लाभार्थी एक वर्ष के लिए अधिकतम 50 हजार रुपये का ऋण ले सकता है। इस ऋण के लिए किसी भी तरह की गांरटी की आवश्यकता नहीं होगी। यह ऋण लाभार्थियों के लिए ब्याज मुक्त होगा। इस योजना के अंतर्गत ब्याज हेतु का शत-प्रतिशत अनुदान राज्य सरकार उपलब्ध करवाएगी।

लाभार्थी क्रेडिट कार्ड/एटीएम/डेबिट कार्ड से 50 हजार रुपये तक की राशि आवश्यकतानुसार दिनांक 31 मार्च 2022 तक एक/अधिक किश्तों में आहरित कर सकेगा।

ऋण राशि का पुनर्भुगतान चौथे से पंद्रहवें माह तक 12 समान मासिक किश्तों में किया जाएगा।

बैंक/वित्तीय संस्थाओं द्वारा ऋण उपलब्ध करवाने के लिए किसी भी तरह का प्रक्रिया शुल्क नहीं लिया जाएगा।

योजना हेतु वेब पोर्टल के साथ मोबाइल ऐप के माध्यम से ऋण संबंधित आवेदन स्वीकार किए जाएंगे।

राजस्थान के 5 लाख लाभार्थियों को पहले आओ-पहले पाओ के आधार पर ऋण सुविधा उपलब्ध करवायी जावेगी।

यह योजना राजस्थान के केवल शहरी क्षेत्रों में लागू होगी।

www.ingramcontent.com/pod-product-compliance
Lightning Source LLC
LaVergne TN
LVHW010941051026
849532LV00003B/1079